Elejn Pejgels
GNOSTIČKA JEVANĐELJA

Kolekcija
PEČAT

ELEJN PEJGELS

GNOSTIČKA JEVANĐELJA

S engleskog preveo
ZORAN MINDEROVIĆ

RAD

Izvornik

Elaine Pagels
THE GNOSTIC GOSPELS
Random House, New York

SADRŽAJ

Zoran Minderović: *Gnosticizam: drevna misao o novom čoveku* .. 7
Izrazi zahvalnosti 15
Uvod 17

GNOSTIČKA JEVANĐELJA

Glava *prva*
Spor oko Hristovog vaskrsenja: Istorijski događaj ili simbol? .. 41

Glava druga
Jedan Bog, jedan biskup: Politika monoteizma 63

Glava treća
Bog otac — Bog mati 81

Glava četvrta
Hristova muka i progon hrišćana 101

Glava peta
Čija je crkva »Prava crkva« 130

Glava *šesta*
Gnoza: Samospoznaja kao spoznaja Boga 144

Zaključak 164
Napomene 173

GNOSTICIZAM: DREVNA MISAO O NOVOM ČOVEKU

Gnosticizam, verski pokret koji se u II veku n.e. širio po metropolama i pustinjama helenističkog sveta, upisuje se u anale istorije pojavom Bazilida i Valentina; od Bazilida, koji je živeo i radio u Aleksandriji, mnogo je poznatiji Valentin, učitelj i rodonačelnik mnogih gnostičkih grupa. Sredinom II veka, Valentin, čovek egipatskog porekla i aleksandrijskog obrazovanja, prelazi u Rim kako bi upotpunio svoj ambiciozni intelektualno-politički projekt: sistematizaciju gnostičkog učenja i pomirenje sa hrišćanskom crkvom. Valentinske (i druge) gnostičke sekte rasute po Italiji, Severnoj Africi i Maloj Aziji nailaze na neprijateljstvo hrišćanske crkve; već u IV veku, kada hrišćanstvo postaje zvanična vera Rimske Imperije, gnosticizam nestaje s istorijske scene: Bazilid, Valentin, mnogi njihovi anonimni i poluanonimni učenici, gnostički proroci, pesnici i zanesenjaci, nestaju u bezdanu totalnog zaborava.

Gnosticizam, religija nastala u duhovnom haosu helenističkog doba, ističe, kao najfundamentalniji princip, čovekovu božanstvenu suštinu. Ta natprirodna suština, čija je manifestacija duša, bitno izdvaja čoveka od njegovog fizičkog staništa, tvorevine inferiornog i zlovoljnog demijurga. Gnostički Bog, mada beskrajno udaljen od čovekovog sveta, prisutan je u lavirintu njegovog mikrokosmosa: božansko je istovremeno odsutno i sveprisutno. Budući jedini smisao njegove egzistencije, čovekovo obogotvorenje, uspon iz prvobitnog mraka ka sve svetlijim sferama koje vode samom izvorištu svetlosti, postaje glavni metafizički imperativ. Kako čovek, prema gnostičkom pogledu na svet, nije igračka slepe sudbine ili bespomoćna marioneta Boga--tiranina, on nalazi spasenje u gnozi, tj. spoznaji. Gnosticizam ne pravi razliku između spoznaje kosmosa i čovekove samospoznaje.

Nije teško videti da je centralni predmet gnosticizma čovek i njegov odnos prema kosmosu. Otvorena posvećenost čoveku, koja od gnosticizma čini religiju transcendentalnog humanizma, predstavlja teološku revoluciju i izazov hrišćanskoj crkvi. Antropocentrizam je, dakle, suštinski element koji izdvaja gnosticizam od drugih religija zasnovanih na negaciji materijalnog sveta. Staroiranski dualizam, orfizam (koji definiše telo kao »zatvor duše«), platonizam, prehrišćanska i hrišćanska učenja o spasitelju čovečanstva, jevrejski misticizam, posredno su uticali na gnosticizam, i mnoge gnostičke ideje se mogu pratiti do nekog drevnog duhovnog istočnika. Ideje, kao i duše, sele se na misteriozne načine: njihove putanje se često ukrštaju po nekoj skrivenoj dijalektici koja ne zna za pravilnosti konvencionalnog proticanja vremena. Moderne ideje se mogu pronaći u antici; gnostičke ideje žive i danas. Pored toga, ideje ne trpe etikete (čak ni platonske) — kao i svetlost, one ne mogu biti zarobljene u nekakvoj *camera obscura* akademskog perfekcionizma.

Ipak, nekolike fundamentalne ideje, koje se nalaze iza prividne eklektičnosti, obeležavaju gnosticizam kao originalnu i otvorenu religiju, duhovnu orijentaciju nesputanu dogmatizmom intelektualnog sistema ili čvrstom rukom autoritarnog Boga. Reč je o shvatanju čoveka i stvaranju sveta.

Gnostička antropologija shvata čoveka, kako je već napomenuto, kao biće čija je božanska suština pomračena inferiornom egzistencijom u materijalnom paklu. Međutim, gnostičko učenje o bogočoveku ne implicira, što mnoge druge religije čine, nepremostiv ontološki jaz između čoveka i Boga: kako Bog postoji u samom čoveku, obogotvorenje se postiže kroz samosvest i samospoznaju — gnozu. Samospoznaja, koja se sastoji iz niza mentalnih vežbi upotpunjenih komplikovanim mitovima o usponu kroz nebesa, dovodi čoveka do svesti višeg reda — duhovnosti izvan čvrstog determinizma racionalnog mozganja. Do gnostičkog Boga, koji je iznad reči i mišljenja, može se dopreti samo govorom duše, jezikom poetske inspiracije. Današnji čovek, poražen trivijalnošću svakodnevne borbe za opstanak i užasnut krvavim haosom koji stručnjaci nazivaju savremenom istorijom, s ciničnom skepsom odbacuje priče o sopstvenom božanskom poreklu. Međutim, poezija i muzika, čak i u ova sumračna vremena, živ su dokaz da se čovekov duh može osloboditi okova apstraktne racionalnosti: govor upućen gnostičkom Bogu postoji i danas. Pored itoga, gnostičko insistiranje na čovekovoj božanskoj suštini naročito je aktuelno danas, kada tradicionalno naučno mišljenje, koje uspešno tumači i opisuje čovekov svet, zapada u kontradikcije najprimitivnijeg materijalizma kada je reč o samom čoveku. Na primer, pojava jezika i mišljenja, predmet ogromnog naučnog istraživanja, obično se tumači nizovima biologističkih pleonazama. Ne smemo zaboraviti da je sama teza o čovekovom božanskom poreklu dogmatična: antropologiji nije potreban Bog; ipak, gnostici i njihov govor o Bogu ukazuju na potrebu građenja jedne više, kreativnije ljudske samosvesti.

Gnoza je viši oblik znanja, nadznanje koje prevazilazi familijarnu utabanost racionalnog mišljenja; gnoza je znanje koje se ne može steći čovekovim običnim intelektualnim moćima. Dok se druge religije zadovoljavaju ekstatičnim poništavanjem diskurzivnog mišljenja, gnosticizam sebi nameće nemogući zadatak lucidnog shvatanja čovekove iracionalne dubine. Pre nego što odbacimo ovakav duhovni projekt kao beznadežno jalov, podsetimo se da Frojdovo naučno tumačenje podsvesti — herojski pokušaj govora o neizrecivom — spada u red onih nemogućih gnostičkih uzleta duha bez kojih bi čovekova intelektualna istorija bila svedena na monotono razmišljanje o mogućem i poznatom.

Prema gnostičkoj kosmogoniji, materijalni svet, dno ontološke lestvice, nastaje delovanjem nižeg tvorca čije je ime, zavisno od varijante gnosticizma koja tumači postanje, Jaldabaot, Demijurg (ličnost pozajmljena iz Platonovog *Timaja*) ili Jehova, samozvani Bog Starog zaveta. Uvođenjem nižeg tvorca, gnosticizam inteligentno izbegava groteskne intelektualne vratolomije teodiceja, čiji je zadatak da opravdaju predobro božanstvo koje svesno stvara najgori od svih mogućih svetova. Gnostički Bog nije tvorac materijalnog sveta; materija, najmračniji deo gnostičkog kosmosa, samo je prolazna, nebitna epizoda u životu duha. Ovakva koncepcija materije a priori isključuje mogućnost večitog, nerešivog dualizma duha i materije, koji postanak i život kosmosa svodi na sukob dveju oprečnih sila. U svetlosnom okeanu božanske harmonije, materija, prema gnosticima, predstavlja samo jednu kap tame. Naučna trezvenost će ovakve tvrdnje bez sumnje odbaciti kao maštarije; međutim, ni najminucioznije analize mentalnih procesa ih ne mogu svesti na nekakvu fiziološku mehaniku: čovekov duh je neobjašnjiv i neuhvatljiv. Pored toga, gnostička nostalgija za čovekovom božanskom postojbinom nalik je na panično osećanje, karakteristično za čoveka XX stoleća, beznadežne izgubljenosti u totalno stranom svetu. Današnji svet, surovi haos nasilja, beslovesnog uništenja i bezglavog trajanja, veoma podseća na dekadentnu stvarnost pozne antike, koju su gnostici s pravom tumačili kao neuspeli ontološki eksperiment.

Gnosticizam je religija u originalnom smislu te reči: veza, povezanost među ljudima, duhovni sistem koji spaja ljude kao slobodne ličnosti, nezavisne od zemaljske i nadzemaljske tiranije. Nije li to, takođe, definicija veoma aktuelne reči solidarnost? Treba se podsetiti da su Irenej i Tertulijan, sumorni crkveni oci, opsednuti dogmatskom srdžbom, obasipali gnostike najcrnjim pretnjama i uvredama: gnostička vizija sveta bila je, za hrišćansku crkvu, jeretično odbacivanje vrhovnog autoriteta gnevnog i ljubomornog Boga. Gnosticizam jeste jeres par excellence; ako jeres, kako kaže Lešek Kolakovski, prestaje to da bude kad se uklopi u instituciju, gnosticizam je permanentna jeres, sistem mišljenja i političke akcije koji, budući otvoren novim idejama i duhovnim otkrovenjima, nikad ne postaje dogmatska karikatura svojih originalnih intencija. Jeretičnost gnostičkog pogleda na svet se sastoji u njegovom beskompromisnom humanizmu: gnosticizam je religija introspekcije, duboke kontemplacije, nenasilja (fizičkog i mentalnog), traganja za Bogom u čoveku i otpora — principijelnog i praktičnog — sramnoj farsi ugnjetavanja čoveka. Kao i zen, gnosticizam, koji sa ovom granom budizma deli sklonost ka kriptičnom govoru, parabolama, minijaturama tihe poetske ekstaze i misterioznim odgovorima na zagonetna pitanja, ne priznaje ničiju prevlast nad čovekom. Komplikovani kontrapunkt gnostičkih otkrovenja, vrtoglavih vizija, strasnih proročanstava polazi od osnovne teme čovekovog oslobođenja kroz samospoznaju: magično putovanje kroz isprepletene zvezde, sazvežđa, sfere i kosmose gnostičke duhovnosti završava se tamo gde i počinje: povratkom čoveku.

Religija zasnovana na znanju (gnoza) i samospoznaji, a ne na slepoj veri, gnosticizam odbacuje hrišćansku divinizaciju čovekovog destruktivnog i gramzivog naličja i na nebo projektuje ideju o Bogu naklonjenom čoveku. U skladu sa ovakvom pozitivnom teologijom, u kojoj ni čovek niti Bog nisu mrtvi, gnostička poezija i filozofija grade svet pravde i dobrote koji će čovek moći da nazove svojim domom. Dakle, čovekova sudbina se ostvaruje u trostrukoj ekstazi samospoznaje, oslobođenja i konačnog povratka Itaki celog čovečanstva, harmoničnom univerzumu koji ne zna za avetinjske dihotomije života i smrti, svetlosti i tame, ideja i njihovih beživotnih senki. Gnostička domovina je svet koji postoji za čoveka.

Čak i u svojim valentinskim nastojanjima da se približi hrišćanstvu, gnosticizam odbacuje nadmenu doktrinarnost »pravovernog« hrišćanstva: autoritarnost je zamenjena saosećanjem, slepa vera znanjem, tiranija solidarnošću, sterilni racionalizam iracionalnim prodorom duha u nepoznato, dogma intuicijom, ropstvo slobodom, mizantropija filantropijom. Ovi dramatični kontrasti karakterišu sukob hrišćanske crkve sa gnosticima, koji su objavljivali svetu svoju originalnu interpretaciju Hrista; borba između gnostičkog i dogmatskog shvatanja hrišćanstva glavna je tema knjige *Gnostička jevanđelja*.

Mada je veoma teško proceniti kulturno-istorijske implikacije *Jevanđelja* gnostičkih hrišćana, slučajno pronađenih kod mesta Nag Hamadi, u Egiptu, pre trideset pet godina, autor Elejn Pejgels rečito ističe negativne implikacije za hrišćansku crkvu. U svojim napadima na gnostička jevanđelja, pisanim kao ezoterična nadopuna zvaničnim novozavetnim verzijama Hristovog života i smrti, institucionalizovano hrišćanstvo se otkriva kao stroga birokratska struktura zasnovana na dogmatizmu i despotskom paternalizmu. Isključivost, bezumni voluntarizam vlasti, jarosna netrpeljivost prema jereticima, poricanje slobode izraza — eto nekih odlika hrišćanske crkve na samom početku njene egzistencije. Polazeći od teze o političkoj suštini religijskih institucija, Elejn Pejgels razotkriva osnovne dogme zvaničnog hrišćanstva kao političke mitove stvorene da bi se učvrstila prevlast grupe vodećih ideologa u crkvenoj hijerarhiji. Priča o Hristovom vaskrsenju takav je mit. Prema doslovnom shvatanju vaskrsenja, karakterističnom za hrišćansku crkvu, Hrist se vraća u fizičku egzistenciju; naravno, gnostici, koji su doživljavali Hrista pre svega kao mistično prisustvo, vatreno su pobijali ovu primitivnu koncepciju vaskrsenja. Međutim, pod plaštom tog primitivizma krila se makijavelistička proračunatost Hristovih samozvanih namesnika: fizički susret s vaskrslim Hristom postao je jedino merilo za prijem u grupu apostola, prvi krug organizovane hrišćanske crkve na zemlji. Time su gnostici, nadahnuti mističnim susretima sa Hristom i opijeni halucinantnim doživljavanjem Spasitelja, bili a priori isključeni iz vođstva crkve.

Elejn Pejgels razotkriva i jedan mit novijeg datuma: reč je, naime, o verovanju da je hrišćanska crkva poštovala neke osnovne humanističke ideale u najranijem periodu svoje istorije. Rana, nekorumpirana, idealistička crkva proizvod je istorijske propagande — progoni gnostika, koje posle Milanskog edikta preuzima policija hrišćanskog Rimskog Carstva, živ su dokaz da je hrišćanska crkva bila nasilna i autoritarna od samog početka.

Gnosticizam, čija je religijska misija bila u potpunoj oprečnosti s političkim ciljevima hrišćanske crkve, nestaje kao duhovni pokret; međutim, ideje, za razliku od ljudi, izmiču političkoj represiji i nastavljaju svoj život u vidu tajnih predanja, mitova i skrivenih nagoveštaja budućih preobražaja. Proganjan i prognan, gnosticizam se u hrišćanskoj srednjovekovnoj Evropi javlja u obliku karakterističnih idejnih osnova dualističkih jeresi. Bogumilstvo, zagonetna jeres južnoslovenskog Balkana, oživljuje, uprkos isključivom dualizmu duha i materije, gnostičku doktrinu o demijurgu, nižem tvorcu materijalnog sveta koji zamišlja da je Bog i zaluđuje vernike.

U našoj renesansi se tragovi gnosticizma mogu naći u delu hrvatskog filozofa Franje Patricija (1529—1597), koji katoličkoj verziji aristotelizma suprotstavlja svoj platonski hermetizam. Nezadovoljan tradicionalnim teorijama saznanja spekulativne filozofije, Patricij se zalaže za ekstatično znanje, zasnovano na ljubavi, koje prevladava jaz između subjekta i objekta. Kao i u gnostičkom svemiru, svetlost, osnova Patricijeve kosmologije, povezuje čoveka s božanskim sferama.

Njegoševa *Luča mikrokozma* je prožeta gnostičkim idejama; moglo bi se reći da je osnovni motiv Njegoševog dela gnostički: čovekovo stremljenje svom natprirodnom zavičaju. Ova čežnja čovekove duše za prostranstvima ispunjenim nebeskom harmonijom nadahnjuje i poeziju i misao Dimitrija Mitrinovića, čiji se utopijski mesijanizam zasnivao na ubeđenju da svet kakav jeste ne može biti čovekov dom i da on stoga mora stalno težiti jednoj boljoj, uzvišenijoj egzistenciji.

Danas, kao i u vreme propadanja Rimskog Carstva, čovek se nalazi između ekonomske dekadencije i sloma velikih duhovnih sistema; drugim rečima, čovek je u krizi koja predskazuje ili preporod ili kataklizmu. Religijski apsolutizam, koji svodi čoveka na beznačajno oruđe gnevnog Boga, znak je dramatičnog opadanja volje za život, a čovekovo postepeno povlačenje s istorijske scene, manifestovano širenjem religijskog i političkog fanatizma, predstavlja predigru za globalnu katastrofu. Pored toga, savremene nauke o čoveku sve više zahvata duboki pesimizam: čovek u sebi krije demonske moći, neiscrpnu rušilačku energiju (varijante nagona smrti), koja, zahvaljujući zloupotrebi tehnologije, preti totalnim uništenjem života.

Gnosticizam, budući filozofija afirmacije i preporoda čoveka, pojavljuje se kao intelektualna alternativa ideologijama defetizma i rezigrancije danas, nekih sedamnaest vekova nakon velikih sukoba sa hrišćanskom crkvom, smele propovedi gnostičkih jevanđelista ne gube ništa od istorijske aktuelnosti i opštečovečanskog značaja. Gnostička poruka, čije odjeke nalazimo i u delu savremenih autora (Emil Sioran i Margerit Jursenar), sadrži istinu o čoveku koji se rađa iz pepela neznanja, mržnje i nasilja, i postaje gospodar svoje sudbine i graditelj svog sveta. Savremenom dualizmu erosa i tanatosa, koji je na kosmičkom planu predstavljen kao bitka s katastrofalnim ishodom, gnosticizam suprotstavlja svoj eros, fundamentalniji i moćniji od svih sila uništenja, a čoveku dostupan kroz gnozu. Kada je reč o ostvarljivosti gnostičkog projekta čovekovog preporoda, treba u duhu gnostičkog optimizma parafrazirati poznatu sentenciju Tertulijana, zakletog dušmanina gnosticizma: *certum est quia possibile est.*

Zoran Minderović

Izrazi zahvalnosti

Ova knjiga je započeta pre nekoliko godina ispitivanjem odnosa politike i religije u prvobitnom hrišćanstvu. Prva četiri poglavlja su u stručnijem vidu objavljena u naučnim časopisima (specifične primedbe prethode fusnotama svakog poglavlja).

Tokom rada na ovoj knjizi uglavnom sam se služila prevodima iz *Biblioteke Nag Hamadi*, koju je izdao Džejms Robinson, zato što su dostupni svim čitaocima. Međutim, u nekim slučajevima sam promenila prevod radi jasnoće, doslednosti ili tumačenja (na primer, koptsku transliteraciju grčkog termina »teleiosis« prevela sam ne kao »savršenost«, već kao »ispunjenje«, što se meni čini tačnije; u drugim slučajevima — koptski termin »prome«, očigledno prevod grčkog »anthropos«, prevela sam ne kao »čovek«, već kao »čovečanstvo«). Kada su bila u pitanju dva teksta, služila sam se drukčijim prevodima (videti dole).

Naročito se zahvaljujem kolegama koji su pročitali i kritikovali ceo rukopis: Piter Berger, Pžon Gejdžer, Denis Grou, Hauard Ki, Džordž Makrej, Vejn Miks, Morton Smit. Za druge savete i kritiku, posebno u vezi sa aspektima uvoda, duboko se zahvaljujem Merlin Haran, Marvinu Majeru, Birgeru Pirsonu, Žilu Kispelu, Ričardu Ogustu i Džejmsu M. Robinsonu. Takođe sam zahvalna Bentliju Lejtonu za dozvolu da upotrebim njegov prevod *Rasprave o vaskrsenju*, i Džejmsu Brašleru za dozvolu da upotrebim njegov prevod *Petrove apokalipse*.

Posebnu zahvalnost dugujem fondacijama Rokfeler, Lita A. Hejzen i Gugenhajm za pomoć koja mi je omogućila da vreme posvetim pisanju; takođe rektoru Džeklinu Matfeldu i vicerektoru Čarlsu Oltonu, koji su mi odobrili jednogodišnje odsustvo od mojih dužnosti u Koledžu Barnard. Želela bih naročito da se zahvalim Lidiji Braun i Liti A. Hejzen za ohrabrenje tokom čitavog projekta.

Knjigu bi u ovoj verziji bilo nemoguće izdati da nije bilo izvrsne redakcije Džejsona Epstina, potpredsednika i direktora izdavačkog odeljenja Random Haus, odličnih saveta Džona Brokmana i savesnog truda daktilografa Koni Budelis i korektora Barbare Vilson.

Na kraju, želela bih da se zahvalim svom mužu na ohrabrenju punom pažnje u toku ovog posla.

Uvod

U decembru 1945. godine jedan arapski seljak je u Gornjem Egiptu učinio zapanjujuće arheološko otkriće. Govorkanja su zamaglila okolnosti pod kojima je došlo do tog otkrića — možda zato što je bilo slučajno, a prodaja na crnoj berzi nezakonita. Čak je i identitet nalazača godinama ostao nepoznat. Pronosili su se glasovi da je bio krvni osvetnik, da je učinio otkriće blizu mesta Nag Hamadi kod Džabal al-Tarifa, planine sa više od sto pedeset pećina. Prvobitno prirodne, neke od ovih pećina bile su dubljene, bojene i upotrebljavane kao grobnice još u vreme Šeste dinastije, pre nekih 4300 godina.

Posle trideset godina, pronalazač Muhamed as-Saman lično je ispričao šta se dogodilo.[1] On i njegova braća, pre nego što su u krvi osvetili ubistvo oca, osedlali su kamile i otišli na Džabal da iskopaju *sabak*, meku zemlju kojom su se đubrili usevi. Kopajući oko ogromne stene, udarili su u crven, zemljani ćup visok skoro metar. Muhamed Ali je oklevao da razbije ćup, jer je pomislio da bi unutra mogao biti *džin* ili duh. Ali shvativši da bi se tu, takođe, moglo nalaziti i zlato, podigao je pijuk, smrskao ćup i otkrio trinaest knjiga papirusa u kožnom povezu. Vrativši se kući u al-Kasr, Muhamed Ali je knjige i listove papirusa sručio na slamu razasutu po zemlji pored peći. Muhamedova majka, Um-Ahmed, priznaje da je dosta papirusa izgorela u peći, zajedno sa slamom koju je upotrebljavala da razgori vatru.

Posle nekoliko nedelja, po pričanju Muhameda Alija, on i njegova braća osvetili su očevu smrt ubivši Ahmeda Ismaila. Majka je sinove upozoravala da pijuke drže naoštrene: kada su saznali da se očev neprijatelj nalazi u blizini, ugrabili su priliku, »odsekli mu udove... iščupali mu srce koje su zajedno proždrali — krajnji čin krvne osvete«.[2]

Plašeći se da mu policija tokom istrage ubistva ne pretrese kuću i ne pronađe knjige, Muhamed Ali je zamolio sveštenika al-Kumus Baziljus Abd al-Masiha da mu jednu ili više njih pričuva. Dok su Muhamed Ali i njegova braća saslušavani zbog ubistva, mesni učitelj istorije Raghib video je jednu od knjiga i naslutio da je vredna. Primivši jednu od al-Kumus Baziljusa, Raghib ju je poslao prijatelju u Kairo da joj utvrdi vrednost.

Pošto su bili prodati na crnoj berzi posredstvom trgovaca starinama u Kairu, rukopisi su ubrzo privukli pažnju službenika egipatske vlade. Ovi su pod krajnje dramatičnim okolnostima — kako ćemo videti — kupili jednu i konfiskovali deset i po, od trinaest, u kožu povezanih knjiga zvanih kodeksi, i predali ih Koptskom muzeju u Kairu. Međutim, veliki deo trinaestog kodeksa, koji sadrži pet izvanrednih tekstova, prokrijumčaren je iz Egipta i ponuđen na prodaju u Americi. Glas o ovom kodeksu ubrzo je dopro do profesora Žila Kispela, uvaženog istoričara religije u Utrehtu, u Holandiji. Uzbuđen ovim otkrićem, Kispel je zatražio od Jungove fondacije u Cirihu da ona kupi kodeks. Kada mu je zahtev uslišen, otkrio je da neke stranice nedostaju; u proleće 1955. avionom je otputovao u Egipat i pokušao da ih pronađe u Koptskom muzeju. Stigavši u Kairo, odmah je otišao u Koptski muzej, pozajmio fotografije nekih od tekstova i požurio natrag u hotel da ih dešifruje. Došavši do kraja prvog reda, Kispel je zaprepašćeno, a potom u neverici, čitao: »Ovo su tajne reči koje je živi Isus izgovorio, a njegov blizanac Juda Toma zapisao.«[3] Kispel je znao da je njegov kolega A. Š. Pieš, služeći se beleškama svog sunarodnika — francuskog naučnika Žana Doresa, uvodne redove identifikovao sa fragmentima *Jevanđelja po Tomi* na grčkom, otkrivenog u poslednjoj deceniji prošlog veka. Ali otkriće celokupnog teksta podstaklo je nova pitanja: Da li je Isus, kako tekst navodi, imao brata blizanca? Da li bi ovaj tekst mogao biti autentičan zapis Isusovih kazivanja? Sudeći pa naslovu, tekst je sadržavao Jevanđelje po Tomi: međutim, ovaj tekst se, za razliku od jevanđelja Novog zaveta, identifikovao kao *tajno* jevanđelje. Kispel je u tekstu takođe otkrio mnoga kazivanja poznata iz Novog zaveta: ali u neuobičajenim kontekstima, ova kazivanja su ukazivala na druga značenja. Kispel je pronašao da su se ostali odlomci potpuno razlikovali od bilo koje poznate hrišćanske tradicije: na primer, kazivanja »živog Isusa« enigmatična su i snažna kao *koani* Zen budizma:

> Isus je rekao, »Ako izneseš ono što je u tebi, ono što izneseš spašće te. Ako ne izneseš ono što je u tebi, ono što ne izneseš uništiće te.«[4]

Jevanđelje po Tomi, koje je Kispel držao u rukama, bilo je samo jedan od pedeset dva teksta pronađena u Nag Hamadiju (uobičajena engleska transliteracija imena ovog mesta). U istoj knjizi se takođe nalazi *Jevanđelje po Filipu*, koje Isusu pripisuje dela i kazivanja sasvim drukčija od onih u Novom zavetu:

> ... pratilac (Spasiteljev je) Marija Magdalena. (Ali Hrist je voleo) nju više nego (sve) učenike i ljubio je (često) u (usta). Ostali (učenici bili su uvređeni)... Rekli su mu, »Zašto ti nju više voliš od svih nas?« Spasitelj je odgovorio i rekao im, »Zašto vas ne volim kao (što volim) nju?«[5]

Druga kazivanja u ovoj zbirci kritikuju poznata hrišćanska verovanja, kao što su rođenje od device ili telesno uskrsnuće, kao naivne greške u razumevanju. Zajedno s ovim jevanđeljima je i *Apokrifon* (doslovno, »tajna knjiga«) Jovanov, koji počinje ponudom da otkrije »misterije (i) znanja skrivena u tišini«, koje je Isus preneo svom učeniku Jovanu.[6]

Muhamed Ali je kasnije priznao da su neki od tekstova izgubljeni — spaljeni ili bačeni. Ali ono što je preostalo zaprepašćujuće je: pedeset dva teksta iz prvih stoleća hrišćanske ere u koja je uključena zbirka dosad nepoznatih ranohrišćanskih jevanđelja. Nalaz je, pored *Jevanđelja po Tomi* i *Jevanđelja po Filipu*, sadržavao *Jevanđelje istine* i *Jevanđelje Egipćanima*, koje sebe naziva »(svetom knjigom) Velikog nevidljivog (Duha)«.[7] Druga knjiga tekstova sastoji se iz spisa pripisanih Isusovim sledbenicima, kao što su *Tajna knjiga Jakovljeva, Pavlova apokalipsa, Petrovo pismo Filipu* i *Petrova apokalipsa*.

Muhamed Alijevo otkriće u Nag Hamadiju, kako je ubrzo postalo jasno, bili su petnaest vekova stari koptski prevodi još starijih rukopisa. Originali su bili na grčkom, jeziku Novog zaveta: kako su Dores, Pieš i Kispel uvideli, arheolozi su pre nekih pedeset godina otkrili deo jednog od tih rukopisa kada su pronašli nekoliko fragmenata originalne grčke verzije *Jevanđelja po Tomi*.[8]

Nema mnogo dileme oko datiranja rukopisa. Po papirusu upotrebljenom za pojačanje kožnih poveza, koji je moguće datirati, i po koptskom pismu, rukopisi potiču približno iz 350—400. g. nove ere.[9] Ali među naučnicima postoje oštra neslaganja oko datiranja originalnih tekstova. Neki od ovih tekstova teško da mogu biti noviji od približno 120—150. g. n. e. zato što Irenej, pravoverni biskup Liona, pišući oko 180. g. n. e., izjavljuje da se jeretici »hvališu kako poseduju više jevanđelja no što ih stvarno ima«,[10] i žali se kako su u njegovo vreme takvi spisi bili veoma rasprostranjeni — od Galije do Male Azije — preko Rima i Grčke.

Kispel i njegovi saradnici, koji su prvi objavili *Jevanđelje po Tomi*, predložili su 140. g. n. e. kao približan datum originala.[11] Neki su smatrali da su jevanđelja, pošto su bila jeretična, morala biti napisana posle jevanđelja Novog zaveta, koja su datirana oko 60—100. g. n. e. Međutim, profesor Helmut Kester sa Harvardskog univerziteta je nedavno izneo mišljenje da bi zbirka kazivanja u *Jevanđelju po Tomi*, mada sastavljena oko 140. g., mogla sadržavati predanja *starija* i od jevanđelja Novog zaveta, »mogućno čak iz druge polovine prvog veka (50—100. g.) vreme Jevanđelja po Marku, Mateju, Luki i Jovanu, ili ranije.[12]

Ispitujući otkriće iz Nag Hamadija, naučnici su otkrili da neki tekstovi govore o postanku ljudskog roda potpuno drukčije od uobičajenog shvatanja Postanja: na primer, *Svedočanstvo istine* saopštava priču o Edenskom vrtu sa zmijine tačke gledišta! Zmija, koja se u gnostičkoj literaturi odavno pojavljuje kao simbol božanske mudrosti, u ovoj priči ubeđuje Adama i Evu da okuse znanje, dok im »Gospod«, ljubomorno pokušavajući da ih spreči u otkrivanju znanja, preti smrću i izgoni ih iz raja kad ga otkriju.[13] Jedan drugi tekst, sa tajanstvenim naslovom *Grom, savršeni um*, sadrži izvanrednu pesmu koju govori glas ženske božanske sile:

> Jer ja sam prva i poslednja.
> Ja sam počastvovana i prezrena,
> Ja sam kurva i svetica.
> Ja sam supruga i devica...
> Ja sam nerotkinja,
>   i mnogi njeni sinovi...
> Ja sam tišina koja je neshvatljiva...
> Ja sam izricanje mog imena.[14]

Ovi raznoliki tekstovi obuhvataju, dakle, tajnu jevanđelja, pesme, kvazifilozofske opise postanka vasione, mitove, magiju i uputstva za mističku praksu.

Zašto su ovi spisi bili zakopani i ostali nepoznati skoro dve hiljade godina? Suzbijanje ovih tekstova kao zabranjenih dokumenata i njihovo zakopavanje pod liticom kod Nag Hamadija deo su, kako se vidi, borbe koja je bila kritična za vaspostavljanje ranog hrišćanstva. Pravoverni hrišćani iz sredine drugog stoleća su tekstove iz Nag Hamadija i druge njima slične koji su bili šireni na početku hrišćanske ere, žigosali kao jeres. Odavno se zna da su rane sledbenike Hrista drugi hrišćani osuđivali kao jeretike: međutim, gotovo sve što se o njima zna potiče od napisa kojim su ih njihovi protivnici napadali. Biskup Irenej, koji je nadzirao crkvu u Lionu, napisao je pet tomova pod naslovom *Uništenje i prevrat lažno samozvanog znanja*, koji počinju njegovim obećanjem da

> izloži gledišta onih koji sada podučavaju jeres... da pokaže koliko su njihova kazivanja besmislena i nedosledna istini... ja ovo činim kako biste od svih s kojima ste povezani mogli tražiti da izbegnu ovakav ambis ludila i huljenje Hrista.[15]

Irenej osuđuje poznato jevanđelje zvano *Jevanđelje istine*[16] kao »naročito puno huljenja«. Da li on misli na *Jevanđelje istine* pronađeno u Nag Hamadiju? Kispel i njegovi saradnici, koji su prvi objavili ovo jevanđelje, na ovo pitanje odgovaraju potvrdno. Međutim, jedan od njihovih kritičara tvrdi da prvi red teksta (koji počinje sa »Jevanđelje istine«) nije naslov.[17] Ali Irenej upotrebljava isti izvor kojim se služi bar jedan od tekstova pronađen u Nag Hamadiju — *Apokrifon* (Tajna knjiga) kao municiju za napad na takvu »jeres«. Jedan učitelj u Rimu, Hipolit, petnaest godina kasnije je napisao još jedno veliko *Pobijanje svih jeresi* kako bi »raskrinkao i pobio zločesto huljenje jeretika«.[18]

Ova kampanja protiv jeresi pokazivala je nehotično priznanje njene ubedljivosti; ipak, biskupi su nadvladali. U vreme preobraćenja cara Konstantina, kada je hrišćanstvo postalo zvanična religija, hrišćanski biskupi su zapovedali policiji koja ih je dotada proganjala. Posedovanje jeretičkih knjiga postalo je krivično delo, a primerci takvih knjiga bili su spaljivani i uništavani. Ali neko u Gornjem Egiptu, verovatno kaluđer iz obližnjeg manastira Svetog Pahomija[19], uzeo je zabranjene knjige i sakrio ih od uništenja — u ćup u kome su ostale zakopane skoro 1600 godina.

No oni koji su pisali i širili ove tekstove nisu sebe smatrali »jereticima«. Mnogi od tih napisa upotrebljavaju hrišćansku terminologiju — bez sumnje povezanu sa tradicijom nasleđenom od Jevreja. Mnogi tekstovi saopštavaju, kako sami tvrde, tajna predanja o Isusu, predanja skrivena od »mnoštva« koje sačinjava ono što će se u II veku nazvati »opšta crkva«. Ovi »jeretici« se sada nazivaju gnosticima, po grčkoj reci *gnosis*, koja se obično prevodi kao »znanje«. Pošto se oni koji tvrde da ne znaju ništa o konačnoj stvarnosti nazivaju agnosticima (doslovno, »oni koji ne znaju«), čovek koji tvrdi da zna takvu stvarnost naziva se gnostikom (»onaj koji zna«). Ali gnoza *(gnosis)* nije prevashodno racionalno znanje. Grčki jezik razlikuje naučno ili refleksivno znanje (»on zna matematiku«) i znanje stečeno posmatranjem i iskustvom (»on zna mene«), koje je *gnoza*. Ovaj termin, kako ga gnostici upotrebljavaju, mogli bismo prevesti kao »uvid« jer *gnoza* podrazumeva intuitivni proces samospoznaje. A spoznati sebe, tvrdili su oni, znači spoznati ljudsku prirodu i ljudsku sudbinu. Po gnostičkom učitelju Teodotu, koji je pisao u Maloj Aziji (približno 140—160. g.), gnostik je onaj koji je uspeo da shvati ko smo i šta smo postali; gde smo bili... kuda hitamo; od čega bivamo oslobođeni; šta je rođenje, a šta preporod.[20]

A sebe spoznati, na najbolji način, znači istovremeno spoznati Boga; to je tajna *gnoze*. Monoim, takođe gnostički učitelj, kaže:

Napusti traganje za Bogom, stvaranjem i druga slična pitanja. Traži ga uzimajući sebe za početnu tačku. Pronađi ko je to u tebi što sve svojata i govori, »moj Bog, moj um, moja misao, moja duša, moje telo«. Upoznaj se sa izvorima tuge, radosti, ljubavi, mržnje... Ako pažljivo proučiš ova pitanja, pronaći ćeš ga u *sebi*.[21]

U Nag Hamadiju Muhamed Ali je, po svoj prilici, otkrio biblioteku spisa od kojih su gotovo svi gnostički. Mada tvrde da sadrže tajno učenje, mnogi od tih tekstova pominju knjige Starog zaveta; takođe se pominju Pavlove poslanice i jevanđelja Novog zaveta; u mnogima se pojavljuju ličnosti Novog zaveta — Isus i njegovi učenici. Ipak, razlike su upadljive.

Pravoverni Jevreji i hrišćani uporno tvrde da je čovek odeljen ambisom od svog tvorca: Bog je nešto sasvim drugo. Ali tome protivreče neki od gnostika koji su pisali ova jevanđelja: samospoznaja je spoznaja Boga; ja i božansko su istovetni.

Pored toga, »živi Isus« ovih tekstova govori o prividu i prosvetljenju, a ne o grehu i kajanju kao Isus Novog zaveta. Umesto što dolazi da nas spase od greha, on stiže kao vodič koji nam omogućuje duhovno razumevanje. Kada učenik dostigne prosvetljenje, Isus mu više ne služi kao duhovni učitelj: oni postaju jednaki — čak istovetni.

Zatim, pravoverni hrišćani veruju da je Isus Gospod i Sin Gospodnji, koji je jedinstven: on zauvek ostaje odvojen od čovečanstva koje je došao da spase. Međutim, gnostičko *Jevanđelje po Tomi* saopštava da Isus Tomi kazuje, čim ga ovaj prepoznaje, kako su oni obojica svoje biće primili od istog izvora:

Isus je rekao, »Ja nisam tvoj učitelj. Pošto si pio, opio si se vodom iz šumskog potoka koju sam izmerio... Ko pije iz mojih usta, postaće ono što sam ja: Ja ću postati on, i ono što je skriveno biće mu otkriveno.«[22]

Ne čine li se ova učenja više istočna no zapadna — istovetnost božanskog i ljudskog, bavljenje prividom i prosvetljenjem, osnivač koji nije predstavljen kao Gospod već kao duhovni vodič? Po nekim stručnjacima, »živi Buda« bi, ako bi se imena razmenila, mogao samosvojno govoriti ono što *Jevanđelje po Tomi* pripisuje živom Isusu. Da li su hinduizam ili budizam mogli uticati na gnosticizam? Edvar Konz, britanski stručnjak za budizam, smatra da jesu. On ističe da su »budisti bili u dodiru s Tominim hrišćanima (to jest, hrišćanima koji su poznavali i upotrebljavali tekstove kao što je *Jevanđelje po Tomi)* u Južnoj Indiji«.[23] Trgovački putevi između grčko-rimskog sveta i Dalekog istoka su se otvarali u vreme cvetanja gnosticizma (80—200. g.) Budistički misionari su već više generacija širili svoju veru U Aleksandriji. Takođe zapažamo da Hipolit, rimski hrišćanin kome je grčki bio maternji jezik (oko 225. g.), zna za indijske bramine i uključuje njihova učenja među izvore jeresi:

> Postoji... među Indijcima jeres onih koji filozofiraju među braminima, koji žive samodovoljnim životom i uzdržavaju se od (jedenja) živih stvorenja i sve kuvane hrane... Oni kažu da je Bog svetlost, ne kao svetlost koja se vidi, niti kao sunce ili vatra; za njih je Bog govor, ne onaj koji se izražava određenim zvucima, već govor znanja *(gnoze)* putem kojeg mudri proniču u neotkrivene misterije prirode.[24]

Da li naslov *Jevanđelja po Tomi* — nazvanog po učeniku koji je, kako nam predanje govori, otišao u Indiju — ukazuje na uticaj indijske tradicije?

Mada ovi nagoveštaji ukazuju na mogućnosti, dokazi nisu definitivni. Budući da se paralelna učenja mogu u različita vremena pojaviti u različitim kulturama, ovakve su se ideje mogle nezavisno pojaviti na oba mesta.[25] Istočne i zapadne religije, kako ih nazivamo, i posmatramo kao odvojene struje, nisu bile jasno razdvojene pre 2000 godina. Rad na Nag

Hamadi tekstovima tek počinje: očekujemo da će nam rezultati naučnika koji će izvršiti uporedne studije ovih ideja omogućiti da ustanovimo da li one zaista potiču iz indijskih izvora.

Pa ipak, ideje koje vezujemo za istočne religije na Zapadu su se pojavile u prvom veku u okrilju gnostičkog pokreta i bile suzbijane i osuđivane od polemičara kao što je Irenej. A oni koji su gnosticizam nazivali jeresi prihvatali su, svesno ili nesvesno, gledište one grupe hrišćana koja je sebe nazivala pravovernim. Jeretik može biti bilo ko čije poglede neko drugi ne voli ili žigoše. Po tradiciji, jeretik je onaj koji odstupa od prave vere. Ali šta definiše tu »pravu veru«? Ko je takvom naziva i iz kojih razloga?

Ovaj problem nam je poznat iz sopstvenog iskustva. Termin »hrišćanstvo« obuhvata zapanjujući broj grupa. Oni koji za sebe tvrde da su predstavnici »pravog hrišćanstva« u dvadesetom veku mogu biti katolički kardinal u Vatikanu, afrički episkopski metodistički propovednik koji podstiče versko buđenje u Detroitu, mormonski misionar u Tajlandu ili član seoske crkve na grčkoj obali. Međutim, katolici, protestanti i pravoslavci se slažu da je ovakva raznolikost žalosna pojava skorog datuma. Po hrišćanskoj legendi, rana crkva je bila drukčija. Hrišćani svih ubeđenja se okreću primitivnoj crkvi u potrazi za jednostavnim, čistijim oblikom hrišćanske vere. U vreme apostola svi članovi hrišćanske zajednce su delili novac i svojinu; svi su verovali u isto učenje i molili se zajedno; svi su poštovali autoritet apostola. Kako kaže autor *Proglasa apostola,* koji sebe naziva prvim istoričarem hrišćanstva, sukobi i jeres pojavili su se tek posle tog zlatnog doba.

Međutim, otkriće u Nag Hamadiju baca senku na te tvrdnje. Ako prihvatimo da neki od ova pedeset i dva teksta predstavljaju rane vidove hrišćanskog učenja, mogao bi nam se nametnuti zaključak da je rano hrišćanstvo daleko raznovrsnije no što je to bilo ko — s nekim izuzecima — mogao zamisliti pre ovog otkrića.[26]

Sasvim je moguće da je savremeno hrišćanstvo, i pored svoje raznolikosti i složenosti, monolitnije nego hrišćanske crkve u prvom i drugom veku. Od tog vremena skoro svi hrišćani — katolici, protestanti, pravoslavci dele tri osnovne premise. Prvo, oni prihvataju kanon Novog zaveta; drugo, oni ispovedaju apostolsku veru; i treće, oni održavaju određene oblike crkvene institucije. Ali svaka od ovih dodirnih tačaka — kanon Biblije, veroispovest, struktura institucije — u svom sadašnjem obliku pojavljuje se tek pred kraj drugog veka. Pre toga, kako Irenej i ostali tvrde, mnogobrojna jevanđelja, od novozavetnih, kao što su Matejevo, Markovo, Lukino i Jovanovo, do tekstova kao što su *Jevanđelje po Tomi, Jevanđelje po Filipu, Jevanđelje Istine*, kružila su među raznim hrišćanskim grupama. Takođe su kružila mnoga druga tajna učenja, mitovi i pesme pripisivani Isusu ili njegovim učenicima. Nalaz u Nag Hamadiju po svoj prilici uključuje neke od ovih tekstova; mnogi drugi su izgubljeni. Oni koji su se nazivali hrišćanima imali su mnoga, bitno različita religijska verovanja i prakse. A način na koji su se organizovale zajednice razasute po tada poznatom svetu znatno se razlikovao od grupe do grupe.

Međutim, situacija se promenila već 200. g. n. e. Hrišćanstvo je postalo institucija na čelu sa troslojnom hijerarhijom biskupa, sveštenika i đakona, koji su sebe smatrali čuvarima jedine »prave vere«. Većina crkava — rimska crkva je preuzela vodeću ulogu — odbacila je sva druga religijska gledišta kao jeres. Osuđujući raznolikost ranijeg pokreta, biskup Irenej i njegovi sledbenici su naglašavali da može postojati samo jedna crkva, a izvan te crkve, kaže Irenej, »spasenja nema«.[27] Jedino su članovi te crkve ortodoksni (doslovno, »pravomisleći«) hrišćani. Ova crkva, tvrdio je on takođe, mora biti *katolička* — što će reći univerzalna. Ko god bi dovodio u pitanje ova opšteprihvaćena mišljenja i zalagao se za druge oblike hrišćanskog učenja bivao je proglašen jeretikom i isključivan. Kada su pravoverni, neko vreme posle preobraćenja cara Konstantina u hrišćanstvo u IV veku, zadobili vojnu podršku, kazna za jeres je pooštrena.

Napori većine da uništi svaki trag jeretičkog »huljenja« pokazali su se tako uspešnim da su nam skoro sva obaveštenja o alternativnim oblicima ranog hrišćanstva dolazila — pre otkrića u Nag Hamadiju — od golemih pravovernih napada na njih. Mada je gnosticizam najranija i najopasnija od jeresi, naučnici su znali samo za pregršt gnostičkih tekstova, od kojih nijedan nije bio objavljen pre XIX veka. Prvi tekst se pojavio 1769, kada je neki škotski turista po imenu Džejms Brus kupio jedan koptski rukopis kod Tebe (danas Luksor) u Gornjem Egiptu.[28] Objavljen tek 1892, tekst je, navodno, zabeleška Isusovih razgovora sa učenicima — prema tekstu, u grupi učenika se nalaze i muškarci i žene. Godine 1773. neki sakupljač je u jednoj londonskoj knjižari pronašao drevni tekst, takođe na koptskom, koji je sadržavao dijalog o »misterijama« između Isusa i njegovih učenika.[29] Godine 1896, jedan nemački egiptolog, podstaknut ovim publikacijama kupio je u Kairu rukopis koji je, na njegovo zaprepašćenje, sadržavao *Jevanđelje po Manji* (Magdaleni) i još tri teksta. Tri primerka jednog od ovih tekstova, *Apokrifona* (tajne knjige) *po Jovanu*, takođe su se nalazila u gnostičkoj biblioteci otkrivenoj u Nag Hamadiju predeset godina docnije.[30]

Ali zašto se začuđujuće otkriće u Nag Hamadiju tek sad obelodanjuje? Zašto o Nag Hamadi otkriću nismo čuli pre nekih dvadeset i pet godina — kao što je bio slučaj sa Svicima Mrtvog mora? Profesor Hans Jonas, uvaženi autoritet za gnosticizam, pisao je 1962. godine:

> Za razliku od Svitaka Mrtvog mora, otkrivenih tih godina, gnostički nalaz iz Nag Hamadija je od početka pratilo — a to traje do dana današnjeg — uporno prokletstvo političkih prepreka, prepirke i, više od svega, akademska ljubomora i bitke »ko će pre« (ovaj poslednji faktor je već prerastao u istinsku *chronique scandaleuse* savremenog akademskog sveta).[31]

Pristup tekstovima nije bio namerno sprečavan samo u antičkim vremenima: to je činjeno, iz sasvim različitih razloga, tokom perioda od preko trideset godina od otkrića.[32] Pre svega, seljaci iz Gornjeg Egipta i trgovci starinama krili su rukopise da ih ne bi konfiskovale državne vlasti i pokušavali da se pomoću njih obogate. Kada je francuski egiptolog Žan Dores 1947. video prvi od pronađenih rukopisa u Koptskom muzeju u Kairu, njihova vrednost postala je očigledna. Kad ga je direktor muzeja Togo Mina zamolio da ispita rukopis, Dores je rukopis identifikovao i izjavio da će ovo otkriće označiti novu epohu za studije porekla hrišćanstva. Nadahnut Doresovim entuzijazmom, Mina je Doresa zamolio da pogleda jedan rukopis u posedu Belgijanca Alberta Eida, trgovca starinama u Kairu. Posle sastanka sa Doresom, Mina je otišao Eidu i rekao mu da nikako ne sme dopustiti da rukopis napusti Egipat — rukopis mora biti prodat muzeju za nominalnu cenu.

Ali najveći deo nalaza je još uvek bio sakriven. Bahidž Ali, jednooki razbojnik iz al-Kasra, bio se dokopao mnogih kodeksa i otišao u Kairo da ih proda. Fosion Tano, trgovac starinama, kupio je sve što je ovaj imao, i otišao u Nag Hamadi ne bi li pronašao još. Dok je Dores u Kairu, tokom vazdušnih napada i bombardovanja 1948, radio na objavljivanju Kodeksa III, Ministarstvo javnog obrazovanja je sa Tanom pregovaralo oko kupovine njegove kolekcije za muzej. Tano, koji je brzo preduzimao korake da spreči vladino mešanje, izjavio je da zbirka pripada jednom privatnom licu, sakupljaču koji živi u Kairu, Italijanki po imenu Datari. Ali 10. juna 1949. gospođica Datari je bila uznemirna sledećim obaveštenjem, na francuskom u kairskim novinama:

> U toku je proces pribavljanja ovih dragocenih dokumenata od strane egipatske vlade. Konsultovani stručnjaci kažu da je reč o jednom od najizuzetnijih otkrića na egipatskom tlu do dana današnjeg, otkrića koje svojom važnošću za nauku nadmašuje spektakularna otkrića kao što je Tutankamonova grobnica.[33]

Kada je vlada nacionalizovala zbirku 1952, vladini službenici su preuzeli kodekse spakovane u zapečaćen kofer. Gospođici Datari nisu ništa platili — mada je ona odredila cenu od oko 100.000 funti. Kada je ona odgovorila sudskom parnicom, uspela je jedino da, uz pomoć sudskog naloga, za tri godine zaustavi rad na tekstovima. Parnicu je izgubila.

Međutim, vlada nije uspela da uzapti Eidov deo Kodeksa I. Albert Eid, zabrinut zbog vladinog mešanja, 1949. avionom je otputovao iz Kaira u Ameriku. Rukopis je, uključivši ga u veliku zbirku artikala za izvoz, uspeo da prokrijumčari iz Egipta. Ponudio ga je kupcima za čitavih 22.000 dolara. No pošto je, po svoj prilici, jedan potencijalni kupac ponudu odbio plašeći se da se egipatska vlada ne ozlojedi kupovinom,

Eid se razočaran vratio u Belgiju, gde je rukopis stavio u sef pod tajnom šifrom. Egipatska vlada je podigla optužnicu protiv Eida — zbog krijumčarenja starina; međutim, u vreme izricanja presude trgovac starinama je već bio umro. Sud je naredio da se kazna od 6.000 funti isplati od njegove ostavštine. Eidova udovica je u međuvremenu vodila tajne pregovore oko prodaje kodeksa, pregovore u kojima je, možda, učestvovalo nekoliko licitanata. Profesor Žil Kispel, koji je od Jungove fondacije u Cirihu tražio da ona kupi kodeks, tvrdi da nije znao da su, u vreme kada je pregovarao oko kupovine, izvoz i prodaja bili protivzakoniti. On s uživanjem prepričava dramatične okolnosti svog sjajnog poteza:

> Desetog dana meseca maja, 1952, jedan profesor iz Utrehta seo je u voz za Brisel. Međutim, zbog rasejanosti je sišao s voza u Tilborgu — misleći da je u Rosendalu — i tako izgubio vezu za Brisel. Ali kada je najzad stigao do zakazanog mesta sastanka — jedna kafana negde u Briselu — u zakašnjenju od dva sata, video je posrednika, čoveka iz Sv. Idesbalda, blizu Koksija na belgiskoj obali, koji ga je još uvek čekao kod prozora i ljubazno mu mahao. Profesor je onda čoveku pružio i predao ček na 35.000 švajcarskih franaka. Zauzvrat, čovek je profesoru dao nekih pedeset papirusa. Kako da ih bez teškoća prenese preko granice? Takav paket se ne može lako sakriti. Stoga čovek mora biti pošten, i kad carinik pita: »Šta imate u tom paketu?« treba reći istinu: »Jedan stari rukopis.« Carinik onda odmahne rukom sasvim ravnodušno i propusti vas. Eto tako je kupljen Jungov kodeks.[34]

Čim je utvrđeno 1952. gde se rukopisi nalaze — dvanaest kodeksa u Koptskom muzeju u Kairu, i veći deo trinaestog u ciriškom sefu — tekstovi su postali, sledećih dvadeset godina predmet ličnog rivalstva međunarodne grupe naučnika koji su se nadmetali da dođu do njih.

Doktor Pahor Labib, koji je preuzeo upravu Koptskog muzeja 1952, odlučio je da strogo nadzire prava na objavljivanje. Objavljivanje definitivnog prvog izdanja bilo kojeg od ovih izuzetnih, originalnih tekstova — da ne pominjemo celu zbirku — za naučnika bi značilo međunarodnu slavu. Nekolicina kojima je dr Labib odobrio pristup rukopisima branila je svoje interese, ne dopuštajući drugima da ih vide. Generalni direktor Uneska, pošto su mu na otkriće skrenuli pažnju francuski naučnici, tražio je 1961. godine da se svi rukopisi objave i predložio osnivanje međunarodnog komiteta da to sredi.[35] Govoreći u svoje ime i u ime drugih naučnika, skandinavski arheolog Torjni Seve-Sederberj pisao je Unesku tražeći da interveniše i pripremi potpuno izdanje fotografija svih rukopisa, kako bi ceo nalaz bio na raspolaganju mnogim naučnicima širom sveta koji su nestrpljivo čekali da ih vide.

Prvi tom fotografskog izdanja konačno se pojavio 1972, deset godina kasnije. Devet ostalih tomova sledili su od 1972. do 1977, i tako su svih trinaest kodeksa pripali javnosti. Pošto je ostvarivanje ovakvog značajnog tehničkog projekta u Egiptu nailazilo na mnoga odlaganja, profesor Džejms Robinson, direktor Instituta za antiku i hrišćanstvo i jedini Amerikanac u komitetu Uneska, okupio je međunarodnu ekipu da kopira i prevede veći deo materijala. Robinson i njegova grupa su privatno razaslali ovaj materijal naučnicima širom sveta i tako efikasno slomili monopol nad otkrićem.

O otkrićima iz Nag Hamadija prvi put sam čula 1965. godine, na početku mojih postdiplomskih studija istorije hrišćanstva na Harvardskom univerzitetu. Bila sam opčinjena vešću o nalazu, i očarana kada je profesor Džordž MekRej sa Harvarda, 1968. primio geštetnerom umnožene transkripcije od Robinsonove grupe. Pošto se zvanične publikacije još nisu bile pojavile, na svakoj strani je bilo odštampano upozorenje:

> Ovaj materijal je namenjen određenim pojedincima za privatno proučavanje. Ni tekst niti njegov prevod ne smeju se reprodukovati ili objaviti u bilo kom obliku, u celini ili delimično.

MekRej i njegov kolega profesor Helmut Kester podsticali su svoje studente da uče koptski kako bi mogli da počnu izučavanja ovog izvanrednog nalaza. Ubeđena da će otkriće revolucionisati tradicionalno shvatanje porekla hrišćanstva, za temu doktorske disertacije, koju sam pisala na Harvardu i Oksfordu, uzela sam spor između gnostičkog i ortodoksnog hrišćanstva. Pošto sam doktorirala na Harvardu 1970. i prihvatila mesto nastavnika u Koledžu Barnard, Univerzitet Kolumbija, gotovo sam isključivo radila na ranom hrišćanskom gnosticizmu. Po objavljivanju dveju stručnih knjiga o ovom radu[36], 1975. sam primila stipendije (od Američkog saveta učenih društava i od Američkog filozofskog društva) kako bih mogla da proučavam rukopise u kairskom muzeju i prisustvujem Prvoj međunarodnoj konferenciji za koptske studije u Kairu. Tamo sam, poput drugih naučnika, bila upućena u Koptski muzej; biblioteka u kojoj se čuvaju rukopisi bila je, na moje čuđenje, jedna mala prostorija Koptskog muzeja. Svakog dana, dok su se deca igrala u biblioteci, a čistačice prale pod unaokolo, radila sam za stolom, prepisujući papiruse. Pošto sam dotad videla samo crno-bele fotografije, originali su mi se činili neočekivano lepi — svaki je bio zaštićen pleksiglasom, a tekst upisan crnim mastilom na smeđe listove. Na Prvoj međunarodnoj konferenciji podnela sam referat o jednom od rukopisa (Dijalog Spasitelja)[37], i čak srela jednog od posrednika iz al-Kasra koji je protivzakonito prodao tekstove u Kairu.

Pošto sam se priključila naučnoj ekipi, učestvovala sam u pripremanju prvog celokupnog izdanja na engleskom, objavljenog u Sjedinjenim Državama 1977. godine — Izdavačka kuća Harper i Rou. Tek s tom publikacijom i dovršenjem fotografskog izdanja koje se očekuje 1980. najzad smo prevazišli prepreke u obaveštavanju javnosti, prepreke prouzrokovane, po rečima profesora Žerara Garita sa Luvena, »ličnim surevnjivostima ... pretenzijama na monopolisanje dokumenata koji pripadaju samo nauci, što će reći svima.«[38]

Međutim, gnosticizam je već bio predmet izuzetno obimnih istraživanja kada sam ja saznala o otkriću. Gnostike su prvi ispitivali njihovi ortodoksni savremenici. Oni su, pokušavajući da dokažu kako je gnosticizam suštinski nehrišćanski, tražili njegovo poreklo u grčkoj filozofiji, astrologiji, misterijskim religijama, magiji, čak i u indijskim izvorima. Često su naglašavali — i izvrtali ruglu — bizarne elemente koji se pojavljuju u nekim formama gnostičke mitologije. Tertulijan se gnosticima podsmevao što stvaraju složene kosmologije sa višespratnim nebesima, kao zgrade za stanovanje, »sa sobama nagomilanim jedna na drugu, odeljenim — svakom bogu bila je dodeljena jedna — sa onoliko stepeništa koliko je bilo jeresi. Vasiona je pretvorena u sobe za izdavanje!«[39] Otkriće nekoliko autentičnih gnostičkih izvora (koje smo već spomenuli) pred kraj XIX veka podstaklo je naučnike na nova istraživanja. Veliki nemački istoričar Adolf fon Harnak, koji se u svom radu oslanjao uglavnom na crkvene oce, gnosticizam je smatrao za hrišćansku jeres. Harnak je pisao 1894. da su gnostici, tumačeći hrišćansku doktrinu u okvirima grčke filozofije, u izvesnom smislu bili »prvi hrišćanski teolozi«.[40] Međutim, gnostici su, tvrdio je on, takvim tumačenjem izvrnuli hrišćansku poruku i širili lažne, hibridne oblike hrišćanskog učenja — što je on nazvao »akutnim helenizovanjem hrišćanstva«.[41] Britanski naučnik Artur Darbi Nok se složio s tim, gnosticizam je, kaže on, neka vrsta »razularenog platonizma«.[42]

Drugi istoričari religije nisu bili tog mišljenja. Gnosticizam, po njima, ne samo da nije bio hrišćanska jeres nego je prvobitno bio nezavisan verski pokret. Početkom XX veka, nemački proučavalac Novog zaveta Vilhelm Buset, koji je poreklo gnosticizma nalazio u drevnim vavilonskim i persijskim izvorima, izjavio je da je

> gnosticizam, pre svega, prehrišćanski pokret koji svoje korene nalazi u sebi. Gnosticizam se stoga mora shvatiti kao ... samosvojan, a ne kao izdanak ili sporedan proizvod hrišćanske vere.[43]

Filolog Rihard Rajcenštajn se složio s tim; Rajcenštajn je, međutim, tvrdio da je gnosticizam potekao od drevne iranske religije i bio pod uticajem zoroastrijskih ideja.[44] Profesor M. Fridlender i drugi smatrali su da je gnosticizam potekao od judaizma: jeretici koje su rabini napadali u prvom i drugom stoleću bili su, kaže Fridlender, jevrejski gnostici.[45]

Dve nove značajne knjige pojavile su se 1934 — više od deset godina pre otkrića u Nag Hamadiju. Profesor Hans Jonas, vraćajući se problemu istorijskih izvora gnosticizma, postavio je pitanje *egzistencijalnog* konteksta njegovog postanka. Jonas je izneo mišljenje da se gnosticizam pojavio u okviru određenog »odnosa prema egzistenciji«. On je istakao da su se politička apatija i kulturna stagnacija istočnog dela carstva podudarale sa uticajem istočne religije na helenističku kulturu. Po Jonasovoj analizi, mnogi ljudi toga vremena su se osećali otuđenim od sveta u kome su živeli i žudeli su za čudesnim spasenjem kao oslobođenjem od stega političke i društvene egzistencije. Jonas je, duboko shvativši malobrojne, njemu dostupne izvore, rekonstruisao gnostički pogled na svet — spoj filozofije pesimističkog shvatanja sveta i pokušaja samotranscendencije[46] Engleski prevod popularnije verzije njegove knjige je čak i danas klasičan uvod u taj problem.[47] Jonas je, u epilogu dodatom drugom izdanju knjige, povukao paralelu između gnosticizma i egzistencijalizma XX veka, priznajući svoj dug filozofima egzistencijalistima, naročito Hajdegeru, za formulisanje svog tumačenja »gnostičke religije«.[48]

Naučnik Valter Bauer je 1934. godine objavio veoma različito mišljenje o gnosticizmu. Bauer je uvideo da je pokret ranog hrišćanstva bio mnogo raznolikiji no što su to pokazivali pravoverni izvori. Tako, pisao je Bauer,

> možda — ponavljam, možda — neke manifestacije hrišćanskog života, koje crkveni oci odbacuju kao »jeresi«, u početku uopšte to nisu bile, već su, tu i tamo, bile jedine forme nove religije; drugim rečima, one su u tim krajevima jednostavno nazivane »hrišćanstvom«. Postoji mogućnost da su njihove pristalice... na pravoverne, koji su za njih bili krivoverni, gledali s mržnjom i prekorom.[49]

Bauerovi kritičari, naročito britanski naučnici H. E. V. Terner[50] i C. H. Roberts[51], kritikovali su ga što situaciju pojednostavljuje i previđa činjenice koje se ne uklapaju u njegovu teoriju. Bauerova tvrdnja da su u nekim hrišćanskim grupama u većini bili oni koji su kasnije nazvani »jereticima« smelija je od tvrdnji samih gnostika. Gnostici su se karakteristično nazivali »nekolicinom« u odnosu na »mnoge« (hoi poloi). Međutim, Bauer je, kao i Jonas, omogućio nove načine mišljenja o gnosticizmu.

Otkrića u Nag Hamadiju 1945. otpočela su, kao što je Dores predvideo, potpuno novu epohu istraživanja. Prvi i najvažniji zadatak bio je da se tekstovi sačuvaju, izdaju i objave. Međunarodna ekipa naučnika, u kojoj su se nalazili profesori A. Gijomo i A. Š. Pieš iz Francuske, G. Kispel iz Holandije, V. Til iz Nemačke i J. Abd al Masih iz Egipta, sarađivala je u objavljivanju *Jevanđelja* po *Tomi* 1959.[52] Članovi ove grupe su, zajedno sa profesorima M. Malininom iz Francuske, R. Kaserom iz Nemačke, J. Zandeom iz Holandije i R. Mek L. Vilsonom iz Škotske, radili na izdanju tekstova iz Kodeksa I. Profesor Džejms M. Robinson, sekretar Međunarodnog komiteta za Nag Hamadi Kodekse, organizovao je ekipu naučnika iz Evrope, Kanade i Sjedinjenih Država da izda faksimil ediciju fotografija,[53] kao i kompletno naučno izdanje čitavog nalaza na koptskom i engleskom jeziku. Kopije rukopisa i prevoda Robinson je poslao kolegama u Berlin. U Berlinu, članovi *Berliner Arbietskreis für koptisch-gnostische Schriften* (Berlinska radna grupa za koptsko-gnostičke tekstove), krug koji okuplja ugledne naučnike, kao što su profesori H. M. Šenke, K. M. Fišer, K. V. Treger i sarađuje s drugima — E. Henšen, V. Šmitals i K. Rudolf, pripremili su izdanja tekstova na koptskom i nemačkom, kao i mnogobrojne komentare, knjige i članke.

Šta nam ovo mnoštvo novog materijala može reći o gnosticizmu? Zbog izobilja i raznolikosti tekstova, teško je izvući opšte zaključke — a o saglasnosti da i ne govorimo. Imajući to u vidu, većina naučnika se slaže da je ono što nazivamo »gnosticizmom« bilo rasprostranjen pokret koji je potekao iz raznovrsnih idejnih izvora. Nekoliko tekstova opisuje višestruka neba, svako sa svojom magičnom lozinkom — tačno ono što su naučnici mogli i da očekuju čitajući crkvene oce koji su kritikovali gnosticizam. Međutim, u mnogim drugim tekstovima se ništa slično ne nalazi. Veliki deo literature pronađene u Nag Hamadiju očigledno je hrišćanskog karaktera; međutim, u nekim tekstovima uticaj hrišćanstva je neznatan ili ga uopšte nema. Manji broj tekstova je prevashodno zasnovan na paganskim izvorima (što znači da možda uopšte nisu »gnostički«); drugi tekstovi se obilato služe jevrejskim idejama. Nemački naučnik K. Kolpe je stoga doveo u pitanje traganje za »poreklom gnosticizma«, kojim se bave istoričari.[54] Kolpe je mišljenja da ovaj metod vodi u potencijalno beskrajnu regresiju sve daljeg »porekla« — što neće mnogo doprineti našem razumevanju prave prirode gnosticizma. Odnedavno, nekoliko naučnika vide podsticaj za razvoj gnosticizma ne u njegovom kulturnom kontekstu, već u određenim događajima ili iskustvima. Po mišljenju profesora R. M. Granta, gnosticizam se pojavio kao reakcija na slom tradicionalnih religijskih učenja — jevrejskog i hrišćanskog — pošto su Rimljani uništili Jerusalim 70. godine.[55] Kispel je smatrao da je gnosticizam nastao u potencijalno univerzalnom »iskustvu čovekovog ja«, projektovanom u religijsku mitologiju.[56] Jonas je izneo tipološku šemu u kojoj se gnosticizam opisuje kao specifična vrsta filozofskog pogleda na svet.[57] Britanski naučnik E. R. Dods karakterisao je gnosticizam kao pokret čiji se tekstovi zasnivaju na mističnom iskustvu.[58] Geršom Solem, ugledni profesor jevrejskog misticizma na Hebrejskom univerzitetu u Jerusalimu, slaže se s Dodsovom tvrdnjom da gnosticizam obuhvata mističku spekulaciju i praksu. Nalazeći ezoterične struje u rabinskim krugovima, vremenski podudarne s razvojem gnosticizma, Solem ih naziva oblicima »jevrejskog gnosticizma«.[59]

Proučavaoci Nag Hamadi tekstova su više zainteresovani za detaljne analize samih tekstova nego za građenje sveobuhvatnih teorija. Istraživačkih pristupa ima nekoliko, i svaki se prvenstveno primenjuje na određenu grupu tekstova prikladnu ciljevima istraživanja. Na primer, proučavanje odnosa gnosticizma i helenističke filozofije se prvenstveno koncentriše na one Nag Hamadi tekstove koji razjašnjavaju taj odnos. Pored Hansa Jonasa, ovim vidom gnosticizma se bave britanski naučnici A. D. Nok[60] i A. H. Armstrong,[61] i američki naučnici, profesori Bentli Lejton [62] sa Jejl univerziteta i Harold Etridž sa Južnog metodističkog univerziteta.[63] Profesor Morton Smit s Kolumbijskog univerziteta, koji se trenutno bavi istorijom magije, proučava gnostičke izvore koji ukazuju na magijsku praksu.[64]

Drugi pravac istraživanja se sastoji u ispitivanju gnostičkih tekstova sa stanovišta literarne i formalne analize; ovaj rad je otpočet u knjizi *Putanje kroz rano hrišćanstvo*.[65] Drugi su istraživali bogatu simboliku gnostičkih tekstova. Na primer, francuski naučnik M. Tardje je analizirao gnostičke mitove;[66] profesor L. Šotrov je ispitivao gnostičke opise sila zla.[67] Mnoge njihove američke kolege su takođe doprinele literarnoj analizi gnostičkih izvora. Profesor P. Perkins bavio se žanrom[68] i literarnim slikama[69]; profesor Džordž MekRej doprineo je našem razumevanju gnostičkih metafora,[70] mita[71] i literarne forme[72]. Džordž MekRej, Kispel i profesor B. A. Pirson su pokazali da se neki gnostički mitovi služe predanjima judaizma.[73]

Treći pravac istraživanja (koji se često poklapa sa drugim) proučava gnosticizam u tadašnjem religijskom kontekstu Šolem, MekRej, Kispel, Pirson (da navedemo nekolicinu) su pokazali da se neki gnostički izvori pozivaju na jevrejsku tradiciju; drugi naučnici se bave sledećim pitanjem: Šta nam gnostički tekstovi mogu reći o poreklu hrišćanstva? U ovom istraživanju aktivni su pored već pomenutih, sledeći naučnici: profesori R. M. Grant i E. Jamauči u Sjedinjenim Državama: R. MekL. Vilson u Škotskoj; Dž. S. Sted i H. Čedvik u Engleskoj V. C. van Unik u Holandiji; A. S. Pieš i dr S. Petrman u Francuskoj; A. Orbe u Španiji; S. Arai u Japanu; Ž. Menar i F. Vise u Kanadi; i, u Nemačkoj, pored članova Berliner Arbeitskreisa, A. Belig i dr K. Košorke. Pošto moj rad spada u ovu (treću) kategoriju (gnosticizam i rano hrišćanstvo), kao osnovu za ovu knjigu izabrala sam prvenstveno gnostičko-hrišćanske izvore. Ostavljajući pitanje porekla gnosticizma po strani, želim da ispitam međudejstvo gnostičkih i pravovernih formi hrišćanstva i da saznam šta nam to međudejstvo kazuje o poreklu samog hrišćanstva. Zbog izuzetne obimnosti naučnog rada na gnosticizmu, ovaj pregled je morao silom prilika biti kratak i nepotpun. Čitaoca koji želi da se detaljno obavesti o naučnom radu na ovom polju upućujem na izvanrednu *Nag Hamadi Bibliografiju* koju objavljuje profesor D. M. Šoler.[74] Šolerova bibliografija, koja se redovno upotpunjuje dodacima objavljivanim u časopisu »Novum Testamentum« nabraja skoro 4.000 knjiga, edicija, članaka i prikaza o radu na Nag Hamadi tekstovima, objavljenih za poslednjih trideset godina.

Pa ipak, pedeset i dva teksta pronađena u Nag Hamadiju pružaju nam samo letimičan uvid u složenost ranohrišćanskog pokreta. Tek sada počinjemo da shvatamo ono što nazivamo hrišćanstvom — i hrišćanskom tradicijom — u stvari samo mali broj specifičnih izvora, odabranih između desetina drugih. Ko je izvršio taj izbor i zašto? Zašto su neki tekstovi bili isključeni i zabranjeni kao »jeres«? Zbog čega su bili tako opasni? Sada smo prvi put u prilici da nešto saznamo o najranijoj hrišćanskoj jeresi; jeretici su prvi put dobili reč.

Gnostički hrišćani su, bez sumnje, iznosili ideje kojih su se pravoverni grozili. Na primer, neki od ovih gnostičkih tekstova se pitaju da li pitanja, trud i smrt zaista potiču od ljudskog greha koji u pravovernoj verziji kvari prvobitno savršeno stvaranje. Drugi tekstovi, koji govore o ženskom elementu u božanskom, slave Boga kao Oca i Majku. U nekim tekstovima se sugeriše da Hristovo vaskrsenje ne treba shvatati doslovno već simbolično. Isključiviji tekstovi čak osuđuju opšte hrišćane kao jeretike koji, iako »ne razumeju misteriju... hvališu se kako misterija istine pripada samo njima«[75]. Ovakve gnostičke ideje su fascinirale Junga: on je smatrao da one predstavljaju »drugu stranu psihe« — spontane, nesvesne ideje koje svaka ortodoksija zahteva od svoje pastve da ih potiskuje.

Međutim, pravoverno hrišćanstvo, kako ga apostolska vera definiše, sadrži neke ideje koje se mnogima danas mogu činiti krajnje čudnim. Na primer, vera zahteva od hrišćana da Boga, koji je stvorio svet u kome postoje bol, nepravda i smrt, priznaju kao savršeno dobrog; da veruju da je Isus Nazarećanin rođen od device; da veruju da je Isus pošto su ga pogubili po naredbi rimskog prokuratora Pontija Pilata, ustao iz groba »trećeg dana«.

Zašto su ova zaprepašćujuća verovanja postala ne samo opšteprihvaćena u hrišćanskim crkvama nego prihvaćena kao jedina istinita forma hrišćanske doktrine? Po tradiciji, istoričari su nam objašnjavali da su se pravoverni protivili gnostičkim mišljenjima iz religijskih i filozofskih razloga. To je svakako tačno. Međutim, proučavanje novootkrivenih gnostičkih izvora otkriva nam novu dimenziju spora. Reč je o socijalnim i političkim implikacijama, presudnim za razvoj hrišćanstva kao institucijske religije, religijskih debata o prirodi Boga ili Hrista. Prostije rečeno, ideje koje su se implicitno suprotstavljale tom razvoju bile su označene kao »jeres«, a ideje koje su taj razvoj implicitno podržavale postale su »pravoverne«.

Proučavajući Nag Hamadi tekstove zajedno sa izvorima poznatim već više od hiljadu godina, vidimo kako se politika i religija prepliću u razvoju hrišćanstva. Vidimo, na primer, *političke* implikacije pravovernih doktrina kao što je telesno vaskrsenje — i kako gnostička gledišta o vaskrsenju sadrže oprečne implikacije. U toku ovog proučavanja, poreklo hrišćanstva sagledavamo iz nove i iznenađujuće perspektive.

GNOSTIČKA JEVANĐELJA

Glava prva

SPOR OKO HRISTOVOG VASKRSENJA: ISTORIJSKI DOGAĐAJ ILI SIMBOL?

»Isus Hrist je ustao iz groba.« Ovaj proglas označava početak hrišćanske crkve. Ovo je, možda, fundamentalan elemenat hrišćanske vere; u svakom slučaju je najkorenitiji. Druge vere slave cikluse rađanja i smrti; hrišćanstvo tvrdi da se ciklus, u jedinstvenom istorijskom trenutku, obrnuo i da se mrtav čovek vratio u život! Za Isusove sledbenike taj trenutak je bio prekretnica u istoriji sveta, znak kraja sveta. Otada, po veroispovesti pravovernih hrišćana, Isus Nazarećanin je bio »razapet na krstu, umro i sahranjen«, i ustao »trećeg dana«.[1] Mnogi danas deklamuju to vjeruju s malo razmišljanja i još manje vere. Nedavno su neki sveštenici, teolozi i naučnici doveli u pitanje doslovno tumačenje vaskrsenja. Oni objašnjavaju nastanak ove doktrine njenom psihološkom privlačnošću u vezi s našim najdubljim strahovima i nadama; samu doktrinu oni tumače na simbolički način.

Ali u mnogim ranim predanjima se doslovce tvrdi da se jedan čovek — Isus — vratio u život. Ono što je zaista začuđujuće u tim hrišćanskim predanjima nisu tvrdnje Isusovih prijatelja da su ga »videli« posle njegove smrti — priče o duhovima, halucinacije i vizije su u to vreme bile uobičajenije no danas — već da su videli pravo ljudsko biće. U početku, prema *Jevanđelju po Luki,* sami su učenici, zapanjeni i prestrašeni pojavom Isusa, odmah pretpostavili da su videli njegov duh. Međutim, Isus im je protivrečio: »Dotaknite me i uverite se, duh nema meso i kosti, a kao što vidite, ja ih imam.«[2] Pošto mu i dalje nisu verovali, tražio je nešto da jede; dok su ga zapanjeno gledali, pojeo je komad pečene ribe. Jasno je šta je time hteo reći: nijedan duh to ne može učiniti.

Da su učenici govorili kako Isusov duh i dalje živi, posle telesnog raspadanja, njihovi savremenici bi po svoj prilici, njihove priče smatrali smislenim. Bilo je prošlo pet vekova otkako su Sokratovi učenici tvrdili da je duša njihovog učitelja besmrtna. Ali hrišćanske tvrdnje su bile drukčije i, prosto govoreći, sasvim neverovatne. U ovom slučaju je finalnost smrti, koja je oduvek bila deo ljudskog iskustva, dovedena u pitanje. Kao kontrast Isusu, Petar navodi primer kralja Davida koji je umro, bio sahranjen i za čiji se grob dobro znalo; mada su ga ubili, Isus je ustao iz groba »zato što nije bilo moguće da ga ona zadrži« — misli se na smrt.[3] Luka kaže da je Petar eliminisao metaforičke interpretacije događaja kome je, kako sam kaže prisustvovao. »Nakon što je ustao iz mrtvih, (mi) smo jeli i pili s njim.«[4]

Tertulijan, pisac sjajnog talenta, oko 190. godine definiše u ime većine pravoverni stav: Kao što je Isus fizički ustao iz groba, tako svaki vernik mora očekivati fizičko vaskrsenje. Za njega nema mesta sumnji. Kako sam kaže, nije reč o besmrtnosti duše: »Mislim da o spasenju duše nije potrebno raspravljati: jeretici, ma u kojem obliku prihvatali spasenje duše, u svakom slučaju ga ne poriču.«[5] Iz groba ustaje »ovo telo prožeto krvlju, sa kostima, isprepletano živcima, obavijeno venama, (telo) koje... je bilo rođeno, i ... koje umire, telo, bez sumnje, ljudsko.«[6] Tertulijan očekuje da će misao o Hristovim patnjama, smrti i vaskrsenju šokirati njegove čitaoce; on tvrdi da se u nju mora verovati »zato što je apsurdna«![7]

Međutim, neki hrišćani — koje on naziva jereticima — ne slažu se. Mada ne poriču vaskrsenje, oni ne prihvataju doslovno tumačenje; neki ga smatraju »krajnje odvratnim, gadnim i nemogućim«. Gnostički hrišćani tumače vaskrsenje na više načina. Neki kažu da osoba koja doživljuje vaskrsenje, Hrista susreće na duhovnom planu, a ne kao vaskrslog Isusa koji se fizički vraća u život. Vaskrsenje se tako može doživeti u snovima, u transu ekstaze, prilikom vizija ili u trenucima duhovnog prosvetljenja. Međutim, pravoverni osuđuju sva takva tumačenja; Tertulijan izjavljuje da je svako ko poriče vaskrsenje *tela* jeretik, a ne hrišćanin.

Zašto je pravoverna tradicija prihvatila doslovno tumačenje vaskrsenja? Ovo pitanje postaje još zagonetnije kad pročitamo šta o njemu kaže Novi zavet. Po nekim opisima, kao i u priči koju prenosi Luka, Isus se svojim učenicima pojavljuje u njima poznatom obličju iz svog zemaljskog života; on s njima jede, traži od njih da ga dodirnu kako bi dokazao da »nije duh«. Jovanova priča je slična: Toma izjavljuje da neće verovati da je Isus odista ustao iz groba sve dok ga ne bude mogao svojim očima videti i dodirnuti. Isus, kada se pojavljuje, govori Tomi: »Stavi prst ovde i vidi moje ruke; pruži ruku i stavi mi je na bok; budi pun vere, a ne bez vere.«[8] Međutim, druge priče navode na drukčija tumačenja vaskrsenja. Dok su hodali drumom za Emaj, Luka i Marko pričaju dvojici učenika da se Isus pojavio u »drukčijem obliku«[9] — ne u svom zemaljskom obličju. Luka kaže da su učenici, duboko uznemireni zbog Isusove smrti, proveli više sati u razgovoru sa strancem. Pozvali su ga da s njima ruča; kada je seo za sto da blagoslovi hleb, odjednom su u njemu prepoznali Isusa. U tom trenutku »on je nestao iz njihovog vidokruga!«[10] Jovan, neposredno pre priče o »nevernom Tomi«, navodi potpuno drukčiju priču: oplakujući Isusa u blizini njegovog groba, Marija Magdalena ugleda čoveka za koga misli da je baštovan. Kada on izgovori njeno ime, ona odjednom oseti Isusovo prisustvo — međutim, on joj naređuje da ga *ne* dodiruje.[11]

Ako neke od novozavetnih priča ističu doslovno tumačenje vaskrsenja, druge dopuštaju drukčija tumačenja. Moguće je da su neki ljudi u trenucima velike emocionalne napregnutosti odjednom osetili Isusovo prisustvo. Pavlovo iskustvo se može tumačiti na ovaj način. Dok je putovao drumom za Damask s namerom da hapsi hrišćane, »odjednom je oko njega sinula svetlost sa neba. Onda je pao na zemlju«, čuvši glas Isusa koji ga je korio zbog nameravanog progona.[12] Po jednoj verziji ove priče, »ljudi koji su s njim putovali nemo su stajali — glas su čuli ali nikog nisu videli«.[13] Druga verzija je obrnuta: po Luki, Pavle je rekao »oni koji su bili sa mnom videli su svetlost, ali nisu čuli glas onoga koji mi je govorio«.[14] Sam Pavle je, naravno, kasnije branio učenje o vaskrsenju kao fundamentalno za hrišćansku veru. Pavlova rasprava se, mada često tumačena kao argument za fizičko vaskrsenje, završava recima: »Ovo ću vam reći, braćo: telo i krv ne mogu naslediti carstvo božje, niti može uništivo (što će reći smrtno telo) naslediti neuništivo.«[15] Pavle opisuje vaskrsenje kao »misteriju«,[16] preobražaj fizičke egzistencije u duhovnu egzistenciju.

Ako su opisi u Novom zavetu dopuštali različita tumačenja, zašto su pravoverni hrišćani u drugom veku nametali doslovno tumačenje vaskrsenja i odbacivali sva druga kao jeres? Mislim da se na ovo pitanje ne može dati zadovoljavajući odgovor sve dotle dok doktrinu posmatramo isključivo u religijskom kontekstu. Međutim, ispitivanje praktičnog dejstva doktrine o vaskrsenju na hrišćanski pokret pokazuje nam — što se može činiti paradoksalno — da ono vrši bitno *političku* funkciju. Naime, ona ozakonjuje autoritet određenih ljudi koji tvrde da kao naslednici apostola Petra imaju isključivo pravo rukovođenja crkvama. Od II veka, doktrina služi za potvrđivanje apostolskog nasleđa biskupa, što je osnova papskog autoriteta do današnjeg dana. Gnostički hrišćani koji vaskrsenje tumače na druge načine imaju manje pravo na vlast: kada ističu svoje preimućstvo nad pravovernima, njih osuđuju kao jeretike.

Ova politička i religijska vlast se širila na izuzetan način. Kao što je već pomenuto, raznoliki oblici hrišćanstva su cvetali u ranom periodu hrišćanskog pokreta. Stotine učitelja tvrdilo je da uče »pravu doktrinu Hrista« i osuđivalo jedan drugog kao varalice. U crkvama rasutim od Male Azije do Grčke, Jerusalima i Rima, hrišćanske grupe su se cepale u frakcije i svađale oko vođstva crkve. Svi su tvrdili da predstavljaju »autentičnu tradiciju«.

Kako da hrišćani razreše te oprečne tvrdnje? Isus je jedini autoritet koji su priznavali. Dok je Isus bio živ, niko se u maloj grupi koja je s njim putovala kroz Palestinu nije suprotstavljao njegovom autoritetu i niko nije imao toliki autoritet. Isus, koji se kao vođa odlikovao nezavisnošću i samopouzdanjem, osuđivao je te osobine u svojim sledbenicima. Kada su Jakov i Jovan, priča Marko, došli Isusu da s njim razgovaraju i zatražili posebne položaje, on se oštro suprotstavio njihovoj ambiciji:

> Vi znate da oni koji treba da vladaju Nejevrejima, gospodare njima, a njihovi velikani sprovode vlast. Ali

tako neće biti među vama. Ko god bi hteo biti veliki među vama, mora biti vaš sluga, i ko god bi hteo biti prvi među vama, mora biti rob sviju.[17]

Posle Isusovog pogubljenja njegovi sledbenici su se razišli, potreseni bolom i preplašeni za svoje živote. Većina je smatrala da su njihovi neprijatelji bili u pravu — smrt njihovog vođe znači kraj pokreta. Odjednom, zaprepašćujuće vesti su protresle grupu. Luka kaže kako su čuli da je »Gospod zaista ustao i pojavio se Simonu (Petru)!«[18] Šta je on Petru rekao? Lukina priča je hrišćane kasnijih generacija navela da zaključe kako je Isus imenovao Petra za naslednika i prepustio mu vođstvo. Po Mateju, Isus je još za života bio odlučio da Petar, »kamen«, treba da osnuje buduću instituciju.[19] Jedino Jovan tvrdi da njegova priča sadrži reči vaskrslog Hrista, koji je Petru rekao da on treba da preuzme Isusovo mesto »pastira« »stada«.[20]

Bilo da je ova tvrdnja istinita ili ne, ne možemo je ni proveriti niti poreći pozivajući se isključivo na istoriju. Mi imamo samo svedočanstva iz druge ruke vernika koji tu tvrdnju podržavaju i skeptika koji je poriču. Međutim, znamo kao istorijsku činjenicu da su neki učenici, naime Petar, *tvrdili* da se vaskrsenje dogodilo. Što je još važnije, poznat nam je ishod: ubrzo posle Isusove smrti Petar se stavio na čelo grupe kao vođa i zvanični predstavnik. Po Jovanu, on je vlast dobio od jedinog izvora koji je grupa priznavala — od samog Isusa, koji im je sada govorio posle smrti.

Šta imaju zajedničko grupa okupljena oko Isusa i svetska organizacija koja se u roku od 170 godina posle njegove smrti razvila u troslojnu hijerarhiju biskupa, sveštenika i đakona? Po hrišćanima kasnijih generacija, bila je to tvrdnja da se sam Isus vratio u život! Nemački naučnik Hans fon Kampenhauzen kaže da je Petar, »zato što se njemu prvome Isus pojavio posle vaskrsenja«,[21] postao prvi vođa hrišćanske zajednice. Kampenhauzenova tvrdnja se može opovrgnuti na osnovu Novog zaveta: jevanđelja po Marku i po Jovanu tvrde da je prvi svedok vaskrsenja bila Marija Magdalena, a ne Petar.[22] Međutim, pravoverne crkve koje u Petru vide svoje poreklo stvorile su verovanje, koje se dan-danas podržava u katoličkoj i nekim protestantskim crkvama, da je Petar bio

»prvi svedok vaskrsenja« i stoga zakoniti vođa crkve. Hrišćani su već u drugom veku uvideli potencijalne političke posledice »viđenja ustalog Gospoda: u Jerusalimu, gde je Isusov brat Jakov bio uspešan rival Petrovoj prevlasti, jedno predanje je tvrdilo da je Jakov, a ne Petar (a nikako Marija Magdalena) bio »prvi svedok vaskrsenja«.

Po Novom zavetu, Isus se nije pojavio samo Petru već i mnogim drugima — Pavle kaže da se jednom pojavio grupi od 500 ljudi. Međutim, počevši od drugog veka, pravoverne crkve su formulisale stav da su samo *neka* svedočanstva vaskrsenja davala svedoku autoritet. To su bila svedočanstva Petra i »jedanaestorice« (svi učenici izuzev Jude Iskariotskog, koji je izdao Isusa i izvršio samoubistvo).[23] Pravoverni su isticali Matejevu priču po kojoj je vaskrsli Isus »jedanaestorici« objavio da je njegova vlast sada dosegla kosmičke razmere: »Sva vlast na nebu i na zemlji je meni predata.« Zatim je tu vlast poverio »jedanaestorici učenika«.[24] Po Luki, takođe, mada su mnogi znali Isusa i neki ga čak videli vaskrslog, samo su »jedanaestorica« imala položaj zvaničnih svedoka i stoga su postali zvanični vođi čitave zajednice. Luka priča da je Petar, kao govornik grupe, predložio da dvanaesti čovek sada »preuzme položaj« Jude Iskariotskog, koji je dezertirao i tako se vrate na prvobitnu »dvanaestoricu«.[25] Međutim, kako je Petar izjavio, novi član, da bi sudelovao u vlasti učenika, mora biti:

> jedan od onih koji su nas pratili tokom celog vremena dok je Gospod Isus delovao, od Jovanovog krštenja do dana kad su nam ga uzeli — taj *čovek mora s nama postati svedok njegovog vaskrsenja.*[26]

Matija, koji je ispunjavao ove uslove, bio je izabran i »učlanjen u grupu jedanaest apostola«.[27]

Posle četrdeset dana, nakon što je izvršio prenošenje vlasti, vaskrsli Gospod se iznenada fizički udaljio od njih i podigao se na nebo dok su ga apostoli u čudu posmatrali.[28] Luka ovo saopštava kao značajan događaj. Od tog trenutka, i sve dok bude bilo sveta, niko neće nikada doživeti Hristovo stvarno prisustvo kao što su to doživela dvanaestorica učenika za njegova života i tokom četrdeset dana posle njegove smrti. Posle toga, kako kaže Luka, Hrist se drugima pojavljivao samo na posredniji način. Luka priznaje da je Stevan imao viziju Isusa koji je stajao »s desne strane Boga«[29] i da je Pavle Isusa sreo prvo u dramatičnoj viziji, a kasnije u transu.[30] Luka tvrdi da su ovo bile Pavlove reci: »Kada sam se, nakon što sam se vratio u Jerusalim, molio u hramu, pao sam u trans i video ga kako mi govori«[31]. Međutim, po Lukinom opisu se vidi da se ovi slučajevi ne mogu porediti sa prvobitnim događajima koje potvrđuju dvanaestorica. Pre svega, ti događaji su se desili ljudima koji ne spadaju u grupu dvanaestorice. Zatim, dešavaju se posle Isusovog fizičkog uspona na nebo. Konačno, mada se u vizijama, snovima i transevima ekstaze vide tragovi Hristovog duhovnog prisustva, dvanaestorica su Hrista doživela na potpuno drukčiji način. Budući da su znali Isusa za njegova života, oni su jedini mogli iz prve ruke da posvedoče o tim jedinstvenim događajima — i o istinskom fizičkom prisustvu čoveka koji je vaskrsnuo.[32]

Promućurnost pravovernog opisa događaja, ma šta mi mislili o njegovoj istorijskoj verodostojnosti, zaslužuje naše divljenje. Doktrina da se sva vlast zasniva na susretu određenih apostola s vaskrslim Hristom, susretu sada okončanom jednom zasvagda, ima ogroman uticaj na političku strukturu hrišćanske zajednice. Pre svega, kako je to istakao nemački naučnik Karl Hol, ova doktrina sužava rukovodeći krug na malu družinu čiji članovi drže neprikosnovenu vlast.[33] Zatim, ona govori da samo apostoli imaju pravo da postave buduće vođe — svoje naslednike.[34] U II veku hrišćani su uzeli Lukin opis susreta sa Hristom za temelj specifičnih, ograničenih sistema prenošenja vlasti za sve buduće generacije hrišćana. Vlast svakog potencijalnog vođe zajednice moraće da potiče, ili navodno da potiče, od samih apostola. Međutim, niko, po pravovernom shvatanju, neće moći da izjednačava svoju vlast s apostolskom — a kamoli da je dovodi u pitanje. Doživljaje i tvrdnje apostola njihovi naslednici ne mogu proveriti; umesto toga, moraju štititi svedočanstvo apostola, verovati u njega i prenositi ga budućim pokolenjima.[35]

Doktrina o vlasti se pokazala izvanredno uspešnom: pravoverni hrišćani već skoro 2000 godina prihvataju mišljenje da samo apostoli imaju definitivnu religijsku vlast, i da su njihovi jedini zakoniti naslednici sveštenici i biskupi, čije se rukopoloženje zasniva na apostolskom nasleđu. Čak i danas papa tvrdi da njegov primat potiče od Petra lično, »prvog od apostola,« jer je on bio »prvi svedok vaskrsenja«.

Ali gnostički hrišćani su odbacili Lukinu doktrinu. Neki gnostici doslovno shvatanje vaskrsenja nazivaju »verom budala«.[36] Po njima, vaskrsenje nije jedinstven događaj u prošlosti — ono, naprotiv, simbolizuje kako se Hristovo prisustvo može doživeti u sadašnjosti. Važna je duhovna vizija, a ne bukvalno viđenje.[37] Gnostici tvrde da mnogi svedoci događaja iz Hristovog života nisu videli njihovo značenje. Sami učenici su često pogrešno shvatali šta je Isus rekao: oni koji su objavili da se njihov mrtvi učitelj fizički vratio u život pogrešno su protumačili jednu duhovnu istinu kao materijalan događaj.[38] Pravi učenik, međutim, može biti i neko ko zemaljskog Isusa nikad video nije, budući rođen — kao što je to Pavle rekao za sebe — u pogrešno vreme.[39] Fizička prepreka može postati duhovno preimućstvo: ljudi kao Pavle mogu Hrista najpre susresti preko unutarnjeg doživljaja.

Kako se doživljuje Hristovo prisustvo? Autor *Jevanđelja po Mariji,* jednog od malobrojnih gnostičkih tekstova otkrivenih pre Nag Hamadi nalaza, viđenje vaskrsenja tumači kao vizije iz snova ili transa ekstaze. Gnostičko jevanđelje podseća da je Marija Magdalena, po Marku i Jovanu, prva videla ustalog Hrista.[40] Po Jovanu, Marija je Isusa videla istog jutra kad je vaskrsnuo, a on se drugim učenicima pojavio tek kasnije, te večeri.[41] Kako kaže *Jevanđelje po Mariji,* Marija Magdalena je Gospoda zapitala, pošto ga je doživela kao viziju: »Na koji način vidi onaj koji ima viziju? (Kroz) dušu (ili) kroz duh?«[42] Isus je odgovorio da vizionar vidi duhom. *Apokalipsa po Petru,* otkrivena kod Nag Hamadija, kaže da je Petar, u dubokom transu, video Hrista koji je rekao: »Ja sam intelektualni duh ispunjen sjajnom svetlošću.«[43] Gnostički opisi često pominju da Hristovo prisustvo izaziva jaka osećanja — užas, strahopoštovanje, jad i radost.

Gnostički pisci ne odbacuju vizije kao maštarije ili halucinacije; oni duboko poštuju takva iskustva koja su intuitivno prodiranje u prirodu stvarnosti. Gnostički učitelj, autor *Rasprave o vaskrsenju*, u obliku pisma svom učeniku Reginu, pronađene u Nag Hamadiju, kaže:»Nemojte misliti da je vaskrsenje privid (grčki: *fantasia*). Vaskrsenje nije privid; ono je stvarno... Bolje bi bilo tvrditi da je svet, a ne vaskrsenje, privid.«[44] Poput budističkog učitelja, Reginov anonimni mentor dalje objašnjava da je obična ljudska egzistencija smrt duha. Međutim, vaskrsenje je trenutak prosvetljenja:»To je ... otkrivanje stvarno postojećeg... i prelaz (grčki: *metabole* — promena, prelaz) u novo.«[45] Onome koji ovo shvati duh oživi. To znači da čovek može »ustati iz mrtvih« ovog trenutka: »Da li si ti — tvoje pravo ja — samo raspadanje?... Zašto ne ispitaš svoje ja i vidiš da si ustao?«[46] *Jevanđelje po Filipu*, takođe iz Nag Hamadija, na isti način govori o vaskrsenju, podsmevajući se neukim hrišćanima koji doslovce shvataju vaskrsenje: »Greše oni koji kažu da će prvo umreti a onda vaskrsnuti.«[47] Oni umesto toga moraju »vaskrsnuti dok su živi«. U neku ruku, kaže autor ironično, »potrebno je vaskrsnuti ,ovim telom', pošto je sve što postoji telesno!«[48]

Ove gnostike je mogućnost susreta s vaskrslim Hristom u sadašnjici mnogo više interesovala nego događaji iz prošlosti koji se tiču »istorijskog« Isusa.[49] *Jevanđelje po Mariji* ilustruje kontrast između pravovernih i gnostičkih shvatanja. U ovom jevanđelju nalazimo Markovu priču:

> Kada je vaskrsnuo, rano, prvog dana u nedelji, on se prvo pojavio Mariji Magdaleni... Ona je otišla i to saopštila onima koji su nekad bili s njim, a oni su žalili za njim i plakali. Kada su čuli da je živ i da ga je ona videla, nisu hteli u to verovati.[50]

Početak *Jevanđelja po Mariji* govori o učenicima koji oplakuju Isusovu smrt i strepe za svoje živote. Marija Magdalena odlučuje da ih ohrabri, podsećajući ih na Hristovo neprekidno prisustvo među njima: »Ne plačite, ne tugujte i ne sumnjajte; jer njegova milost će biti potpuno s vama i štitiće vas.«[51] Petar od Marije traži da kaže »Spasiteljeve reči kojih se sećaš«.[52] Na Petrovo iznenađenje, Marija ne priča anegdote iz prošlosti; umesto toga, ona objašnjava da je upravo duhom doživela viziju Gospoda i zatim im saopštava šta joj je on otkrio. Kada je Marija završila,

> zaćutala je pošto joj Spasitelj ništa više nije rekao. Ali Andrija je odgovorio i rekao braći: »Recite šta hoćete o onome što je ona kazala. Ja bar ne verujem da je Spasitelj to rekao. Ova su učenja zasigurno čudne ideje!«[53]

Petar, koji se slaže sa Andrijom, ismeva tvrdnju da je Marija u svojoj viziji zaista videla Gospoda. Zatim,

> Marija je plakala i rekla Petru: »Petre, moj brate, šta ti misliš? Da li misliš da sam u svom srcu ovo smislila? Misliš li da govorim laži o Spasitelju?« Levi je odgovorio i rekao Petru: »Petre, ti si oduvek bio preke naravi... Ako je po Spasitelju ona dostojna, ko si ti da je odbaciš?«[54]

Konačno, Marija se, odbranjena, priključuje apostolima koji odlaze da propovedaju. Petar, očigledno predstavnik pravovernog shvatanja, vraća se događajima iz prošlosti, podozriv prema onima koji u svojim vizijama »vide Gospoda«. Marija, predstavnik gnostika, tvrdi da doživljuje njegovo stalno prisustvo.[55]

Gnostici su znali da njihova doktrina, kao i pravoverna, sadrži političke implikacije. Ko god unutarnjim okom »vidi Gospoda«, može tvrditi da njegov ili njen autoritet odgovara autoritetu dvanaestorice i njihovih naslednika ili da ga čak nadmašuje. Razmotrimo političke implikacije *Jevanđelja po Mariji*: Petar i Andrija, predvodnici ortodoksne grupe, optužuju gnostika Mariju kako svojim navodnim viđenjem Gospoda pokušava da opravda čudne ideje, priče i laži koje izmišlja i pripisuje božanskom nadahnuću. Mariji nedostaju kvalifikacije za vođu: po pravovernom shvatanju, ona nije član »dvanaestorice«. Međutim, kao što se Marija usprotivila Petru, tako su gnostici koji su je uzeli za primer osporili autoritet sveštenika i biskupa, samozvanih Petrovih naslednika.

Znamo tačno kako su gnostički učitelji osporavali pravoverne. Dok su se, po gnosticima, pravoverni isključivo služili javnim, egzoteričnim učenjima koje su Hrist i apostoli pružali »mnoštvu«, gnostički hrišćani su, po sopstvenoj tvrdnji, izlagali svoje *tajno* učenje poznato samo nekolicini.[56] Gnostički učitelji i pesnik Valentin (oko 140. g. n. e.) ističu da je Isus za života delio sa učenicima neke misterije koje neposvećenima nije otkrivao.[57] U novozavetnom Jevanđelju po Marku, Isus se ovako obraća svojim učenicima:

»Vama je predata tajna carstva Božjeg, ali za neposvećene sve je u parabolama; tako oni mogu gledati, a ne videti, čuti, a ne razumeti; kako se ne bi okrenuli i time dobili oproštenje.«[58]

Matej, takođe, saopštava da se Isus prilikom svojih javnih govora služio samo parabolama. Kada bi ga učenici upitali zašto to čini, on bi odgovorio »Vi ste predodređeni da znate tajne *(mysteria;* doslovno »misterije«) carstva nebeskog, ali oni nisu.«[59] Neki su od učenika, po gnosticima, držeći se Isusovih uputstava, čuvali njegova ezoterična učenja u tajnosti: ova su učenja predavana samo privatno određenim osobama koje su, pokazavši duhovnu zrelost, smatrane sposobnim za »uvođenje u gnozu« — tajno znanje.

Po tvrdnji njegovih sledbenika, vaskrsli Isus se posle raspeća pojavljivao određenim učenicima omogućujući im, preko vizija, nove uvide u božinske misterije. Indirektno govoreći o sebi u trećem licu, Pavle kaže kako se »našao na trećem nebu — da li telom ili dušom, to ne znam«. Tamo je u zanosu ekstaze »čuo stvari koje se ne mogu saopštiti, koje čovek ne sme izreći«.[60] Pavle kaže da je kroz duhovno opštenje sa Isusom otkrio »skrivene misterije« a »tajnu mudrost«, koje, po sopstvenom tumačenju, deli ne sa svima nego sa hrišćanima koje smatra zrelim.[61] Mnogi savremeni biblijski stručnjaci, i sami ortodoksni, slažu se sa Rudolfom Bultmanom koji tvrdi da Pavle nije hteo reći ono što je rekao.[62] Ovi stručnjaci zastupaju stav da Pavle nije tvrdio kako poseduje tajno predanje: takva bi tvrdnja Pavla očigledno učinila i suviše nalik na gnostika. Profesor Robin Skrogs je nedavno izrazio suprotno mišljenje — naime, da Pavle jasno kaže kako *odista* poseduje tajnu mudrost.[63] Gnostički hrišćani davnih vremena bili su došli do istog zaključka. Valentin, gnostički pesnik, koji je iz Egipta došao u Rim da bude učitelj (oko 140. g. n. e.), tvrdio je čak kako ga je u Pavlovo tajno učenje uputio Teuda, jedan od Pavlovih učenika. Valentinovi sledbenici kažu da samo njihova jevanđelja i otkrovenja obelodanjuju pomenuta tajna učenja. U tim spisima nalaze se nebrojene priče o vaskrslom Hristu — duhovnom biću koje je Hrist predstavljao — ličnosti koja ih je mnogo više fascinirala od čoveka Isusa, neznanog rabina iz Nazareta. Gnostički spisi stoga često okreću pripovedački tok prihvaćen u novozavetnim jevanđeljima. Umesto da biografski, od rođenja do smrti, izlažu Isusovu istoriju, gnostičke priče počinju tamo gde se druge završavaju — pričama o duhovnom Isusu koji se pojavljuje svojim učenicima. Na primer, *Apokrif po Jovanu* počinje time što Jovan saopštava kako je posle raspeća otišao u »velikom bolu«:

> Odmah... (nebesa su se otvorila i čitavo) stvaranje (koje je) pod nebom zasvetlelo je i (svet) protreslo se. (Bio sam prestrašen i) video sam svetlost (dete)... dok sam gledao on je postao kao starac. Onda je on (promenio svoje obličje) ponovo i postao kao sluga ... Video sam (prikazanje) mnogobrojnih oblika u svetlosti...[64]

Dok se on čudio, prilika je progovorila:

> »Jovane, Jo(v)ane, zašto sumnjaš i zašto se plašiš? Ovo ti obličje nije nepoznato, zar ne?... Ne boj se! Ja sam onaj koji (je s vama) uvek... (Ja sam došao da poučim) vas onome što jeste (i što je bilo), i što će (biti)...[65]

Pismo Petra Filipu, takođe otkriveno kod Nag Hamadija, govori kako su se posle Isusove smrti učenici molili na Maslinovoj gori

> i velika svetlost se pojavila, tako da je planina zasjajila od prizora onoga koji se pojavio. Onda im se jedan glas obratio govoreći: »Poslušajte... Ja sam Isus Hrist koji je s vama zauvek.«[66]

Zatim, dok su ga učenici zapitkivali o tajnama vasione, odgovarao im je »glas koji je dolazio iz svetlosti«. *Mudrost Isusa Hrista* saopštava sličnu priču. Tu se, takođe, učenici okupljaju na gori posle Isusove smrti, i »tada im se pojavljuje Iskupitelj, ne u svom prvobitnom obliku, već kao nevidljivi duh. Ali njegova pojava bila je pojava velikog anđela svetlosti.« Odgovarajući na njihovo čuđenje i užasavanje, on se smeši i nudi im da ih poduči »tajnama (mysteria; doslovno, »misterije«) svetog plana »za vasionu i njenu sudbinu.«[67]

Međutim, suprotnost pravovernom gledištu je upadljiva.[68] U gnostičkim spisima Isus se ne pojavljuje u običnom ljudskom obliku koji učenici prepoznaju — i svakako ne u *telesnom* obliku. On se ili pojavljuje kao sjajna prilika koja govori iz svetlosti, ili se pretvara u mnogostruka obličja. *Jevanđelje po Filipu* govori o istoj temi:

> Isus im je svima prišao kradomice jer se nije otkrio na način (na koji) je bio, nego na način na koji (bi oni mogli) da ga vide. Otkrio se (svima. Otkrio se) velikima kao veliki... (i) malima kao mali.[69]

Nezrelom učeniku Isus se pojavljuje kao dete; zrelom, kao starac, simbol mudrosti. Kao što kaže gnostički učitelj Teodot, »svako Gospoda prepoznaje na sopstveni način, različit od drugih«.[70]

Pravoverni vođi, među njima i Irenej, optuživali su gnostike za obmanu. Spisi kao oni pronađeni kod Nag Hamadija — *Jevanđelje po Tomi, Jevanđelje po Filipu, Petrovo pismo Filipu* i *Apokrif* (tajna knjiga) *Jovanov* — dokaz su, po Ireneju, da su jeretici pokušavali da sopstvene izmišljotine predstave kao »apostolske«. Irenej izjavljuje da su sledbenici gnostičkog učitelja Valentina, budući »posve bezobzirni«,

> izneli svoje spise, hvališući se da poseduju više jevanđelja nego što ih stvarno ima ... Oni zaista nemaju jevanđelje koje nije ispunjeno bogohuljenjem. Jer to što su objavili... potpuno se razlikuje od onoga što su nam apostoli predali.[71]

Punovažnost četiri jevanđelja potvrđuje, kaže Irenej, činjenica da su ih napisali sami Isusovi učenici i njihovi sledbenici koji su lično prisustvovali opisanim događajima. Neki savremeni biblijski stručnjaci osporavaju ovo mišljenje: malobrojni su oni koji veruju da su Isusovi savremenici zaista napisali novozavetna jevanđelja. Mada je Irenej, braneći legitimnost novozavetnih jevanđelja, uporno tvrdio da su ih napisali Isusovi sledbenici, mi gotovo ništa ne znamo o piscima jevanđelja koje nazivamo Matejom, Markom, Lukom i Jovanom. Jedino znamo da se jevanđelja pripisuju apostolima (Matej i Jovan) ili njihovim sledbenicima (Marko i Luka).

Gnostički autori na isti način pripisuju svoje tajne tekstove raznim učenicima. Ovi učenici, poput pisaca novozavetnih jevanđelja, mogli su primiti deo svoje građe od ranih predanja. Međutim, kada to nije bio slučaj, optužbe da su gnostici izmišljali ono što su pisali sadrže nešto istine; neki gnostici su otvoreno priznavali da su svoju *gnozu* dobijali iz sopstvenog iskustva.

Kako je, na primer, hrišćanin živeći u II veku pisao *Jovanovu tajnu knjigu?* Mi možemo da zamislimo autora u situaciji koju pripisuje Jovanu na početku knjige: mučen sumnjama, on počinje da razmišlja o značenju Isusove misije i sudbine. U procesu ovakvog unutarnjeg preispitivanja odgovori se mogu spontano pojaviti u svesti: slika promenljivih vidova. Čovek koji ovaj proces ne razume na način moderne psihologije, kao delovanje mašte ili podsvesti, nego na religijski način, može te slike doživeti kao oblike duhovnog opštenja s Hristom. Videći svoje zajedništvo s Hristom kao nastavljanje doživljaja dostupnog učenicima, autor može, kada »dijalog« pretače u književnu formu, lako da učenicima dâ ulogu ispitivača. Retki su njegovi savremenici — izuzev pravovernih koje on smatra sklonim »doslovnom shvatanju stvari« — koji bi ga optužili za falsifikat; naprotiv, naslovi ovih radova ukazuju na činjenicu da su bili napisani »u duhu« Jovana, Marije Magdalene, Filipa ili Petra.

Pripisivanje tekstova određenom apostolu može, takođe, imati simbolično značenje. Naslov *Jevanđelja po Mariji* ukazuje na činjenicu da je u njemu opisano otkrovenje rezultat bliskog opštenja sa Spasiteljem. Nagoveštaj erotskog odnosa između Isusa i Marije može podrazumevati tvrđenja da je reč o mističnom zajedništvu; mistici mnogih tradicija su kroz istoriju upotrebljavali seksualne metafore u opisima svojih doživljaja. Naslovi *Jevanđelja po Tomi* i *Knjige Tome Polemičara* (pripisana Isusovom »bratu blizancu«) mogli bi sugerisati da »si ti, čitaoče, Isusov brat blizanac«. Ko god uspe da razume te knjige, otkrije, kao Toma, da je Isus njegov »blizanac«, njegovo duhovno »drugo ja«. Isusove reči Tomi su, dakle, upućene čitaocu:

> »Pošto je rečeno da si moj blizanac i istinski sadrug, ispitaj sebe kako bi razumeo ko si... Ja sam znanje Istine. Tako dok me pratiš, mada ne razumeš (to), ti već dosežeš znanje i bivaš zvan ,onaj koji zna sebe'. Jer ko god nije spoznao sebe, nije saznao ništa, a ko god je spoznao sebe, istovremeno je stekao znanje o dubini svih stvari.«[72]

Poput današnjih umetnika, gnostici su izvornu stvaralačku inventivnost smatrali znakom duhovnog oživljavanja. Svaki gnostik je smatrao da će, poput učenika slikara ili pisca, preradom i preinačenjem naučenog doći do sopstvenog izraza. Ko god je samo ponavljao učiteljeve reci, smatran je nezrelim. Biskup Irenej se žali da

> svaki od njih stvara nešto novo svakog dana, po sopstvenoj sposobnosti; jer niko se među njima ne smatra posvećenim (ili »zrelim«) ukoliko ne sastavi neke grdne izmišljotine.[73]

Irenej im prebacuje da se »hvališu kako su pronalazači i tvorci takvog maštovitog pripovedanja«, i optužuje ih za stvaranje novih oblika mitološke poezije. On je, bez sumnje, u pravu: gnostička literatura I i II veka sadrži izvanredne pesme, kao što su »*Kružni ples krsta*«[74] i »*Grom, savršeni um*«. S Irenejeve tačke gledišta, najsablažnjivije je to što gnostici priznaju da njihovi spisi nemaju druge potpore sem intuicije. Kada im neko protivreči, gnostici »pominju ili ljudska osećanja ili sklad koji vide u vasioni«.[75]

> Treba ih okriviti za... opisivanje ljudskih osećanja, strasti i duševnih sklonosti... za pripisivanje onoga što se događa ljudima i onoga *što oni navodno sami doživljavaju* božanskoj Reči.[76]

Na ovaj način, gnostici poput umetnika izražavaju sopstveni uvid u stvari, svoju *gnozu* — stvaranjem novih mitova, pesama, obreda, »dijaloga« s Hristom, otkrovenja i priča o svojim vizijama.

Poput baptista, kvekera i mnogih drugih sekti, gnostik je ubeđen da ko god neposredno primi duh opšti s božanstvom. Gnostički učitelj Herakleon (oko 160. g.), jedan od Valentinovih učenika, kaže da »u početku ljudi veruju zbog svedočanstva drugih... ali onda počinju da veruju na osnovu same istine«.[77] Tako je Herakleonov učitelj Valentin tvrdio da je saznao za Pavlovo tajno učenje, a potom doživeo viziju koja je postala izvor njegove *gnoze:*

> Video je tek rođeno dete, i kada ga je upitao ko bi on mogao biti, dete je odgovorilo: »Ja sam Logos.«[78]

Marko, takođe Valentinov učenik (oko 150. g.), koji je i sam postao učitelj, priča kako je saznao istinu iz prve ruke. On kaže da se vizija

> spustila na njega u obliku žene... i njemu samom izložila svoju prirodu, poreklo stvari, koje nikom drugom ni božjeg niti ljudskog porekla nije otkrila.[79]

Prilika mu je potom rekla:

> »Želim da ti pokažem samu Istinu; jer ja sam je donela od gore da bi je ti mogao videti bez vela i razumeti njenu lepotu.«[80]

I tako je, Marko dodaje, »naga Istina« njemu došla u ženskom obličju, otkrivajući mu svoje tajne. Marko očekuje da će svako koga on uvede u *gnozu* imati takva iskustva. Prilikom obreda posvećenja, nakon što prizove duh, on kandidatu naređuje da izriče proročanstva[81] kako bi pokazao da je uspostavio neposrednu vezu s božanstvom.

Po čemu se ovi gnostici razlikuju od vernika koji su tokom istorije hrišćanstva tvrdili da su doživeli određene vizije i otkrovenja, i njih preneli u poeziju i mističku literaturu? Hrišćani pravoverne tradicije, katolici i protestanti, smatraju da će otkrovenja koja prime potvrditi (makar u principu) apostolsku tradiciju; ovim se, tvrde oni, određuju granice hrišćanske vere. Izvorno učenje apostola ostaje merilo; sve što od toga odstupa je jeres. Biskup Irenej izjavljuje da su apostoli,

> kao što bogataš (ulažući novac) u banku, u crkvu stavili sve što pripada istini: tako da svako, ko god želi, može iz nje crpsti vodu života.[82]

Pravoverni hrišćanin veruje u »jednu jedinu istinu apostola, koju prenosi crkva«. On ne prihvata jevanđelja, izuzev četiri novozavetna koja služe kao kanon (doslovno »model«) za procenjivanje svih budućih doktrina i praksi.

Međutim, gnostički hrišćani, kojima se Irenej suprotstavljao, po sopstvenoj pretpostavci, daleko su prevazišli izvorna učenja apostola. Isto kao što danas mnogi misle da će najnoviji eksperimenti iz oblasti prirodnih nauka ili psihologije nadmašiti pređašnje, tako su gnostici očekivali da će sadašnjica i budućnost neprekidno povećavati znanja. Ovo je za Ireneja dokaz njihove drskosti:

> Oni sebe smatraju »zrelim« tako da se niko s njima ne može porediti u veličini gnoze — čak i ako pomenete Petra, ili Pavla ili nekog drugog apostola... Oni zamišljaju da su sami pronašli više nego apostoli, i da su apostoli propovedali jevanđelje još uvek pod uticajem jevrejskih shvatanja, a da su oni mudriji i pametniji od apostola.[83]

A oni koji sebe smatraju »mudrijim od apostola« takođe misle da su »mudriji« od sveštenika.[84] Jer ono što gnostici kažu o apostolima — posebno o Dvanaestorici — odražava njihov odnos prema sveštenicima i biskupima koji tvrde da su nosioci pravovernog apostolskog nasleđa.

Ali uprkos naglašavanju slobodnog stvaralaštva, neki gnostički učitelji tvrde — prilično nedosledno — da poseduju sopstvene, tajne izvore »apostolske tradicije«. Oni time podrazumevaju da imaju pristup apostolskom nasleđu drukčijem od onog koji crkve obično prihvataju. Gnostički učitelj Ptolomej objašnjava Flori, ženi u kojoj vidi mogućeg posvećenika, da »smo mi takođe primili« apostolsko predanje od niza učitelja — predanje koje, kako on kaže, predstavlja ezoteričku dopunu kanonskoj zbirci Isusovih reči.[85]

Gnostički autori često pripisuju sopstvena predanja ličnostima koje su van kruga Dvanaestorice — Pavlu, Mariji Magdaleni i Jakovu. Neki uporno ističu da Dvanaestorica — uključujući Petra — nisu primili *gnozu* kad su prvi put videli vaskrslog Hrista. Druga grupa gnostika, nazvana setijci jer su se identifikovali kao sinovi Seta, trećeg deteta Adama i Eve, kažu da su učenici, zavedeni »veoma velikom greškom«, zamišljali da je Hrist iz mrtvih ustao u telesnom obliku. Hrist se, međutim, pojavio »nekolicini učenika koje je smatrao sposobnim da razumeju takve velike misterije«,[86] i naučio ih da njegovo vaskrsenje shvate kao duhovno, a ne fizičko. Štaviše, *Jevanđelje po Mariji*, kao što smo videli, predstavlja Mariju Magdalenu (koju pravoverni nikad nisu priznali za apostola) obdarenu vizijama i uvidom koje daleko nadmašuju Petrove. *Dijalog Spasitelja* hvali je ne samo kao vazionara nego kao apostola koji nadmašuje sve ostale. Ona je bila »žena koja je znala sve«.[87] Valentin tvrdi da njegovo apostolsko predanje dolazi od Pavla — koji je, mada nepripadnik Dvanaestorice, jedan od najvećih autoriteta pravovernim, i, posle Luke, najviše pominjan autor u Novom zavetu.

Drugi gnostici objašnjavaju da su određeni članovi Dvanaestorice kasnije doživeli naročite vizije i otkrovenja, i tako postigli prosvetljenje. Apokalipsa po *Petru* opisuje kako Petar, u dubokom zanosu, doživljuje prisustvo Hrista koji mu otvara oči za duhovni uvid:

> (Spasitelj) mi je rekao..., stavi ruke na (tvoje) oči..., kaži šta vidiš!« Ali kad sam to učinio, nisam ništa video. Rekao sam: »Niko ne vidi (ovamo)«. Ponovo mi je kazao: »Pokušaj opet.« Tada me ispuniše strah pomešan s radošću pošto sam video novo svetlo, jače od svetlosti dana. Zatim je ono palo na Spasitelja. Onda sam rekao šta sam video.[88]

Tajna Jovanova knjiga kaže kako su »dvanaest učenika sedeli zajedno i prisećali se šta je Spasitelj rekao svakom od njih, bilo u tajnosti, bilo javno i (sređivali to) u knjigama«.[89] Ali

Hrist je kada se pojavio, izabrao Petra i Jakova i povukao ih na stranu kako bi im rekao ono što ostali nisu smeli znati. Oba opisa susreta s Hristom sadrže istu implikaciju: preimućstvo gnostičkih oblika tajnog predanja — i, samim tim, gnostičkih učitelja — nad učenjem sveštenika i biskupa, koji poseduju samo opšte predanje. Štaviše, pošto su, sa ove tačke gledišta, ranija predanja u najboljem slučaju nepotpuna, a u najgorem jednostavno lažna, gnostički hrišćani su se neposredno oslanjali na sopstveno duhovno iskustvo — *svoju gnozu* — kako bi ta ranija predanja preradili i preinačili.

Međutim, ono što su gnostici pozdravljali kao dokaz duhovne zrelosti, pravoverni su osuđivali kao »skretanje« od apostolske tradicije.

Tertulijan nalazi da je sramotno što

> Svaki od njih po sopstvenom temperamentu menja predanja koja je primio, što je isto učinio i onaj koji ih je predao nakon što ih je uobličio prema sopstvenoj volji.[90]

Činjenica da se gnostici »u određenim pitanjima ne slažu ni sa sopstvenim osnivačima« za Tertulijana je značila da su bili »neverni« apostolskoj tradiciji. Raznovrsnost učenja bila je baš znak jeresi:

> Na osnovu čega su jeretici strani i neprijatelji apostolima ako to nije zbog različitosti njihovog učenja, koje svaki pojedinac prima ili širi jednostavno po sopstvenoj volji.[91]

Ortodoksnu veru definiše saglasnost s doktrinom. Biskup Irenej izjavljuje da opšta crkva

> u te tačke doktrine veruje kao da ona ima jednu dušu, jedno i isto srce, i ona ih oglašava i uči u savršenoj harmoniji... Jer mada su jezici sveta različiti, značenje tradicije ipak je jedno i istovetno. Crkve smeštene u Germaniji ne veruju i ne šire ništa drukčije, niti to čine crkve u Španiji, Galiji, one na Istoku, u Egiptu, u Africi, one u centralnim oblastima sveta.[92]

Šta bi se dogodilo kada bi se ovako razasute crkve počele prepirati? Ko treba da odluči koja će predanja imati prvenstvo? Irenej ovako razmatra to pitanje:

> Ali kako stoje stvari? Pretpostavimo da među njima iskrsne raspra o nekom važnom pitanju; zar ne bi trebalo da se okrenemo najdrevnijim crkvama, s kojima su apostoli bili u stalnoj vezi, i od njih naučimo šta se jasno i pouzdano može primeniti na pomenuto pitanje?[93]

Irenej preporučuje da se svako neslaganje prekine

> upućivanjem na tradiciju, poteklu od apostola istinski velike i opštepoznate crkve koju su u Rimu osnovala dva odista slavna apostola Petar i Pavle... i upućivanjem na veru... koja je do nas došla biskupskim nasleđem. Jer neophodno je da se sa ovom crkvom, zbog njenog nadmoćnog autoriteta, svaka crkva složi.[94]

Pošto kasnije generacije nisu mogle, kao apostoli, imati pristupa živom i vaskrslom Hristu, svaki vernik mora priznavati autoritet rimske crkve, koju su apostoli osnovali, i biskupa.

Neki gnostički hrišćani su odgovorili na napad. *Petrova apokalipsa*, verovatno jedan od najkasnijih spisa iz zbirke pronađene kod Nag Hamadija (oko 200—300. g.), govori kako je Petar bio ožalošćen kad je čuo da će mnogi vernici »dopasti pogrešnog imena« i »da će njima vladati jeretici«.[95] Ustali Hrist objašnjava Petru da su oni koji »sebe nazivaju biskupom, i đakonom, kao da su svoj autoritet primili od Boga, u stvari ,bezvodni kanali'.«[96] Mada oni »ne razumeju misteriju, hvališu se da misterija istine pripada samo njima.«[97] Autor ih optužuje da su pogrešno protumačili učenje apostola i tako stvorili »veštačku crkvu« umesto istinskog hrišćanskog »bratstva«[98] Drugi gnostici, uključujući Valentinove sledbenike, nisu osporavali pravo biskupa da propovedaju zajedničku apostolsku tradiciju. Oni se takođe nisu u principu protivili vođstvu sveštenika i biskupa. Međutim, crkveno učenje i crkveni zvaničnici nikad nisu mogli biti za njih konačni autoritet koji su im priznavali pravoverni hrišćani.[99] Svi oni koji su primili gnozu, govorili su gnostici, uzdigli su se iznad crkvenog učenja i prevazišli autoritet crkvene hijerarhije.

Spor oko vaskrsenja pokazao se, dakle, kao ključni faktor preobražaja hrišćanskog pokreta u institucijsku religiju. Svi hrišćani se u principu slažu da samo sam Hrist — ili Bog — može biti osnovni izvor duhovnog autoriteta. Ali neposredno pitanje bilo je praktično: ko sada ima taj autoritet?

Valentin i njegovi sledbenici su odgovorili: »Ko god dođe u neposredan lični dodir sa ‚Živim'.« Oni su dokazivali da se jedino u čovekovom ličnom iskustvu, koje ima prvenstvo nad svedočenjem iz druge ruke i svom tradicijom — čak i gnostičkom, nalazi krajnje merilo istine. Gnostici su hvalili svaki oblik stvaralačke invencije kao dokaz duhovnog oživljavanja. Prema ovom načinu mišljenja, rukovođenje zajednicom se ne srne učvrstiti u institucijske okvire: ono mora ostati spontano, harizmatsko i otvoreno.

Oni koji su odbacivali ovo mišljenje tvrdili su da sve buduće generacije hrišćana moraju verovati svedočanstvu apostola više no sopstvenom iskustvu. Jer kako Tertulijan priznaje, ko rasuđuje na osnovu običnog istorijskog iskustva proglasio bi neverovatnom tvrdnju da je jedan čovek fizički ustao iz groba. U ono što se ne može dokazati ili proveriti, kaže Tertulijan, »mora se verovati zato što je besmisleno«. Posle smrti apostola, vernici moraju prihvatiti reč sveštenika i biskupa koji tvrde, od II veka, da su jedini legitimni naslednici apostola.

Shvatanje političkih implikacija doktrine o vaskrsenju ne objašnjava njen izvanredni uticaj na versko iskustvo hrišćana. Ko god sumnja u snagu tog uticaja, treba da se podseti dela koja su pod tim uticajem stvorili tako raznorodni umetnici kao što su Pjero dela Frančeska, Mikelanđelo, Rembrant i Dali ili muzike od srednjeg veka do Baha, Mocarta, Hendla i Malera.

Ubeđenje da se mrtav čovek vratio u život je, naravno, paradoksalno. Ali taj paradoks možda krije tajnu svoje neodoljive privlačnosti; mada protivreči našem istorijskom iskustvu, on je izraz ljudskih emocija. On se obraća našem najdubljem strahovanju i izražava našu težnju da prevaziđemo smrt.

Savremeni teolog Jirgen Moltman misli da pravoverni stav o vaskrsenju simboličkim jezikom izražava ubeđenje da je ljudski život nerazdvojiv od fizičke egzistencije: ako se čovek vrati iz mrtvih, on to mora učiti *fizički*.[100] Irenej i Tertulijan naglašavaju da očekivanje telesnog vaskrsenja primorava vernike da ozbiljno shvate etičke implikacije svojih akcija. Tačno je da su gnostici, koji su ismejavali misao o telesnom vaskrsenju, često omalovažavali telo i njegove funkcije (na primer, seksualne) i smatrali ga nevažnim za »duhovno« biće. Prema *Jevanđelju po Tomi*, na primer, Isus kaže:

»Ako je duh postao zbog tela, to je čudo nad čudima. Doista, zapanjujuće je što ovo ogromno bogatstvo (duh) u tom siromaštvu (telo) nalazi dom.«[101]

Gnosticima je bila bliska grčka filozofska tradicija (takođe indijska i budistička) po kojoj ljudski duh boravi »u« telu — kao da je stvarni čovek neka vrsta rastelovljenog bića koje telo koristi kao instrument, ali se s njim ne poistovećuje. Ko se s Moltmanom slaže može, dakle, zaključiti da pravoverna doktrina o vaskrsenju ne samo što nije poricala telesno iskustvo već ga je potvrđivala kao centralnu činjenicu ljudskog života. Ali što se tiče društvenog poretka, pravoverno učenje o vaskrsenju imalo je, kao što smo već videli, drukčije dejstvo: ono je ozakonilo hijerarhiju ljudi kroz čiji autoritet svi ostali moraju prići Bogu. Gnostičko učenje je, po shvatanju Ireneja i Tertulijana, bilo potencijalno subverzivno za ovaj poredak: ono je tvrdilo da se svakom posvećeniku pruža neposredan pristup Bogu, pristup za koji čak ni sami sveštenici i biskupi možda ne znaju.[102]

Glava druga

JEDAN BOG, JEDAN BISKUP: POLITIKA MONOTEIZMA

Hrišćanska veroispovest počinje rečima »Verujem u jednog Boga, Svemogućeg Oca, Tvorca neba i zemlje.« Neki stručnjaci zastupaju mišljenje da je ovo vjeruju bilo formulisano zato da bi se sledbenici jeretika Markiona isključili iz pravovernih crkvi. Markion, hrišćanin iz Male Azije, zapazio je suprotnost između Boga — tvorca Starog zaveta, koji zahteva pravdu i kažnjava svako kršenje njegovog zakona, i Oca koga Isus slavi — novozavetnog Boga praštanja i ljubavi. Zašto bi, pitao se Markion, »svemogući«, svemoćni Bog stvorio svet u kome se nalaze patnja, bol, bolest — čak i komarci i škorpije? Markion je zaključio da moraju postojati dva različita boga. Većina hrišćana je brzo osudila ovaj stav kao dualistički, i identifikovala se kao pravoverna priznavanjem jednog Boga, koji je »Svemogući Otac« i »Tvorac neba i zemlje«.

Kada su se pristalice pravoverja našle pred novim izazovom — pred gnosticima — često su na njega odgovarali optužbama: gnostici su napadani kao »markionci« i »dualisti«. Kao svoju glavnu pritužbu protiv gnostika Irenej navodi činjenicu da oni, kao i markionci, kažu da »postoji još jedan Bog pored Tvorca.« Ovo potvrđuju neki nedavno pronađeni spisi. Po *Hipostazi arhonata,* tvorčeva tašta tvrdnja[1] da drži isključivi monopol nad božanskom moći pokazuje da je on

> slep... (zbog njegove) moći i njegovog neznanja (i njegove) oholosti on je rekao..., »Bog sam ja; nema nijednog (drugog osim mene).« Kada je to rekao, ogrešio se o Celost. Tada se od gore, iz carstva apsolutne moći čuo glas koji je rekao: »Grešiš Samaele«, što znači »bože slepih«.[2]

Drugi tekst iz istog kodeksa pronađenog kod Nag Hamadija, *O Poreklu sveta*, sadrži varijantu iste priče:

> ... neprestano se hvalisao, govoreći (anđelima)... »Ja sam Bog, i nijedan drugi osim mene ne postoji.« Ali kada je to rekao, ogrešio se o sve besmrtne... kada je Vera videla bezbožnost glavnog vladara, razljutila se... rekla, »Grešiš Samaele (tj. »slepi bog«), prosvetljeno, besmrtno čovečanstvo (anthropos) je pred tobom !«[3]

Treći tekst povezan u isti tom, *Tajna Jovanova knjiga*, saopštava kako je

> u svom ludilu... on rekao, »Ja sam Bog, i pored mene nema nijednog Boga«, jer on ne zna za... mesto odakle je došao... i kada je video vasionu koja ga okružuje i mnoštvo anđela unaokolo koji su postali od njega, rekao im je: »Ja sam ljubomoran Bog, i nema drugog Boga do mene.« Međutim, ovom izjavom je anđelima ukazao da drugi Bog postoji, jer da nema drugog, na koga bi on bio ljubomoran?«[4]

Kada saopštavaju priču o Edenskom vrtu, ovi isti izvori Boga predstavljaju kao ljubomornog gospodara, a zmija (u davna vremena često simbol božanske mudrosti) uči Adama i Evu da se suprotstavljaju njegovoj tiraniji:

> ... Bog je izdao (naredbu) Adamu, »Možeš jesti plod svakog (drveta), (ali) plod drveta koje je u središtu raja ne smeš jesti, jer onog dana kad ga budeš jeo zasigurno ćeš umreti.« Ali zmija je bila mudrija od svih životinja u raju, i ona je nagovorila Evu, govoreći: »Na dan kada budeš okusila plod drveta koje je u središtu raja biće ti otvorene oči duha.« i Eva je poslušala... ona je jela; takođe je dala svom mužu.[5]

Primećujući da se zmijino obećanje obistinilo — njihove oči su se otvorile — a božja pretnja neminovnom smrću nije se ostvarila, gnostički autor nastavlja navodeći reci Boga iz Postanja 3 :22, i dodaje urednički komentar:

... »Pogledaj, Adam je postao kao jedan od nas, svestan zla i dobra.« Onda je rekao: »Da ga izbacimo iz raja kako ne bi jeo plod drveta života i živeo večno.« Ali kakav je ovo Bog? Prvo je (on) zavideo Adamu što je jeo plod drveta znanja... Zasigurno se pokazao kao zlonameran zavidljivac.[6]

Kao što američki naučnik Birger Pirson ističe, autor upotrebljava aramejsku igru da bi izjednačio zmiju s Učiteljem (»zmija«, heja; »poučavati«, hava).[7] Drugi gnostički opisi dodaju dvostruku igru reči koja obuhvata Evu (Havah): umesto da iskušava Adama, ona mu daje život i podučava ga:

> Posle dana za odmor, Sofija (doslovno, »mudrost«) je poslala svoju kćer Zoe (doslovno, »život«), koja se zove Eva, kao učitelja, da podigne Adama... Kada je Eva videla palog Adama, sažalila se na njega i rekla mu: »Adame, živi! Podigni se sa zemlje!« Njena je reč odmah postala delo. Jer kada je Adam ustao, odmah je otvorio oči. Kada ju je video, rekao je: »Ti ćeš se zvati ,majka živih' pošto si mi ti dala život.«[8]

Hipostaza Arhonata opisuje Evu kao duhovni princip čovečanstva koji diže Adama iz materijalnog stanja:

> I duhom obdarena Žena došla je (Adamu) i razgovarala s njim govoreći mu: »Ustani, Adame.« I kada ju je on video, rekao je: »Život si mi dala ti; zvaćeš se ,Majka živih' — jer moja majka je ona. Lekar, Žena i Ona koja je rodila ...« Onda je Ženski Duhovni Princip došao u obliku zmije učitelja i podučio ih, govoreći: »... vi nećete umreti; jer on vam je ovo učinio iz ljubomore. Naprotiv, oči će vam se otvoriti i postaćete kao bogovi, razlikujući zlo i dobro. I oholi Vladar je proklinjao Ženu (i) ... Zmiju.[9]

Neki stručnjaci danas izjednačuju gnosticizam s metafizičkim dualizmom — čak i mnogoboštvom. Irenej je osudio kao bogohuljenje ovakvo karikiranje ubeđenja, fundamentalnog za Sveto pismo, da je »Gospod vaš Bog jedan Bog.« Međutim, Irenejev savremenik Klement iz Aleksandrije nam kaže da je postojala »monadska gnoza«; nalazi kod Nag Hamadija takođe otkrivaju da se Valentinski gnosticizam — najuticajniji i najtananiji oblik gnostičkog učenja, i daleko najopasniji za crkvu — bitno razlikuje od dualizma. Tema jednosti Boga dominira u uvodnom delu *Trodelnog traktata*, valentinske rasprave pronađene kod Nag Hamadija koja govori o poreklu sveg bića. Autor opisuje Boga kao

> Jedinog Gospodara i Boga ... Jer on je nerođen ... i u pravom smislu, dakle, jedini Otac i Bog je onaj koga niko drugi nije rodio. Što se tiče vasione (kosmos), rodio ju je i stvorio on.[10]

Valentinsko izlaganje govori o Bogu koji je

> (Koren) Svega, (Neizrecivi koji) boravi u Monadi. (On boravi sam) u tišini... jer on (je bio) Monada, i niko nije bio pre njega...[11]

Po trećem valentinskom tekstu, *Tumačenje znanja*, Spasitelj je učio da je »Vaš Otac, koji je na nebu, jedan.«[12]

Sam Irenej nam kaže da se vera koja je uspešno odstranila markionce iz crkve pokazala bezuspešnom protiv valentinaca. Oni su zajedno s drugim hrišćanima recitovali pravoverno vjeruju. Ali Irenej objašnjava da su oni »priznavali jednog Boga javno, ali uz unutrašnje ograde, »govoreći jedno, a misleći drugo«.[13] Dok su markionci otvoreno hulili na Tvorca, valentinci, tvrdi Irenej, činili su to krišom:

> Takvi ljudi su, po spoljašnosti, ovce; po onome što javno govore, ponavljajući iste reči (ispovesti) koje mi ponavljamo, reklo bi se da su oni kao mi; ali iznutra, oni su vukovi.[14]

Ireneja je najviše mučilo to što većina hrišćana nije u Valentinovim sledbenicima videla jeretike. Većina nije razlikovala valentinsko od pravovernog učenja. Na kraju, kaže Irenej, većina nije u stanju da vidi razliku između brušenog stakla i smaragda! Ali on izjavljuje, »mada je njihov jezik sličan našem«, njihovi stavovi »ne samo što su veoma različiti nego su sasvim ispunjeni bogohuljenjem«.[15] Prividna sličnost s pravovernim učenjem učinila je ovu jeres samo opasnijom — nalik na otrov sakriven u mleku. Irenej je stoga napisao pet tomova obimnog dela *Pobijanje i zbacivanje lažne takozvane gnoze* da pouči nesmotrene kako da razlikuju istinu, koja spasava vernike, od gnostičkog učenja koje ih uništava u »bezdanu ludila i bogohuljenja«.[16]

Jer valentinci su, mada javno ispovedajući veru u jednog Boga,[17] na svojim privatnim sastancima uporno pravili razliku između raširene predstave o Bogu — gospodaru, kralju, gospodu, tvorcu i sudiji — i onoga što je iza te predstave — Boga shvaćenog kao »krajnji izvor sveg bića«[18]. Valentin taj izvor naziva »dubinom«;[19] njegovi sledbenici opisuju izvor kao nevidljivi, neshvatljivi iskonski princip.[20] Međutim, većina hrišćana, po gnosticima, pogrešno misli da su te predstave Boga isto što i taj izvor[21]. Valentinci ističu da Sveto pismo predstavlja Boga ponekad kao običnog zanatliju, nekad kao sudiju — osvetnika, kralja koji vlada na nebu, ili čak kao ljubomornog gospodara. Ali ove predstave, kažu oni, ne mogu se porediti sa Isusovim učenjem da je »Bog duh« ili »Otac istine«.[22] Valentinski autor *Jevanđelja po Filipu* ističe da imena mogu biti

> veoma varljiva jer odvraćaju naše misli od preciznog ka nepreciznom. Tako onaj koji čuje reč »Bog« ne opaža ono što je precizno već ono što je neprecizno. Tako je isto s rečima »Otac«, »Sin«, »Sveti duh«, »život«, »svetlost«, »vaskrsenje«, »Crkva«, i svim ostalim — ljudi ne opažaju ono što je precizno, a opažaju ono što je neprecizno.[23]

Protestantski teolog Paul Tilih je nedavno ukazao na sličnu razliku između Boga koga zamišljamo kad čujemo reč »Bog«, i »Boga nad Bogom«, to jest »osnovu bića« na kojoj se temelje svi naši pojmovi i predstave.

Šta čini gnostički stav jeretičkim? Zašto je za Ireneja njihovo preinačenje monoteizma tako presudno — zapravo toliko neprihvatljivo da je od drugova vernika tražio da Valentinove sledbenike izbace iz crkava kao jeretike. Irenej je priznao da je ova politika zbunjivala i same gnostike:

> Oni pitaju, ako imaju istu ispovest i učestvuju u istoj službi... zašto se mi, bez razloga, odvajamo od njih; i

zašto ih mi nazivamo jereticima ako imaju istu ispovest i poštuju iste doktrine![24]

Mislim da na ovo pitanje ne možemo dati celovit odgovor ako u ovoj debati upotrebljavamo samo filozofske i religijske argumente. Međutim, kada ispitamo primenu doktrine Boga u gnostičkim i pravovernim spisima, vidimo da su u ovaj religijski spor uključena i društvena i politička pitanja. Konkretnije govoreći, već u drugoj polovini drugog veka, kada su pravoverni insistirali na »jednom Bogu«, oni su istovremeno opunovažili sistem uprave u kojem »jedan biskup« vlada crkvom. Gnostičko preinačenje monoteizma shvaćeno je — a to su možda gnostici i hteli — kao napad na taj sistem. Jer kada su gnostički i pravoverni hrišćani raspravljali o prirodi Boga, oni su istovremeno raspravljali o pitanju *duhovnog autoriteta*.

Ovo pitanje je glavna tema jednog od najranijih spisa rimske crkve — pisma pripisanog Klementu, zvanom Biskup Rima (oko 90—100. g.). Kao zastupnik rimske crkve, Klement je pisao hrišćanskoj zajednici u Korintu, koja je bila u krizi: neki vođi korintske crkve bili su lišeni vlasti. Klement kaže da ih je »nekolicina nepromišljenih i samovoljnih ljudi« oterala s njihovih položaja: »oni bez ugleda (podigli su se) protiv onih s ugledom, budale protiv mudrih, mladi protiv starih.«[25] Koristeći politički jezik, on to naziva »pobunom«[26] i zahteva da se svrgnuti vođi vrate na vlast. On upozorava da se od njih mora strepeti i da moraju biti poštovani i slušani.

Na osnovu čega? Klement tvrdi da Bog, Bog Izraela, sam vlada svima[27]: on je gospod i gospodar kome se svi moraju pokoravati; on je sudija koji donosi zakon, kažnjava buntovnike i nagrađuje poslušne. Ali kako se sprovodi Božja vlast? Klementova teologija ovde postaje praktična: Bog, kaže on, prenosi svoj »vladarski autoritet« na »vladare i vođe na zemlji«.[28] Ko su ti postavljeni vladari? Klement odgovara da su to biskupi, sveštenici i đakoni. Ko god odbije da »povije vrat«[29] i pokori se crkvenim vođama kriv je za nepokornost samom božanskom gospodaru. Ponesen svojim argumentom, Klement upozorava da ko god ne sluša od Boga postavljene vlasti »zaslužuje smrtnu kaznu«![30]

Ovo pismo označava dramatičan trenutak u istoriji hrišćanstva. Prvi put nalazimo argumenat za podelu hrišćanske zajednice na »sveštenstvo« i »pastvu«. Crkva mora biti organizovana kao stroga hijerarhija pretpostavljenih i potčinjenih.

Klement zahteva da i pripadnici sveštenstva, bilo da su biskupi, sveštenici ili đakoni, budu razvrstani »prema sopstvenom položaju«[31]: svaki mora stalno poštovati »pravila i dužnosti« svog položaja.

Za mnoge istoričare ovo pismo je zagonetka.[32] Šta je, pitaju oni, bilo osnova za spor u Korintu? O kojim se *religijskim* pitanjima odlučivalo? Pismo nam ne daje neposredan odgovor na ova pitanja. Međutim, to ne znači da autor ova pitanja zaobilazi. Mislim da je njegov religijski stav potpuno jasan: on namerava da korintsku crkvu uredi po modelu božanskog autoriteta. Kao što Bog na nebu vlada kao gospodar, gospod, zapovednik, sudija i kralj, tako na zemlji on svoju vlast prenosi na članove crkvene hijerarhije koji služe kao generali na čelu vojske potčinjenih; kraljevi koji vladaju »narodom«; sudije koje dele pravdu umesto Boga.

Klement, verovatno, iznosi ono što su rimski hrišćani uzimali za istinu[33] — a hrišćani van Rima počeli da prihvataju tek početkom drugog veka. Glavne pristalice ovog načina mišljenja bili su — to ne iznenađuje — sami biskupi. Samo jednu generaciju kasnije, drugi biskup, Ignatije od Antioha u Siriji, više od 1600 km udaljen od Rima, žučno je branio isti princip. Ali Ignatije je otišao dalje od Klementa. On je tri ranga — biskup, sveštenik i đakon — branio kao hijerarhijski poredak koji odražava božansku hijerarhiju na nebu. Kao što je jedan Bog na nebu, izjavljuje Ignatije, tako u crkvi može biti samo jedan biskup. »Jedan Bog, jedan biskup« — to je postalo pravoverno geslo. Ignatije opominje »pastvu« da biskupa poštuje, odaje mu počast i pokorava mu se »kao da je Bog«. Jer biskup, koji stoji na vrhu crkvene hijerarhije, predsedava »umesto Boga«[34]. Ko, onda, stoji ispod Boga? Božanski savet, odgovara Ignatije. I kao što Bog vlada tim savetom na nebu, tako biskup na zemlji vlada savetom sveštenika. Nebeski božanski savet stoji iznad apostola; tako, na zemlji, sveštenici vladaju đakonima — a sva tri reda vladaju »pastvom«.[35]

Da li je Ignatije samo pokušavao da svoj položaj učini važnijim? Ciničan posmatrač bi mogao posumnjati da on verskom retorikom skriva politiku moći. Međutim, razlika između religije i politike, dobro poznata nama u XX veku, potpuno je bila strana Ignatijevom shvatanju. Za njega, kao i za njegove savremenike, bilo da su pagani ili hrišćani, verska ubeđenja su nužno uključivala političke odnose — i obratno. Ironično je što je Ignatije ovo mišljenje delio s rimskim zvaničnicima koji su ga osudili na smrt, ocenjujući njegova verska ubeđenja kao dokaz izdaje Rima. Za Ignatija, kao i za rimske pagane, politika i religija činile su nerazdvojivu celinu. On je Verovao da je Bog postao pristupačan čovečanstvu *kroz crkvu* — tačnije, kroz biskupe, sveštenike i đakone koji njome upravljaju, »bez njih nemamo ništa što bismo mogli nazvati crkvom!«[36] Od ljudi je tražio da se radi večnog spasenja, pokore biskupu i sveštenicima. Iako su Ignatije i Klement na različite načine opisali strukturu sveštenstva[37], oba biskupa su se složila da taj ljudski poredak odražava božanski autoritet na nebu. Njihovi religijski stavovi su, naravno, imali političke implikacije; ipak, praksa koju su oni preporučivali bila je zasnovana na njihovim verovanjima o Bogu.

Šta se događalo kad bi neko osporio njihovu doktrinu Boga — onog koji stoji na vrhu božanske hijerarhije i ozakonjuje čitavu strukturu? Ne moramo da nagađamo: možemo videti šta se desilo kada je Valentin iz Egipta otišao u Rim (oko 140. g.). Čak i neprijatelji govore o njemu kao o briljantnom i elokventnom čoveku[38]: njegovi poštovaoci su ga slavili kao pesnika i duhovnog vođu. Jedno predanje mu pripisuje poetično i nadahnuto *Jevanđelje istine,* pronađeno kod Nag Hamadija. Valentin tvrdi da je pored hrišćanskog predanja, zajedničkog svim hrišćanima, bio uveden, zahvaljujući Pavlovom učeniku Teudi, u tajnu doktrinu Boga.[39] Pavle, kako sam kaže, nije predavao ovu tajnu mudrost javno i svakome, nego samo maloj odabranoj grupi koju je smatrao duhovno zrelom.[40] Valentin nudi, sa svoje strane, da uvede »one koji su zreli«[41] u svoju mudrost, pošto nije svako sposoban da je shvati.

Ovo tajno predanje otkriva da je onaj koga hrišćani naivno obožavaju kao Tvorca, Boga i Oca u stvari samo slika istinskog Boga. Po Valentinu, ono što Klement i Ignatije pogrešno pripisuju Bogu zapravo se odnosi samo na *Tvorca*.[42] Valentin, sledeći Platona, upotrebljava grčku reč za »Tvorca« (demiurgos)[43], navodeći na misao da je reč o nižem božanskom biću koje služi kao oruđe višim silama.[44] To nije Bog, on objašnjava, već demijurg koji vlada kao kralj i gospod[45], koji deluje kao vojni zapovednik[46], donosi zakon i sudi onima koji ga krše[47] — ukratko, on je »Bog Izraela«.

Kroz posvećenje, po Valentinu, kandidat uči da odbacuje Tvorčev autoritet i sve njegove zahteve kao budalaštinu. Gnostici znaju da tvorac ima lažne pretenzije na moć (»Ja sam Bog, i drugoga nema«)[48] koje su plod njegovog neznanja. Postizanje *gnoze* znači prepoznavanje pravog izvora božanske moći — to jest »dubine« svog bića. Ko god spozna taj izvor, istovremeno spoznaje sebe i otkriva svoje duhovno poreklo: on spoznaje svoje istinske roditelje — Oca i Majku.

Ko god dođe do ove gnoze — ovog uvida — spreman je da primi tajno pričešće zvano iskupljenje (apolitrosis, doslovno »otkup«)[49]. Pre postizanja gnoze, kandidat je obožavao demijurga, zamenivši ga za istinskog Boga; sada, kroz pričest iskupljenja, kandidat pokazuje da je oslobođen demijurgove moći. Prilikom ovog obreda on se obraća demijurgu, objavljuje svoju nezavisnost i obaveštava da više ne pripada sferi demijurgovog autoriteta i suda[50] nego višoj sferi:

> Ja sam sin Oca — Oca koji je prepostojeći... Ja potičem od Njega koji je prepostojeći i ja ponovo dolazim do mesta odakle sam pošao.[51]

Koje su praktične i političke implikacije ove religijske teorije? Razmotrimo kako bi Valentin ili jedan od njegovih posvećenika mogli odgovoriti na Klementovu tvrdnju da biskup vlada zajednicom »kao što Bog vlada na nebu« — kao gospodar, kralj, sudija i gospod. Zar ne bi posvećenik, po svoj prilici, odgovorio biskupu: »Ti tvrdiš da predstavljaš Boga, ali ti, u stvari, predstavljaš samo demijurga kome slepo služiš i koga slušaš. Ja sam, međutim, prevazišao sferu njegovog autoriteta — i tako prevazišao i tvoj autoritet!«

Irenej je kao biskup video opasnost za sveštenički autoritet. Obred iskupljenja, koji dramatično menja posvećenikov odnos prema demijurgu, istovremeno menja njegov odnos prema biskupu. Pre toga su vernika učili da se biskupu pokorava kao »samom Bogu«, pošto mu je bilo rečeno da biskup vlada, zapoveda i sudi »umesto Boga«. Ali on sada vidi da se ta ograničenja odnose samo na naivne vernike koji još uvek služe demijurgu i strahuju od njega.[52] *Gnoza* pruža teološko opravdanje za otkazivanje poslušnosti biskupima i sveštenicima! Posvećenik ih sada vidi kao »vladara i vlast« koji vladaju na zemlji u demijurgovo ime. Gnostik priznaje da biskup, kao i demijurg, predstavlja zakonitu vlast za većinu hrišćana — za one koji nisu posvećeni.[53] Ali biskupovi zahtevi i upozorenja, kao i demijurgovi, ne dopiru više do onoga ko je »iskupljen«. Irenej objašnjava posledice tog obreda:

> Oni tvrde da su dostigli visinu iznad svake vlasti, i da su stoga u svakom pogledu slobodni da čine šta hoće, bez straha od bilo koga zbog bilo čega. Jer oni tvrde da zbog iskupljenja... njih sudija ne može zatvoriti, a čak ni primetiti.[54]

Uvođenjem u *gnozu* kandidat uspostavlja nov odnos prema duhovnom autoritetu. On sada zna da autoritet crkvene hijerarhije potiče od demijurga — ne od Oca. Kada biskup, poput Klementa, naredi verniku da »strepi od Boga« ili »prizna da ima Gospoda«, ili kada Irenej upozorava da će »Bog suditi« grešniku, gnostik sve ovo vidi kao njihov pokušaj da ponovo potvrde lažne pretenzije na vlast demijurga i njegovih predstavnika nad vernikom. Demijurgovu budalastu tvrdnju »Ja sam Bog i drugog nema« gnostik čuje kao biskupovo polaganje prava na isključivu vlast nad zajednicom. U upozorenju »Ja sam ljubomoran Bog«, gnostik prepoznaje biskupovu ljubomoru prema onima koji su izvan njegove vlasti. Biskup Irenej zauzvrat ismeva njihov zavodljiv stil koji stavlja čitaoca na muke:

> Ako se njima neko prepusti kao ovčica i sprovede njihovu praksu i iskupljenje, taj se toliko naduva da... hoda šepureći se, nadmenog izraza, razmetljivog držanja jednog petla![55]

Tertulijan otkriva takvu oholost u gnostičkom učitelju Valentinu, koji je, kaže on, odbio da se prikloni višem autoritetu biskupa. Zašto? Tertulijan kaže da je Valentin hteo da postane biskup. Kada je drugi bio izabran, on se, pun zavisti i nezadovoljstva zbog neostvarene ambicije, otcepio od crkve i osnovao sopstvenu suparničku grupu.[56]

Mali je broj istoričara koji veruje u Tertulijanovu priču. Prvo, ona se zasniva na tipičnom napadu po kome zavist i ambicija navode jeretike na skretanje s puta prave istine. Drugo, dvadesetak godina posle navodnog događaja, Valentinovi sledbenici, koji su se smatrali punopravnim članovima crkve, s negodovanjem su se opirali pokušajima pravovernih da ih odstrane.[57] Ovo navodi na zaključak da su pravoverni, a ne jeretici inicirali raskid.

Tertulijanova priča, uprkos — možda upravo zbog — neistinosti, ilustruje ono što su mnogi hrišćani videli kao pretnju od strane jeresi: podsticanje nepokoravanja sveštveničkom autoritetu. Pravoverni su očigledno u pravu. Biskup Irenej nam kaže da Valentinovi sledbenici »održavaju neodobrene sastanke«[58], tj. sastanke koje on kao biskup nije odobrio. Na tim sastancima oni su pokušavali da probude sumnje u svojim slušaocima: da li ih učenja crkve zaista zadovoljavaju ili ne?[59] Da li su ih sakramenti koje crkva obavlja — krštenje i pričest — potpuno uveli u hrišćansku veru ili je to samo prvi korak?[60] Članovi unutrašnjeg kruga govorili su da su javna učenja biskupa i sveštenika samo *elementarne* doktrine. Oni su tvrdili da pružaju više — misterije, viša učenja.

Ovaj spor je izbio baš u vreme kad su raniji, raznoliki oblici uprave bivali zamenjivani jednoobraznom hijerarhijom crkvene uprave.[61] Određene hrišćanske zajednice su se organizovale u stroge rangove biskupa, sveštenika, đakona i pastve. U mnogim crkvama biskup se prvi put pojavljivao kao »monarh« (doslovno, »jedini zapovednik«). On je sve više polagao pravo na ulogu vaspitača i sudije »pastve«. Da li su se neki gnostički pokreti mogli oduprti ovom procesu? Da li su gnostici bili među kritičarima koji su se protivili stvaranju crkvene hijerarhije? Po nalazima kod Nag Hamadija, moglo bi se reći da jesu. Ranije smo pomenuli kako autor *Petrove apokalipse* ismejava crkvene zvaničnike:

> Drugi... izvan našeg kruga ... nazivaju se biskupima i takođe đakonima, kao da su svoj autoritet primili od Boga... ovi ljudi su bezvodni kanali.[62]

Trodelni traktat, rad jednog Valentinovog sledbenika, suprotstavlja gnostike, »decu Oca« neposvećenima, potomstvu demijurga.[63] Očeva deca, on kaže, udružuju se kao jednaki, uživajući uzajamnu ljubav, spontano se pomažući. Međutim, potomci demijurga — »želeli su da jedan drugome zapovedaju i nadmašivali su jedan drugoga u ispraznoj vlastoljubivosti«; oni su ispunjeni »žudnjom za vlašću i svaki zamišlja da je iznad drugih«[64]

Kako su gnostički hrišćani, ako su kritikovali stvaranje crkvene hijerarhije, mogli sami stvoriti društvenu organizaciju? Ako su odbijali princip ranga, tvrdeći da su svi jednaki, kako su mogli da održe sastanak? Irenej nam govori o praksi jedne grupe, čiji je vođa bio Marko, Valentinov učenik,[65] član njegove pastve u Lionu. Svaki član grupe bio je posvećen — što znači da je bio »oslobođen« demijurgove moći. Iz tog razloga su oni smeli da se sastaju bez odobrenja biskupovog (Irenejevog), koga su smatrali demijurgovim predstavnikom. Zatim, za svakog posvećenika se smatralo da je primio, kroz obred uvođenja, harizmatski dar neposrednog nadahnuća Svetim duhom.[66]

Kako su članovi ovog kruga »pneumatičara« (doslovno, »oni koji su duhovni«) vodili svoje sastanke? Irenej kaže da se na početku sastanka žrebom odlučivalo ko će uzeti ulogu *sveštenika,*[67] a ko deliti pričest kao *biskup;* jedan član je čitao Sveto pismo prilikom službe, drugi se obraćao grupi kao prorok i držao improvizovanu duhovnu nastavu. Kada bi se grupa sastala sledećeg puta, ponovo se koristio žreb kako bi se uloge stalno menjale...

Ova praksa je zaista stvorila potpuno drukčiju strukturu vlasti. U vreme kada su pravoverni hrišćani sve više pravili razliku između sveštenstva i pastve, ova grupa gnostičkih hrišćana je odbila da u svom krugu prizna takve razlike. Umesto rangiranja svojih članova u više i niže »redove« u okviru hijerarhije, oni su poštovali načelo stroge jednakosti. Svi posvećeni, i muškarci i žene, ravnopravno su učestvovali u žrebanju: svako je mogao biti izabran da služi kao *sveštenik, biskup* ili *prorok*. Štaviše, pošto je kocka vučena na svakom sastanku, razlike ustanovljene kockom nikad se nisu mogle pretvoriti u stalne »rangove«. Na kraju, njihova je namera bila — ovo je najvažnije — da kroz ovakvu praksu odstrane elemenat ljudskog izbora. Posmatrač iz dvadesetog veka bi mogao reći da su gnostici prepuštali sve odluke slučaju, ali gnostici su na to drukčije gledali. Oni su verovali da, pošto Bog upravlja svime u vasioni, kocka odražava Božji izbor.

Takva praksa je podstakla Tertulijana da napadne »ponašanje jeretika«:

> Kako je to frivolno, svetovno, obično *ljudski,* bez ozbiljnosti, bez autoriteta, bez discipline, kao što i priliči njihovoj veri! Pre svega, nije jasno ko je novajlija, a ko vernik: oni svi imaju ravnopravan pristup, oni ravnopravno slušaju, ravnopravno se mole — čak i pagani, ako se neki zadese... Oni takođe razmenjuju poljubac mira sa svima koji dođu, jer njih se ne tiče što različito pristupaju stvarima, što se sastaju da jurišaju na pribežište jedine istine... Oni su *svi* oholi. Svi vam nude *gnozu!*[68]

Načelo ravnopravnog pristupa, učešća i jednakih pretenzija na znanje je svakako impresioniralo Tertulijana. Ali on je to shvatio kao dokaz da jeretici »ruše disciplinu«: po njegovom mišljenju, pravilna disciplina zahteva određene razlike u rangu između članova zajednice. Tertulijan naročito ustaje protiv »onih žena među jereticima« koje su sa muškarcima delile važne položaje: »One podučavaju, učestvuju u raspravama, prizivaju Duh, leče«[69] — on misli da one, možda, i krštavaju — što znači da deluju i kao biskupi!

Tertulijan takođe zamera što

> su njihova rukopoloženja rezultat hira i nepostojana, a vrše se nemarno. Ponekad dovode na položaj iskušenika, a nekad ljude vezane za svetovnu službu... Nigde nije lakše dobiti unapređenje nego u pobunjeničkom logoru gde je samo prisustvo najveća služba. Tako je

danas biskup jedan čovek, a sutra drugi; osoba koja je danas đakon sutra je čitač; onaj koji je danas sveštenik sutra je svetovnjak: oni čak i pastvi nameću dužnosti sveštenstva ![70]

Ovaj značajan pasus otkriva koje je razlike Tertulijan smatrao bitnim za crkveni poredak — razlike između došljaka i starijih hrišćana, muškaraca i žena, profesionalnog sveštenstva i ljudi svetovnih zanimanja; razlike između čitača, đakona, sveštenika i biskupa — i, iznad svega, između sveštenstva i pastve. Valentinski hrišćani, sa druge strane, držali su se prakse kojom je osiguravana jednakost svih učesnika. Njihov sistem nije dopuštao da se formira hijerarhija, ni utvrđeni sveštenički »redovi«. Kako se uloga svake osobe menjala iz dana u dan, smanjene su mogućnosti pojave zavisti prema istaknutim ličnostima.

Kako je na ovu gnostičku kritiku reagovao biskup koji je definisao svoju ulogu vladara, učitelja i crkvenog sudije na tradicionalan rimski način. Irenej je uviđao da je kao biskup stavljen u dvostruko težak položaj. Neki članovi njegovog stada sastajali su se bez njegovog odobrenja, tajno; Marko, samozvani vođa, koga Irenej podsmešljivo naziva »veštim u magijskim prevarama«,[71] posvetio ih je u tajne sakramente i podsticao ih da se ne osvrću na biskupova moralna upozorenja. On kaže da su oni, protivno njegovim naređenjima, jeli meso životinja žrtvovanih idolima; slobodno su prisustvovali paganskim svečanostima i kršili striktna upozorenja koja su se odnosila na seksualno uzdržavanje i monogamiju.[72] Ireneja je najviše razdraživalo to što su oni, umesto da se kaju ili bar da se otvoreno suprotstavljaju biskupu, na njegove proteste odgovarali dijabolično veštim *teološkim* argumentima:

> Oni (nas) nazivaju »neduhovnim«, »običnim« i »crkvenim«... zato što ne prihvatamo njihove čudovišne tvrdnje, kažu da mi živimo u hebdomadu (donji regioni), kao da ne možemo uzdići naše duhove do viših stvari, niti razumeti stvari koje su gore.[73]

Irenej je bio besan zbog njihove tvrdnje da su oni, budući duhovni, oslobođeni etičkih ograničenja koje je on, obični sluga demijurgov, neznalački hteo da im nametne.[74]

Da bi odbranio crkvu od tih samozvanih teologa, Irenej je shvatio da mora iskovati teološko oružje. Verovao je da bi, ako bi srušio jeretičko učenje o »još jednom Bogu pored Tvorca«, mogao uništiti mogućnost nepriznavanja ili protivljenja — na navodno teološkim osnovama — autoritetu »jedne opšte crkve« i njenog biskupa. Kao i njegovi protivnici, Irenej je prihvatio za istinu korelaciju između strukture božanske vlasti i ljudske vlasti u crkvi. Ako je Bog jedan, onda može postojati samo jedna prava crkva, i samo jedan predstavnik Boga u zajednici — biskup.

Stoga je Irenej objavio da pravoverni hrišćani moraju, pre svega, verovati da je Bog jedan — tvorac, otac, gospodar i sudija. Upozoravao je da je to Bog koji je osnovao opštu crkvu i koji »predsedava onima koji se drže moralne discipline«[75] u njoj. No bilo mu je teško da vodi teološke rasprave sa gnosticima: oni su tvrdili da se slažu sa svime što on kaže, ali on je znao da oni tajno odbacuju njegove reči kao reči koje dolaze od nekog ko je neduhovan. Zato se osećao primoran da završi svoju raspravu svečanim pozivom na osudu:

> Neka ona lica koja hule na Tvorca... kao što čine valentinci i svi lažno nazvani »gnostici« budu prepoznati kao zastupnici Satane od svih koji poštuju Boga. Kroz njih Satana je čak i sad viđen da govori protiv Boga, onog Boga koji je pripremio večnu vatru za sve vrste jeresi.[76]

No bilo bi pogrešno kad bismo pretpostavili da su u ovoj borbi učestvovali samo laici koji su tvrdili da imaju harizmatičnu inspiraciju, boreći se protiv organizovane, neduhovne hijerarhije sveštenika i biskupa. Irenej jasno pokazuje suprotno. Mnogi koje je on osuđivao zbog širenja gnostičkog učenja i sami su bili istaknuti članovi crkvene hijerarhije. Jednom prilikom Irenej je pisao Viktoru, rimskom biskupu, da ga upozori kako neki gnostički spisi kruže njegovom pastvom.[77] Smatrao je te spise posebno opasnim zato što je njihov autor, Florin, tvrdio da je sveštenik. Ipak, Irenej upozorava Viktora da je taj sveštenik, tajno, gnostički posvećenik. Irenej upozorava i svoju pastvu da su »oni za koje mnogi veruju da su sveštenici... ali koji ne nose u svojim srcima na prvom mestu *strah od Boga*... puni ponosa na svoja istaknuta mesta u društvu«. Takva lica su, objašnjava on, tajni gnostici koji »čine zla dela tajno, govoreći: ‚Niko nas ne vidi'.«[78] Irenej jasno pokazuje da namerava da raskrinka one koji se javno ponašaju kao pravoverni hrišćani, a koji su tajno članovi gnostičkih krugova.

Kako da običan hrišćanin razlikuje prave sveštenike od lažnih? Irenej izjavljuje da će pravoverni slediti liniju apostolskog nasleđa:

> Čovek mora slušati sveštenike koji su u crkvi — to jest koji su preuzeli nasleđe od apostola. Jer oni istovremeno sa episkopskim nasleđem primaju pravi dar istine.[79]

Jeretici se, objašnjava on, udaljuju od zajedničkog predanja i sastaju bez biskupovog odobrenja:

> Čovek mora da sumnja na druge koji se udaljuju od prvobitnog nasleđa i sakupljaju se bilo gde. Takvi se moraju smatrati jereticima... ili šizmaticima... ili hipokritima. Svi su se oni udaljili od istine.[80]

Irenej objavljuje svečan episkopski sud. Gnostici tvrde da imaju dva izvora predanja, jedan javan, drugi tajan. Irenej se ironično slaže s njima da *postoje* dva izvora predanja — ali, kaže on, pošto je Bog jedan, samo jedno predanje potiče od Boga — to je ono koje crkva prima kroz Hrista i njegove izabrane apostole, naročito Petra. Drugi potiče od Satane — još od gnostičkog učitelja Simona Maga (doslovno, »mađioničar«), Petrovog arhineprijatelja, koji je pokušao da kupi duhovnu moć apostolovu i zbog toga bio proklet. Kao što je Petar na čelu pravog nasleđa, tako Simon simboliše lažno, demonom inspirisano nasleđe jeretika; on je »otac svih jeresi«:

> Svi koji na bilo koji način iskrivljuju istinu i nanose štetu učenju crkve, učenici su i naslednici Simona Maga od Samarije... ističu, u stvari, ime Isusa Hrista kao mamac, a na mnoge načine unose nepobožnosti Si-

monove ... šireći među svojim slušaocima gorak i zloćudan otrov velike zmije (Satana), velikog tvorca otpadništva.[81]

Na kraju, upozorava da »neki za koje se misli da su među pravovernima«[82] treba mnogo da se boje predstojećeg suda sem ako se (to mu je glavno praktično gledište) sad ne pokaju, odbace učenje »drugog boga«, i potčine se biskupu, prihvatajući »disciplinu unapred«[83] koju će on primeniti kako bi ih spasao večnog prokletstva.

Da li su Irenejeva religijska ubeđenja bila samo skriveni politički principi? Ili, obratno, da li su njegova politička ubeđenja bila podređena njegovima religijskim verovanjima. Oba ova tumačenja i suviše uprošćavaju situaciju. Irenejeva religijska ubeđenja i njegov položaj — kao i njegovih gnostičkih protivnika — recipročno utiču jedni na druge. Ako se neki gnostici protive razvoju crkvene hijerarhije, ne treba da svedemo gnosticizam na politički pokret koji je nastao kao reakcija na taj razvoj. Valentinovi sledbenici imali su religijsku viziju prirode Boga, koju su smatrali nespojivom sa vladavinom sveštenstva i biskupa koja se formirala u univerzalnoj crkvi — i zato su pružali otpor. Nasuprot tome, Irenejeva religijska ubeđenja poklapala su se sa strukturom crkve koju je branio.

Ovakav slučaj nikako nije jedinstven: kroz istoriju hrišćanstva možemo videti kako su različita verovanja o božjoj prirodi neizbežno imala različite političke implikacije. Martin Luter, više od hiljadu i trista godina kasnije, osećao se primoran sopstvenim religijskim iskustvom i preobraćenim shvatanjem Boga da ospori praksu koju su zastupali njegovi pretpostavljeni u katoličkoj crkvi, i da najzad odbaci njen ceo papski i sveštenički sistem. Džordž Foks, radikalni vizionar koji je osnovao kvekerski pokret, bio je susretom sa »unutrašnjom svetlošću« podstaknut da odbaci celu strukturu puritanske vlasti pravne, upravne i verske. Paul Tilih objavio je doktrinu »Boga nad Bogom«, kritikujući i protestantsku i katoličku crkvu kao i nacionalističke i fašističke vlade.

Kao što doktrina o Hristovom telesnom vaskrsenju postavlja osnovne okvire za klerikalnu vlast, tako doktrina »jednog Boga« potvrđuje, za pravoverne hrišćane, nastajanje institucije »jednog biskupa« kao monarha »jedinog vladara« crkve. Stoga nas neće iznenaditi kad otkrijemo kako pravoverni opis Boga (kao »svemoćnog Oca«, na primer) služi da se odredi ko je uključen — a ko isključen iz učestvovanja u vlasti sveštenika i biskupa.

Glava treća
BOG OTAC — BOG MATI

Za razliku od mnogih svojih savremenika među božanstvima starog Bliskog istoka, izraelski Bog nije delio svoju vlast sa ženskim božanstvom, niti je bio ičiji božanski muž ili ljubavnik.[1] Teško da bi se mogao karakterisati drugim epitetima, sem muškim: kralj, gospod, gospodar sudija i otac.[2] U stvari, nepostojanje ženskog simbola Boga čini judaizam, hrišćanstvo i islam izrazito različitim od ostalih svetskih religijskih tradicija u Egiptu, Vavilonu, Grčkoj i Rimu, ili u Africi, Indiji i Severnoj Americi, koje su bogate ženskim simbolima. Današnji jevrejski, hrišćanski i islamski teolozi uvek su spremni da istaknu kako Boga ne treba nikako definisati u polnom smislu.[3] A ipak, stvarni jezik koji svakodnevno upotrebljavaju u bogosluženjii i molitvama sadrži drukčiju poruku: ko, odrastao u jevrejskoj ili hrišćanskoj tradiciji, nema određen utisak da je Bog *muškog roda*? I dok katolici poštuju Mariju kao majku Isusovu, nikad je ne poštuju kao božanstvo za sebe: ako je ona »Majka Božja«, ona nije »Bog Majka«, ravnopravna sa Bogom Ocem!

Hrišćanstvo je, naravno, dodalo termine trojstva jevrejskom opisu Boga. Ipak, od tri božanske »Osobe«, dve — Otac i Sin — opisane su u muškom rodu, a bespolnost treće — Duha — nagoveštena je grčkom rečju srednjeg roda, *pneuma*. Ko god istražuje istoriju ranog hrišćanstva (polje nazvano »patristika« — to jest proučavanje »crkvenih otaca«) biće pripremljen za odlomak kojim se zaključuje *Jevanđelje po Tomi*:

> Simon Petar je rekao njima (učenicima): »Neka nas Marija ostavi, jer žene nisu dostojne Života«. Isus je rekao: »Ja ću je voditi da bih je napravio muškarcem

da bi i ona mogla postati živ duh, sličan vama muškarcima. Jer svaka žena koja sebe napravi muškarcem ući će u carstvo nebesko.[4]

Ma kako čudno zvučao, ovaj odlomak kazuje ono što religijska retorika pretpostavlja: da muškarci sačinjavaju legitimno telo zajednice, dok je ženama dopušteno da učestvuju samo kad se saobraze muškarcima. Drugi tekstovi otkriveni kod Nag Hamadija pokazuju upadljivu razliku između »jeretičkih« izvora i pravovernih: gnostički izvori stalno upotrebljavaju seksualne simbole u opisivanju Boga. Moglo bi se očekivati da se u tim tekstovima vidi uticaj arhaičnih paganskih predanja o Majci Boginji, ali najvećim delom jezik im je specifično hrišćanski, nepogrešivo povezan sa jevrejskim nasleđem. A ipak, umesto da opisuju monističkog i muškog Boga, mnogi ti tekstovi govore o Bogu kao dijadi koja obuhvata i muške i ženske elemente.

Jedna grupa gnostika tvrdi da je primila tajno predanje od Isusa kroz Jakova i Mariju Magdalenu. Članovi te grupe molili su se božanskom Ocu i Majci: »Od Tebe, Oče, i kroz Tebe, Majko, dva besmrtna imena, Roditelji božanskog bića, i ti, stanovnice neba, čovečanstva, moćnog imena ... .«[5] Drugi tekstovi pokazuju da su se njihovi autori pitali kome jedini, muški Bog predlaže, »Hajde da napravimo čoveka *(adam)* prema našoj slici, prema našem obliku« (Postanje 1:26). Pošto se u Postanju kaže da je čovečanstvo stvoreno »muško i žensko« (1:27), neki su zaključili da Bog, po čijem smo liku stvoreni, takođe mora biti i muško i žensko — i Otac i Mati.

Kako ti tekstovi opisuju božansku Majku? Ne nalazim jednostavan odgovor, pošto su sami tekstovi veoma raznoliki. Ipak bismo mogli skicirati tri osnovne karakterizacije. Na prvom mestu, nekoliko gnostičkih grupa opisuje božansku Majku kao deo prvobitnog para. Valentin, učitelj i pesnik, počinje sa premisom da je Bog u suštini neopisiv. Ali on iznosi da se božansko može zamisliti kao dijada koja se sastoji, jednim delom, od Neizrecivog, Dubine i Prvobitnog Oca, a drugim od Milosti, Tišine, Materice i »Majke Sviju«.[6] Valentin misli da je Tišina odgovarajuća dopuna Ocu, određujući da je Tišina ženskog roda a Otac muškog zbog gramatičkog roda grčkih reci. On opisuje kako Tišina prima, kao u matericu, seme Neizrecivog Izvora; odatle ona izvlači sve emanacije božanskog bića, poređane u harmonične parove muških i ženskih energija.

Valentinovi sledbenici su se molili njoj da ih zaštiti kao Mati, i kao »mistična večna Tišina«.[7] Na primer, Marko mađioničar priziva je kao Milost (na grčkom, reč ženskog roda *haris*): »Neka te Ona koja je pre svih stvari, neshvatljiva i neopisiva Milost, ispuni, i poveća u tebi njeno znanje.«[8] U svom tajnom bogosluženju Marko uči da vino simboliše njenu krv. Dok se pehar vina prinosi, on se moli da »Milost poteče«[9] u sve koji to piju. Prorok i vizionar, Marko sebe naziva »*matericom i primaocem* Tišine«[10] (kao što je ona primalac Oca). Njegova vizija božanskog bića pojavila se, kaže on, u ženskom obliku.

Jedan drugi gnostički spis pod nazivom *Velika objava*, koji citira Hipolit u svom delu *Pobijanje svih jeresi*, ovako objašnjava poreklo svemira: Iz sile Tišine pojavila se »velika sila, Um Svemira, koja upravlja svim stvarima, i muškog je roda ... druga ... velika Misao... je ženskog roda koja proizvodi sve stvari«.[11] Držeći se roda grčkih reci za »um« *(nus* — muškog roda) i »misao« *(epinoja* — ženskog roda), ovaj autor objašnjava da ove sile, sjedinjene, »otkrivaju se kao dvojstvo... To je Um u Misli, a one su odvojive jedna od druge, a ipak su jedno, u stanju dvojstva«. To znači, objašnjava gnostički učitelj,

> da u svakome (božanska moć) postoji u latentnom stanju... To je jedna sila podeljena iznad i ispod; koja sebe rađa, sama od sebe raste, traži sebe, nalazi sebe, sama je sebi mati, sama je sebi otac, sama je sebi sestra, sama je sebi bračni drug, sama je sebi kći, sama je sebi sin — mati, otac, jedinstvo, izvor celokupnog kruga postojanja.[12]

Kako su ti gnostici hteli da se to razume. Razni učitelji mislili su različito. Neki su tvrdili da božansko treba smatrati muško-ženskim — »velikom muško-ženskom silom.« Drugi su tvrdili da su ti izrazi upotrebljeni samo kao metafore jer u stvarnosti božansko nije ni muškog niti ženskog roda.[13]

Treća grupa je govorila da se prvobitni izvor može opisati i muškim i ženskim izrazima, zavisno od toga koji vid neko hoće da naglasi. Zastupnici ovih raznolikih pogleda slagali su se da božansko treba shvatiti kao harmoničan, dinamičan odnos suprotnosti — shvatanje koje može biti srodno istočnjačkom shvatanju *jina* i *janga*, ali ostaje strano pravovernom judaizmu i hrišćanstvu.

Druga karakterizacija božanske Majke opisuje je kao Sveti duh. *Jovanov apokrif* govori kako je Jovan izišao posle raspeća sa »velikim bolom« i doživeo mističnu viziju Trojstva. U svom bolu Jovan kaže

> (nebesa su se otvorila i celo) stvaranje pod nebesima sijalo i (svet) treslo se (a ja sam se uplašio) i video u svetlosti... sliku mnogostrukih oblika... a slika je imala tri oblika.[14]

Na Jovanovo pitanje vizija odgovara: »On mi je rekao, ‚Jovane, Jo(v)ane, zašto sumnjaš, i zašto se bojiš?... Ja sam onaj ko je (s tobom) uvek. Ja (sam Otac); ja sam Mati; ja sam Sin.«[15] Ovaj gnostički opis Boga — kao Oca, Majke i Sina — može da nas zapanji na prvi pogled, ali kad razmislimo, prepoznajemo još jednu verziju Trojstva. Grčki termin za Trojstvo, koji uključuje reč srednjeg roda za duh *(pneuma),* u stvari zahteva da treće »lice« Trojstva bude bespolno. Ali autor *Svete knjige* ima na umu hebrejsku reč za duh, *ruah,* reč ženskog roda; iz toga zaključuje da »lice« ženskog roda sastavljeno sa Ocem i Sinom mora biti Mati. *Sveta knjiga* opisuje božansku Majku:

> ...(Ona je)... slika nevidljivog, devičanskog, savršenog duha... ona je postala Mati svega, jer je postojala pre svih njih, mati-otac *(matropater)*... [16]

U *Jevanđelju Jevrejima* Isus takođe govori o »mojoj majci, Duhu«.[17] U *Jevanđelju po Tomi*, Isus pravi razliku između svojih zemaljskih roditelja Marije i Josifa i svog božanskog Oca — Oca istine — i svoje božanske Majke, Svetog duha. Autor tumači zbunjujuće kazivanje Isusovo iz Novog zaveta (»ko god ne mrzi svoga oca i svoju majku ne može biti moj učenik«) dodajući da »moja (zemaljska) mati (dala mi je smrt), ali (moja) prava (mati) dala mi je život.«[18] Na taj način, prema *Jevanđelju po Filipu*, ko god postane hrišćanin stiče »i oca i majku«[19] jer je Duh (ruah) »Mati mnogih«.[20]

Delo pripisano gnostičkom učitelju Simonu Magu govori o mističnom značenju Raja, mestu gde je počeo ljudski život:

> Uzmimo da je Raj materica; jer Biblija nas uči da je to istinita pretpostavka kad kaže, »ja sam On koji je stvorio tebe u materici tvoje majke« (Isaija, 44:2)... Mojsije... upotrebljavajući alegoriju, objavio je da je Raj materica... a rajski vrt, posteljica...[21]

Reka koja teče iz Vrta simbolizuje pupak koji hrani zametak. Simon tvrdi da Izlazak, prema tome, znači izlazak iz materice, a da se »prelaženje Crvenog mora odnosi na krv«. Setijski gnostici objašnjavaju da

> nebo i zemlja imaju oblik sličan materici... a ako... neko želi da ispita to, neka pažljivo pregleda trudnu matericu ma kog živog bića, i otkriće sliku nebesa i zemlje.[22]

Dokaz za ovo shvatanje, kaže Marko, dolazi pravo od »krika novorođenčeta«, spontanog krika pohvale »u slavu prvobitnog bića, u kome su više sile u harmoničnom zagrljaju«.[23]

Ako neki gnostički izvori kažu da je Duh materinski elemenat Trojstva, *Jevanđelje po Filipu* isto tako radikalno govori o doktrini koja se kasnije razvila u doktrinu o devičanskom rođenju. Ovde opet, Duh je i Majka i Devica, dopuna — i bračni drug — Nebeskog Oca: »Da li je dozvoljeno iskazati misteriju? Otac je sve što je ujedinjeno sa devicom koja je sišla«[24] — to jest, sa Svetim duhom koji silazi u svet. Duh ostaje devica — ovaj proces treba shvatiti kao simboličan, ne doslovno. Autor, zatim, objašnjava da je »Adam postao od dve device, od Duha i od devičanske zemlje«, i da je tako »Hrist rođen od device«[25] (to jest, od Duha). No autor se podsmeva onim hrišćanima sklonim doslovnom shvatanju stvari koji devičanski porođaj pripisuju Mariji, Isusovoj majci, kao da je ona začela nezavisno od Josifa: »Oni ne znaju šta govore. Kada je žena ikad začela od žene?«[26] Umesto toga, tvrdi on, devičansko rođenje se odnosi na tajanstveni spoj dve božanske sile, Oca Sviju i Svetog duha.

Pored večne, mistične Tišine i Svetog duha, neki gnostici dodaju treću karakterizaciju svete Majke: Mudrost. Ovde grčki termin ženskog roda »mudrost« *sofia* istog je roda kao i *hokmah*, hebrejska reč za mudrost. Rani tumači pokušavali su da proniknu u značenje nekih biblijskih kazivanja — na primer, tvrdnja u *Poslovicama* da je »Bog stvorio svet u Mudrosti«. Da li je Mudrost ženska sila u kojoj je Božje stvaranje »začeto«? Dvostruko značenje reci *koncepcija* (telesna i intelektualna), kako kaže jedan učitelj, ukazuje na tu mogućnost: »Slika misli (enoia) je ženska jer... (to) je moć koncepcije.«[27] *Adamova apokalipsa*, pronađena kod Nag Hamadija, govori o ženskoj sili koja je htela da začne sama od sebe:

> ... Od devet Muza jedna se odvojila. Ona se popela na visoku planinu i provodila vreme sedeći tamo jer je želela da bude sama da bi postala dvopolna. Ispunila je sebi želju i postala trudna od želje...[28]

Pesnik Valentin upotrebljava ovu temu da ispriča čuveni mit o Mudrosti: U želji da začne sama od sebe, nezavisno od svog muškog dela, uspela je i postala »velika stvaralačka snaga od koje potiču stvari«, često nazivana Eva, »Mati svega živog«. Ali pošto je njena želja narušavala skladni spoj suprotnosti suštastven prirodi stvorenog bića, ono što je ona proizvela bilo je promašeno i manjkavo.[29] Iz toga je, kaže Valentin, nastao teror i bol koji unakazuju ljudsko postojanje.[30] Da bi dala oblik svom stvaranju i njime upravljala, Mudrost je dovela demijurga, izraelskog Boga — Tvorca kao svog predstavnika.[31]

Mudrost ima nekoliko konotacija u gnostičkim izvorima. Pored toga što je »prvi univerzalni tvorac«[32] koji stvara sva bića, ona takođe prosvećuje ljudska bića i čini ih mudrim. Stoga su se sledbenici Valentinovi i Markovi molili Majci kao »mističnoj, večnoj Tišini« i »Milosti, onoj koja je pre svih stvari«, kao »nepokvarljivoj Mudrosti«[33] da ih prosvetli (*gnoza*). Drugi gnostici su joj pripisivali da je Adama i Evu u raju naučila korisnim stvarima. Prvo, naučila ih je samosvesti; drugo, pokazivala im je kako da pronađu hranu; treće, po-

GNOSTIČKA JEVANĐELJA

magala je pri začeću njihovog trećeg i četvrtog deteta, koji su bili, prema ovoj priči, njihov treći sin Set i njihova prva kći Norea.[34] Štaviše, kad se Tvorac naljutio na ljudski rod

> Zato što ga nisu obožavali ili poštovali kao Oca i Boga, poslao im je potop kako bi ih sve uništio. Ali Mudrost mu se usprotivila, pa su Noje i njegova porodica spaseni u kovčegu pomoću zrakova svetlosti koji su dolazili iz nje, i kroz to je svet ponovo ispunjen ljudskim rodom.[35]

Još jedan novootkriveni tekst iz Nag Hamadija *Trimorfna Protenoja* (bukvalno, »Prvobitna misao u tri oblika«) slavi ženske sile Misao, Inteligenciju i Predviđanje. Tekst počinje govorom božanstva:

> (Ja) sam (Protenoja) Misao koja (boravi) u (svetlosti) ... (ona koja postoji) pre Svega... Ja se krećem u svakom biću... Ja sam nevidljiva koja je u Svemu.[36]

Ona nastavlja: »Ja sam percepcija i znanje, i mišlju proizvodim Glas. (Ja) sam stvarni Glas. Ja klikćem u svakome i oni znaju da je seme unutra.«[37] Drugi deo, koji govori drugo božanstvo, počinje rečima:

> Ja sam Glas... (To sam) ja (koja) govorim u svakom biću... Sad sam došla po drugi put u ženskom obličju i govorila sam s njima... Otkrila sam se u Misli slike moje muškosti.[38]

Kasnije glas objašnjava:

> Ja sam dvopolne prirode. (Ja sam i Mati i) Otac, jer (ja se parim) sa sobom... (i sa onima koji me vole)... Ja sam Materica (koja daje oblik) Svemu... Ja sam Me(irot)ea, slava Majke.[39]

Još je upečatljivija gnostička pesma pod nazivom *Grom, Savršen Um*. Ovaj tekst sadrži otkrovenje koje govori ženska sila:

> Ja sam prvo i poslednje. Ja sam poštovano i prezirano. Ja sam kurva i svetica. Ja sam supruga i devica. Ja sam

(mati) i kći... ja sam ona čije je venčanje veličanstveno, a ja nisam uzela muža... ja sam znanje i neznanje... ja sam bestidna; ja se stidim. Ja sam snaga, i ja sam strah... ja sam budalasta i mudra... ja sam bezbožna i ja sam ona čiji je Bog veliki.[40]

Kako nam upotreba ovakvih simbola pomaže da razumemo ljudsku prirodu? Jedan tekst, pošto je prethodno opisao božanski Izvor kao »dvopolnu Silu«, kaže da je »ono što je nastalo iz te Sile — to jest, čovečanstvo budući jedno — otkriva se da je dva: muško-žensko biće koje nosi u sebi žensko«.[41] To se odnosi na priču o Evinom »rođenju« iz Adama (tako da se, budući jedan, »otkriva da je dva«, dvopolno biće koje »nosi u sebi žensko«). Ovo pozivanje na priču o stvaranju iz Postanja 2 (priča koja izvrće biološki proces, i tako pripisuje muškarcu kreativnu funkciju žene) neuobičajeno je u gnostičkim izvorima. Češće, gnostički pisci se pozivaju na prvu priču o stvaranju u Postanju 1:26—27 (»tada Bog reče, Napravimo čoveka *(adam)* po našoj slici i obličju... po slici Boga stvorio ga je; stvorio ih je muško i žensko«). Rabin Samuel bar Nahman, pišući pod uticajem Platonovog mita o dvopolnosti, koji je bio poznat rabinima u talmudska vremena, kaže da

> kada je Sveti... najpre stvorio čoveka, stvorio ga je sa dva lica, dve vrste genitalija, četiri ruke i četiri noge, spojenih leđa. Zatim je presekao Adama na dvoje, i napravio dvoja leđa.[42]

Neki gnostici su prihvatili ovu misao i propovedali da Postanje 1:26—27 govori o dvopolnom stvaranju. Marko (čija je molitva Majci već navedena) ne samo što iz ovoga zaključuje da je Bog dijadičan (»Da napravimo čoveka«) već i da je »čovek, koji je napravljen po slici i prilici Boga (Otac i Mati) bio muško-ženske prirode«.[43] Njegov savremenik, gnostik Teodot (oko 160. g. n. e.), objašnjava da kazivanje »prema slici Boga napravio ih je, muško i žensko ih načinio«, znači da »muški i ženski elementi zajedno sačinjavaju najlepši proizvod Majke, Mudrosti«.[44] Gnostički izvori koji opisuju Boga kao dijadu čija priroda uključuje i muške i ženske elemente često daju sličan opis ljudske prirode.

Ipak, svi opisi dosad navedeni — tajna jevanđelja, otkrovenja, mistična učenja — ne nalaze se u zbirci novozavetnih učenja. Svaki sveti tekst koji su poštovale gnostičke grupe bio je izostavljen iz kanonske zbirke i oni koji su sebe nazivali pravovernim hrišćanima žigosali su ga kao jeretičan. U vreme kad je proces odabiranja tekstova završen — verovatno negde oko 200. g. — pridavanje ženskih osobina Bogu gotovo je nestalo iz pravovernog hrišćanskog predanja.

Koji je razlog ovom potpunom odbacivanju? I sami gnostici su postavljali to pitanje svojim pravovernim protivnicima i o njemu razmišljali. Neki su zaključili da je izraelski Bog započeo polemiku koju su, u njegovo ime, nastavili njegovi sledbenici. Jer gnostici kažu da je taj tvorac bio izvedena, samo instrumentalna sila koju je Mati stvorila da upravlja svemirom, ali njegovo shvatanje sebe bilo je mnogo grandioznije. Oni kažu da je on verovao kako je sam sve stvorio, a da je u stvarnosti on stvorio svet zato što ga je Mudrost, njegova mati, »ispunila (ga) energijom« i usadila u njega njene ideje. Ali on je bio budalast i delovao je nesvesno, ne budući svestan da su ideje koje je on upotrebljavao došle od nje; »on čak nije znao ni sopstvenu Majku«.[45] Valentinovi sledbenici su govorili da je Mati lično podsticala izraelskog Boga da misli kako on deluje nezavisno, a on, kako oni objašnjavaju, »zato što je bio budalast i nije znao za svoju majku, govorio je, ,Ja sam Bog; ne postoji niko osim mene'.«[46] Prema jednoj drugoj priči, stvaranjem nižih bića Tvorac je izazvao žalost svoje majke, i zato ga je ostavila samog i povukla se u gornje sfere neba. »Nakon što je ona otišla, on je zamišljao da on jedini postoji; i zato je izjavio: ,Ja sam ljubomoran Bog i ne postoji drugi osim mene'.«[47] Neki se slažu u pripisivanju njemu ovog mračnijeg motiva — ljubomore. Prema *Tajnoj knjizi Jovanovoj* :

> On je... rekao..., »Ja sam ljubomoran Bog i nema drugog Boga osim mene«. Ali objavljujući ovo, on je ukazao anđelima ... da drugi Bog zaista postoji; jer ako ne postoji drugi, na koga bi on bio ljubomoran?... Tad je mati počela bivati tužna.[48]

Neki su izjavljivali da je njegova mati odbila da toleriše takvu pretpostavku :

> (Tvorac), postavši ohol u duhu, uzdizao je sebe iznad svih stvari ispod njega i uzviknuo, »ja sam otac i Bog i nema nikog iznad mene«. Ali njegova mati, čuvši ga da ovako govori, uzviknula je, »Ne laži, Jaldabaote...«[49]

Često, u ovim gnostičkim tekstqvima, tvorca kažnjava zbog oholosti — gotovo uvek viša ženska sila. Prema *Hipostazi arhonata*, otkrivenoj kod Nag Hamadija, i mati i kći protive se

> kad je postajao obestan i govorio, »Ja sam Bog i nema nikog drugog osim mene«... i čuo se glas odozgo iznad apsolutne sile, koji je govorio, »Grešiš Samaele« (što znači »bog slepih«). A on je rekao, »Ako je neko drugi postojao pre mene, neka mi se pokaže! i odmah, Sofia (»Mudrost«) ispruži svoj prst i uvede svetlost u materiju, pratila ju je dole u sferu Haosa... A on je opet rekao svom detetu, »Ja sam taj koji je Bog Svega«. A Život, kći mudrosti, uzviknu; rekla mu je, »Grešiš, Saklase!«[50]

Gnostički učitelj Justin opisuje Gospodovo zaprepašćenje, strah i zabrinutost »kad je otkrio da nije Bog svemira«. Postepeno je njegovo zaprepašćenje prešlo u čuđenje, i najzad je prihvatio ono čemu ga je Mudrost naučila. Učitelj zaključuje: »U tome je značenje izreke ,Strah Gospoda je početak mudrosti'.«[51]

Ipak su sve ovo mitska objašnjenja. Možemo li naći neke stvarne istorijske razloge zašto su ovi gnostički spisi bili suzbijani? U tom kontekstu se postavlja opštije pitanje: Kako i iz kojih razloga su početkom III veka neke ideje klasifikovane kao jeretičke, a druge kao pravoverne? Možda bi putokaz ka odgovoru bio postavljanje pitanja: Da li je shvatanje Boga i čoveka gnostičkih hrišćana, koje je obuhvatalo ženski elemenat, imalo praktične društvene posledice? Ovde je, jasno, odgovor: *jeste*.

Biskup Irenej užasnuto primećuje da su jeretičke grupe naročito privlačne ženama. »Čak i u našoj oblasti doline Rone«, priznaje on, gnostički učitelj Marko je privukao »mnoge budalaste žene« iz njegove sopstvene pastve, među kojima i ženu jednog od Irenejevih đakona.[52] Izjavljujući da ne ume da objasni privlačnost Markove grupe, on daje samo jedno objašnjenje: da je Marko, lično, dijabolično vest zavodnik, mađioničar koji je pomešao specijalne afrodizijake da »obmane, prevari i uprlja« svoj plen. Niko ne zna da li su njegove optužbe imale stvarnog osnova. Ali kad opisuje Markovu tehniku zavođenja, Irenej pokazuje da Marko govori metaforično. Jer, kaže on, Marko »im se obraća zavodljivim rečima«, kao što su njegove molitve Milosti, »Njoj koja je pre svih stvari«,[53] i Mudrosti i Tišini, ženskom elementu božanskog bića. Drugo, kaže on, Marko je zavodio žene »govoreći im da proriču«[54] — što im je bilo strogo zabranjeno da čine u pravovernoj crkvi. Kad je posvećivao ženu, Marko je završavao molitvu posvećenja rečima: »Gle, Milost je sišla na tebe, otvori usta i proriči.«[55] Zatim, kako to biskup s negodovanjem opisuje, Markova »zavedena žrtva« ... besramno izgovara neku glupost, i »otada sebe smatra prorokom!« Najgore od svega, sa Irenejeve tačke gledišta, jeste to što je Marko pozivao žene da kao sveštenice s njim obavljaju pričešće: on »pruža putire ženama«[56] da očitaju pričesnu molitvu i da izgovore reči posvećenja. Tertulijan izražava slično zgražavanje na ovakve postupke gnostičkih hrišćana:

> Te žene jeretici — kako su drske! Nema u njima skromnosti; one se usuđuju da podučavaju, da učestvuju u raspravi, da vrše isterivanje zlog duha, da leče i, može biti, čak i da krštavaju.[57]

Tertulijan je uputio još jedan napad protiv »te guje«[58] — žene učitelja koja je bila na čelu kongregacije u Severnoj Africi. On se slagao sa onim što je nazivao »pravilima crkvene discipline u odnosu na žene«, koja određuju:

> Ne dozvoljava se ženi da govori u crkvi, niti joj se dozvoljava da podučava, niti da krštava, niti da daje (pričest) niti da traži za sebe učešće u ma kojoj *muškoj* funkciji — a o položaju sveštenika da se i ne govori.[59]

Jedna od Tertulijanovih glavnih meta, jeretik Markion, skandalizovao je svoje pravoverne savremenike postavljanjem žena na položaje sveštenika i biskupa ravnopravno sa muškarcima. Gnostička učiteljica Markelina putovala je u Rim kao predstavnik karpokratske grupe[60], koja je tvrdila da je primila sveto učenje od Marije, Salome i Marte. Montanisti, radikalni proročki krug, poštovao je dve žene, Prisku i Maksimilu, kao osnivače pokreta.

Naši podaci jasno ukazuju na vezu između religijske teorije i društvene prakse.[61] U gnostičkim grupama kao što je bila valentinska, žene su smatrane ravne muškarcima; neke su bile poštovane kao proroci; druge su radile kao učitelji, putujući propovednici, isceliteljti, sveštenici, možda čak i biskupi. Međutim, ova opšta opaska o vezi između religijske teorije i društvene prakse ne važi uvek. Bar tri jeretička kruga koja su zadržala mušku sliku Boga imala su žene koje su zauzimale vodeće položaje — markioniti, montanisti i karpokrati. A od 200. godine nema podataka da su žene imale ulogu proroka, sveštenika i episkopa u pravovernim crkvama.

To je čudan pravac razvitka ako se uzme u obzir da je u najranijim godinama hrišćanski pokret pokazivao upadljivu otvorenost prema ženama. Sam Isus prekršio je jevrejski običaj što je otvoreno razgovarao sa ženama i uključio ih među svoje pratioce. Čak i *Jevanđelje po Luki* u Novom zavetu saopštava njegov odgovor kad mu se Marta, njegova domaćica, žali kako sama obavlja kućni posao dok njena sestra Marija sedi i sluša njega: »Zar te nije briga što me je moja sestra ostavila samu da poslužujem? Reci joj da mi pomogne.« Ali umesto da je podrži, Isus kori Martu što je uzela na sebe toliko mnogo briga, izjavljujući da je »jedna stvar potrebna: Marija je izabrala dobar deo, koji joj ne treba oduzeti«.[62] Deset do dvadeset godina posle Isusove smrti neke žene su držale vodeće položaje u lokalnim hrišćanskim grupama; žene su radile kao proroci, učitelji i propovednici. Profesor Vejn Miks kaže da prilikom uvođenja u hrišćanstvo osoba koja je predsedavala po ritualu je izjavljivala da »u Hristu... nema ni muškog ni ženskog«.[63] Pavle navodi tu izreku i odobrava rad žena koje on priznaje kao đakone i saradnike;

on čak pozdravlja jednu kao istaknutog apostola, starijeg od njega u pokretu.[64]

Ipak i Pavle se dvoumi u pogledu praktičnih implikacija ljudske jednakosti. Govoreći o javnoj aktivnosti žena u crkvama, on govori na osnovu sopstvenog — tradicionalnog jevrejskog — shvatanja monističkog, muškog Boga u prilog božanski ustrojene hijerarhije društvenog pokoravanja: kao što Bog ima vlast nad Hristom, kaže on navodeći Postanje 2—3, tako čovek ima vlast nad ženom:

> ... muškarac je slika i slava Boga; a žena je slava muškarčeva. (Jer muškarac nije napravljen od žene nego žena od muškarca. Niti je čovek napravljen za ženu nego žena za muškarca.)[65]

Dok je Pavle priznavao žene kao sebi ravne, »u Hristu«, i dopuštao im širi obim aktivnosti no što su dopuštale tradicionalne jevrejske kongregacije, nije imao snage da zastupa njihovu društvenu i političku jednakost. Ta dvojnost otvorila je put zabranama u Poslanicama Korinćanima I 14, 34, koje je ili napisao Pavle ili umetnuo neko drugi: »... žene treba da ćute u crkvama. Jer se njima ne dozvoljava da govore, nego treba da budu potčinjene. Sramotno je za ženu da govori u crkvi.«

Takvi oprečni stavovi prema ženama odražavaju vreme društvene promene kao i raznolike kulturne uticaje na crkve svud po poznatom svetu.[66] U Grčkoj i u Maloj Aziji žene su učestvovale zajedno sa muškarcima u religijskim kultovima, naročito kultovima Velike Majke i egipatske boginje Izide.[67] Dok su vodeće uloge bile namenjene muškarcima, žene su učestvovale u službama i profesijama. Neke žene su radile u prosveti, umetnosti i medicini. U prvom veku nove ere u Egiptu su žene postigle relativno visok stepen društvene, političke i pravne emancipacije. Oko 200. g. pre n. e. u Rimu su se promenili oblici vaspitanja, pa su za neku aristokratsku decu školski programi bili isti za devojčiče i dečake. Dve stotine godina kasnije, na početku hrišćanske ere, arhaični, patrijarhalni oblici rimskog braka sve više su napuštani u korist novog pravnog oblika, u kome su se muškarac i žena sjedinjavali uz obostrane i dobrovoljne izjave. Francuski naučnik

Žerom Karkopino u raspravi nazvanoj »Feminizam i demoralizacija« objašnjava da su u drugom veku žene iz više klase često zahtevale da »žive sopstveni život«.[68] Muškarci satiričari žalili su se na njihovu agresivnost u diskusijama o književnosti, matematici i filozofiji, i ismejavali njihovo oduševljenje za pisanje poezije, pozorišnih komada i muzike.[69] Pod Carstvom

> žene su svuda bile uključene u poslovni i društveni život: pozorište, sportske događaje, koncerte, zabave, putovanja — same ili s muževima. Učestvovale su u velikom nizu atletskih disciplina, i čak su nosile oružje i išle u bitku...[70]

i uspešno prodirale u profesionalan život. Međutim, ženama u jevrejskim zajednicama bilo je uskraćeno aktivno učešće u javnom bogosluženju, obrazovanju i društvenom i političkom životu izvan porodice.[71]

Uprkos društvenoj aktivnosti žena u najranijoj fazi hrišćanstva, većina hrišćanskih crkvi u drugom veku, zajedno sa većim delom srednje klase, protivila se težnji ka jednakosti muškaraca i žena, koja je imala podršku bogatih i (po današnjim merilima) boemskih krugova. Već oko početka trećeg veka n. e. većina hrišćanskih zajednica je kanonizovala pseudo-Pavlovo pismo Timotiju, koje naglašava (i preteruje) antifeministički elemenat u Pavlovim pogledima: »Neka žena uči u tišini uz svu pokornost. Ne dopuštam nijednoj ženi da podučava ili da ima vlast nad muškarcima; ona treba da ćuti.«[72] Pravoverni su tako prihvatili kao Pavlova, pisma Kološanima i Efežanima, koja naređuju da se žene »u svemu pokoravaju muževima«.[73]

Klement, rimski biskup, piše u pismu neposlušnoj crkvi u Korintu da žene treba da »ostanu u pokornosti«[74] svojim muževima. Dok su u ranijim vremenima muškarci i žene hrišćani zajedno sedeli prilikom bogosluženja, sredinom drugog veka — tačno u vreme borbe sa gnostičkim hrišćanima — pravoverne zajednice su počele da prihvataju običaj u sinagogama, odvajanje žena od muškaraca.[75] Krajem drugog veka učešće žena u bogosluženju bilo je izričito osuđivano:

grupe u kojima su žene i dalje bile na vodećim položajima žigosane su kao jeretičke.

Šta je uzrok tim promenama? Naučnik Johanes Lajpolt kaže da je priliv mnogih helenizovanih Jevreja u pokret mogao uticati da crkva prihvati jevrejske običaje, ali, kao što on kaže, »to je samo pokušaj da se objasni stanje stvari: *sama stvarnost je jedino izvesna«.*[76] Profesor Morton Smit kaže da je promena mogla nastati kao posledica uspona hrišćanstva na društvenoj lestvici od niže klase ka srednjoj klasi. On zapaža da je u nižoj klasi, gde je sva radna snaga bila potrebna, ženama bilo dozvoljeno da vrše sve službe za koje su bile sposobne (tako i danas na Bliskom istoku samo su žene srednje klase pokrivene).

I pravoverni i gnostički tekstovi govore da se to pitanje pokazalo eksplozivno sporno. Obe strane su pribegle pisanju polemičke literature, koja navodno potiče od apostolskih vremena tvrdeći da iznose prave apostolske poglede o toj temi. Kao što je napred izneseno, *Jevanđelje po Filipu* govori o suparništvu između muških učenika i Marije Magdalene, tu opisane kao Isusovog najbližeg druga, simbola božanske Mudrosti.

... drug (Spasiteljev je) Marija Magdalena. (A Hrist je nju voleo) više nego (sve) učenike i ljubio je (često) u (usta). Ostale (učenike je to vređalo...). Govorili su mu: »Zašto nju više voliš nego sve nas?« Spasitelj im je odgovorio: »Zašto ja ne volim vas kao što (volim) nju?«[77]

U *Spasiteljev dijalog* Marija Magdalena ne samo da je uključena kao jedan od tri učenika izabrana da prime specijalno učenje, nego je ona više hvaljena nego ostala dva, Toma i Mateja: »... govorila je kao žena koja je spoznala Sve«.[78]

Drugi tajni tekstovi koriste ličnost Marije Magdalene da kažu kako je aktivnost žena izazivala vođe pravoverne zajednice koji su smatrali Petra svojim predstavnikom. U *Jevanđelju po Mariji* se kaže da kad su učenici, obeshrabreni i uplašeni posle raspeća, tražili od Marije da ih ohrabri time što će im reći šta joj je Gospod tajno saopštio, ona je pristala i podučavala ih sve dok Petar, besan, nije zapitao: »Zar je on zaista razgovarao tajno sa ženom, (a) ne javno s nama? Hoćemo li jedan po jedan da je slušamo? Da li je on nju pretpostavljao nama?« Ojađena njegovom srdžbom, Marija odgovara: »Petre, brate moj, šta ti misliš? Da li misliš da sam ja ovo smislila u sebi ili da govorim laži o Spasitelju?« U tom trenutku Levi se uključuje kako bi posredovao u raspravi: »Petre, uvek si bio naprasit. Sad vidim da se boriš protiv žene kao neprijatelj. Ako je Spasitelj nju načinio dostojnom, ko si u stvari ti da je odbacuješ? Svakako je Gospod nju poznavao vrlo dobro. Zato je nju voleo više nego nas.«[79] Tad su i ostali pristali da prihvate Marijino učenje i, ohrabreni njenim rečima, pristali da drže propovedi. Druga rasprava između Petra i Marije događa se u *Pistis Sofia* (»Vera Mudrost«). Petar se žali da Marija dominira razgovorom s Isusom i istiskuje zakonit prioritet Petra i njegove braće apostola. On podstiče Isusa da je ućutka, ali je odmah prekoren. Kasnije, međutim, Marija priznaje Isusu da se jedva usuđuje da govori s njim slobodno zato što, po njenim recima, »Petar čini da oklevam; plašim ga se zato što on mrzi ženski rod.«[80] Isus odgovara da koga god Duh nadahnjuje, božanski je određen da govori, bilo da je muškarac ili žena.

Pravoverni hrišćani su na to uzvraćali navodnim »apostolskim« pismima i dijalozima koji su tvrdili suprotno. Najčuveniji primeri su, naravno, već navedena pseudo-Pavlova pisma. U Timotiju I i II, Kološanima i Efežanima, »Pavle« zahteva da se žene potčinjavaju muškarcima. Titovo pismo u Pavlovo ime daje uputstva za izbor biskupa, koja potpuno isključuju žene. I bukvalno i figurativno, biskup treba da bude otac kongregacije. On mora biti čovek čija se žena i deca (njemu) »potčinjavaju u svakom pogledu«; to pokazuje njegovu sposobnost da drži »Božju crkvu«[81] u redu, a njene članove u odgovarajućoj potčinjenosti. Pre kraja drugog veka, u pravovernim zajednicama se pojavio *Apostolski crkveni red*. U njemu se opisuje kako apostoli raspravljaju o spornim pitanjima. U prisustvu Marije i Marte, Jovan kaže:

> Kad je Učitelj blagoslovio hleb i putir i označio ih rečima, »ovo je moje telo i moja krv«, nije ih pružio ženama koje su s nama. Marta je rekla, »nije ih ponudio Mariji zato što je video da se ona smeje«. Marija je

rekla, »Ja se više ne smejem; rekao nam je ranije, dok nas je podučavao, ,vaša slabost se iskupljuje kroz snagu'.«[82]

Ali njeno objašnjenje nije prihvaćeno; muški učenici su se složili da zbog toga nijednoj ženi ne bude dozvoljeno da postane sveštenik. Iz ovoga možemo videti nastajanje dva potpuno različita tipa shvatanja odnosa među polovima u pravovernim i gnostičkim krugovima. Najjednostavnije rečeno, mnogi gnostički hrišćani svoj opis Boga koji uključuje ženske i muške atribute dopunjavaju opisom ljudske prirode. Najčešće se pozivaju na opis stvaranja u knjizi Postanja I, u kome se govori o ravnopravnom ili dvopolnom ljudskom postanku. Gnostički hrišćani često prenose princip jednakosti muškaraca i žena na društvene i političke strukture svojih zajednica. Ponašanje pravovernih je upadljivo drukčije: po njima je Bog isključivo muške prirode. Pravoverni se tipično pozivaju na knjigu Postanja II da bi opisali kako je Eva stvorena od Adama i za njegovo ispunjenje. Kao i gnostički stav, i ovo se prenosi u društvenu praksu: krajem drugog veka, pravoverna zajednica je prihvatila prevlast muškaraca nad ženama kao božanski utvrđen poredak stvari, ne samo u društvenom i porodičnom životu nego, takođe, i u hrišćanskim crkvama.

Ipak, postoje izuzeci od ovog pravila. Gnostici nisu jednodušni u prihvatanju žena, kao što ni pravoverni nisu bili jednodušni u omalovažavanju žena. Neki gnostički tekstovi neosporno govore prezrivo o ženi. *Knjiga o Tomi Polemičaru* obraća se muškarcima s upozorenjem, »teško vama koji volite bliskost sa ženskim rodom, i zagađeni odnos s njim!«[83] *Šemova patafraza,* takođe iz Nag Hamadija, opisuje užasavanje Prirode koja je »okrenula svoju mračnu vaginu i iz nje izbacila silu vatre, koja je u njoj bila od početka, kroz praksu mraka«.[84] Prema *Dijalogu Spasiteljevom,* Isus upozorava svoje učenike »da se mole na mestu gde nema žene«, i »i da unište dela ženskosti...«[85]

Ipak, u svim ovim slučajevima meta nije žena nego sila seksualnosti. Na primer, u *Dijalogu Spasiteljevom,* Marija Magdalena, pohvaljena kao »žena koja je spoznala Sve«, stoji između tri učenika koji primaju Isusove zapovesti: ona, zajedno sa Judom i Matejom, odbacuje »dela ženskosti« — što očigledno znači polni snošaj i razmnožavanje.[86] Ovi izvori pokazuju da se neki ekstremisti u gnostičkom pokretu slažu sa izvesnim radikalnim feministkinjama koje danas tvrde da samo oni koji odbace polne odnose mogu postići ljudsku ravnopravnost i duhovnu veličinu.

Drugi gnostički izvori odražavaju pretpostavku da je položaj muškarca superiorniji od položaja žene. To ne treba da nas iznenađuje: pošto se mišljenje stvara na osnovu društvenog iskustva, svaki taj pisac bez obzira na to da li je muškarac ili žena, Rimljanin, Grk, Egipćanin ili Jevrejin, naučio je tu osnovnu lekciju u svom društvenom iskustvu. Neki gnostici, smatrajući da kao što *muškarac* nadmašuje *ženu* u običnom postojanju, tako *božansko* nadmašuje *ljudsko*, pretvaraju ove termine u metaforu. Zbunjujuća izreka koja se pripisuje Isusu u *Jevanđelju po Tomi* — da Marija mora postati muško da bi postala »živi duh koji liči na vas muškarce. Jer svaka žena koja načini sebe muškarcem ući će u carstvo nebesko«[87] — može se shvatiti simbolično: što je samo ljudsko (stoga *žensko*) mora se pretvoriti u ono što je božansko (»živ duh«, *muško*). Tako, prema drugim odlomcima u *Jevanđelju po Tomi*, Saloma i Marija postaju Isusovi učenici kada prevaziđu svoju ljudsku prirodu i tako »postanu muško«.[88] U *Jevanđelju po Mariji* sama Marija podstiče ostale učenike »da hvale njegovu veličinu, jer on nas je pripremio i načinio nas muškarcima.[89]

Nasuprot tome, nailazimo na upadljiv izuzetak pravovernom pravilu u spisima jednog poštovanog oca crkve, Klementa iz Aleksandrije. Klement, pišući u Egiptu oko 180. g. n. e., naziva sebe pravovernim, mada dobro poznaje članove gnostičkih grupa i njihove spise: neki čak kažu da je on bio gnostik. Ipak, njegovi radovi pokazuju kako se sva tri elementa onog što smo nazvali gnostičkim načinom mišljenja mogu uklopiti u potpuno pravoverno učenje. Prvo, Klement opisuje Boga muškim i ženskim atributima:

> Reč je sve detetu, i otac i mati i učitelj i dadilja ... Hrana je mleko Očevo... samo Reč snabdeva nas decu mlekom ljubavi, i samo oni koji sisaju tu sisu zaista su srećni. Iz tog razloga traženje se zove sisanje; onu de-

cu koja traže Reč, Očeve nežne grudi snabdevaju mlekom.[90]

Drugo, u opisivanju ljudske prirode, on tvrdi da

muškarci i žene su podjednako savršeni i treba da prime isto iskustvo i istu disciplinu. Jer, naziv »čovečanstvo« je zajedničko za muškarce i žene; a za nas »u Hristu« ne postoji ni muško ni žensko.[91]

Podstičući žene da učestvuju sa muškarcima u životu zajednice, Klement daje spisak — jedinstven u pravovernoj tradiciji — žena čijim se dostignućima divi. U tom spisku se nalaze primeri iz starine, kao što je Judita, ubica, koja je uništila neprijatelja Izraela, i kraljica Ester, koja je spasla svoj narod od genocida, kao i druge žene koje su imale radikalna politička shvatanja. On pominje Arignotu, pisca, Temistu, epikurejskog filozofa, i mnoge druge žene filozofe, kao i dve koje su studirale kod Platona i jednu kojoj je Sokrat bio učitelj. Zaista, on ne može da se uzdrži od hvale:

Šta da kažem? Nije li Teano, pitagorejski filozof, toliko uznapredovala u filozofiji da je čoveku koji je zurio u nju i rekao joj,»Tvoja ruka je divna«, mogla odvratiti,»Da, ali nije izložena za javnost«.[92]

Klement završava svoj spisak slavnim pesnikinjama i slikarkama.

No Klementovo verovanje da čak i pravoverni hrišćani mogu prihvatiti ženski element — i aktivno učešće žena — našlo je malo pristalica. Njegov pogled na svet, formiran u kosmopolitskoj atmosferi Aleksandrije, i formulisan među imućnim i obrazovanim članovima egipatskog društva, bio je, po svoj prilici, stran većini zapadnih hrišćanskih zajednica, razasutih od Male Azije do Grčke, Rima, afričkih i galskih provincija. Većina je prihvatila stav Klementovog strogog i provincijalnog savremenika Tertulijana:

Ženi nije dozvoljeno da govori u crkvi, niti joj je dozvoljeno da podučava, krštava, daje (pričest), niti da traži za sebe učešće u bilo kojoj muškoj funkciji — naročito sveštenički položaj.[93]

Ovo opšte mišljenje, koje je odbacilo Klementov stav, i dalje preovladava u većini hrišćanskih crkava: skoro 2000 godina kasnije, 1977, papa Pavle VI, biskup Rima, izjavio je da žena ne može biti sveštenik »zato što je naš Gospod bio muškarac«! Nag Hamadi tekstovi, otkriveni u vreme savremenih previranja izazvanih pitanjem društvene uloge polova, od nas zahtevaju da damo novo tumačenje istorije — i novu ocenu sadašnje situacije.

Glava četvrta
HRISTOVA MUKA I PROGON HRIŠĆANA

Gotovo sve priče o Isusu iz Nazareta, bilo da ih pišu njegovi poklonici ili neprijatelji, prihvataju kao činjenicu da je Isus, po naređenju rimskog prefekta Pontija Pilata, bio osuđen i raspet (oko 30. g.). Ovo pominje Takit, rimski istoričar-aristokrata (oko 55—115. g.), koji skoro ništa nije znao o Isusu. Pričajući istoriju zloglasnog Nerona (car, 54—58. g. n. e.), on kaže da je Neron, koga su optužili da je podmetnuo velike požare u Rimu

> kao krivce podmetnuo vrstu ljudi omraženih zbog njihovih poroka, koje je gomila zvala hrišćanima, i kaznio ih sa istančanom surovošću. *Hrist, po kome su oni dobili ime, pogubljen je za vlade Tiberija, prema presudi prokuratora Pontija Pilata*, i štetno praznoverje je zaustavljeno za trenutak, da bi izbilo još jednom, ne samo u Judeji, izvoru boljke, već u samoj prestonici gde se sve što je grozno i sramno u ovom svetu skuplja i postaje otmeno.[1]

Jevrejski istoričar Josif Flavije pominje Isusa od Nazareta u spisku nedaća koje su remetile jevrejske odnose sa Rimom u vreme Pilatove prefekture (približno 26—36. g. n. e.). Prema izjavi pripisanoj Josifu, »Pilat, pošto je saslušao optužbe najuglednijih ljudi među nama... osudio ga je na raspeće.«[2]

Isusovi sledbenici potvrđuju ovaj izveštaj. Jevanđelje po Marku, verovatno najstarija priča Novog zaveta (oko 70—80. g. n. e.) kaže da su Isusa, koga je Juda Iskariotski izdao u noći u getsemanskom vrtu kod Jerusalima, uhapsili naoružani ljudi dok su njegovi učenici bežali.[3] Optužen pred Pilatom za pobunu, Isus je bio osuđen na smrt.[4] Isus je raspet živeo nekoliko sati, a onda je, kao što Marko kaže, »ispustio glasan krik«[5] i umro. Jevanđelja po Luki i Jovanu, napisana verovatno jednu generaciju kasnije (oko 90—110. g.), otpisuju njegovu smrt kao mnogo junačniju: Isus oprašta svojim mučiteljima i, uz molitvu, ispušta dušu.[6] Ipak, sva četiri jevanđelja Novog zaveta opisuju njegove patnje, smrt i užurbanu sahranu. Jevanđelja, naravno, tumače okolnosti pod kojima je umro da bi prikazala njegovu nevinost. Marko kaže da su glavni sveštenici i vođe u Jerusalimu planirali da Isusa uhapse i pogube zato što je njegovo učenje bilo protiv njih.[7] Jovan daje potpuniji opis, koji je istorijski prihvatljiv. On kaže da su glavni sveštenici sazvali savet Sanhedrina da bi raspravljali o opasnostima od nemira jer je Isusova popularnost rasla i privlačila sve veći broj ljudi u njegov pokret. Neki među neobrazovanim masama su već proglasili Isusa za Mesiju[8] — »miropomazanog kralja« od koga su očekivali da oslobodi Izrael od stranog imperijalizma i obnovi jevrejsku državu. Naročito za vreme Pashe, kad se hiljade Jevreja slivalo u Jerusalim da praznuje, taj podsticaj bi mogao da pretvori u pobunu osećanje jevrejskog nacionalizma, koje je već tinjalo u gradu. Savet je bio odgovoran za čuvanje mira između jevrejskog stanovništva i rimske okupacione vojske — mira koji je bio toliko nesiguran da je samo nekoliko godina kasnije, kad je jedan rimski vojnik na straži u Jerusalimu za vreme Pashe izrazio prezir razgolitivši se u dvorištu Hrama, njegov čin izazvao nemire u kojima je, kažu, izgubilo život trideset hiljada ljudi. Josif Flavije, koji priča taj događaj, dodaje: »Tako se slavlje završilo u tuzi za ceo narod i žalosti za svako domaćinstvo«.[9]

Jovan rekonstruiše raspravu na Savetu u vezi sa Isusom: »Šta da činimo?... Ako ga pustimo da ovako nastavi«, mase mogu da izraze podršku ovom navodno novom jevrejskom kralju, »a Rimljani će doći i uništiti i naše sveto mesto i naš narod«.[10] Prvosveštenik Kaifa zalagao se da se odmah uhapsi jedan čovek umesto da se ugrožava celo stanovništvo.[11] Čak je i Jovan morao da prizna političku pronicljivost ovakvog načina mišljenja: napisao je svoju verziju ubrzo posle jevrejskog rata od 66—70. g. n. e., ustanka protiv Rima koji se završio potpunim porazom, a koji je, prema Jovanu, Kaifa predvideo: Hram je izgoreo do temelja, grad Jerusalim je opustošen, stanovništvo desetkovano.

Iako se izvori slažu u osnovnim činjenicama o Isusovom pogubljenju, hrišćani se duboko razlikuju u njihovom tumačenju. Gnostički tekst iz Nag Hamadija, *Petrova apokalipsa*, daje potpuno drukčiju verziju raspeća:

> ... Video sam kako su ga oni ščepali. i rekao sam: »Šta to vidim, Gospode? Jesi li zaista to ti koga oni odvode? Da li se oslanjaš na mene? Da li oni prikucavaju stopala i šake nekog drugog? Ko je onaj iznad krsta koji je veseo i smeje se?« Spasitelj mi je rekao: »Onaj koga vidiš veselog i kako se smeje iznad krsta jeste Živi Isus. A onaj kroz čije šake i stopala zakucavaju eksere jeste njegov telesni deo, koji je zamena. Oni sramote ono što je ostalo umesto njega. I pogledaj njega, i (pogledaj) mene!«[12]

Drugi tekst iz Nag Hamadija, *Druga rasprava velikog Seta*, prenosi Hristove reči

> »... bio je to neko drugi koji je popio žuč i sirće; nisam to bio ja. Udarili su me štapom; bio je to drugi, Simon, koji je nosio krst na plećima. Bio je to drugi kome su stavili krunu od trnja. A ja sam se radovao na visini... zbog njihove greške... ja sam se smejao njihovom neznanju.«[13]

Šta ovo znači? *Jovanova Dela* — jedan od najčuvenijih gnostičkih tekstova i jedan od malog broja otkrivenih pre Nag Hamadija, pošto je nekako preživeo, u delovima, česte osude pravovernih — objašnjava da Isus uopšte nije bio ljudsko biće; on je bio duhovno biće koje se prilagodilo ljudskoj percepciji. U *Delima* se kaže da ga je Jakov jednom video kako stoji na obali u obliku deteta, ali kad ga je pokazao Jovanu:

> Ja sam (Jovan) rekao: »Koje dete?« A on mi je odgovorio: »Ono koje nam daje znak da priđemo«. A ja sam rekao: »To je zato što smo dugo bili na moru. Ne vidiš dobro, brate Jakove. Zar ne vidiš tamo čoveka koji stoji, lep, naočit i veseo«? Ali on mi je rekao: »Ne vidim tog čoveka, brate moj.«[14]

Izašavši na obalu da ispitaju stvar, još više su se zbunili. Prema Jovanu,

> Prikazao mi se opet kao prilično ćelav, ali sa gustom bradom, a Jakovu kao mladić čija je brada počela da raste... Pokušavao sam da ga vidim kakav jeste... Ali on mi se ponekad prikazivao kao mali čovek nelepa izgleda, a nekad pogleda uprtog u nebo.[15]

Jovan nastavlja

> Reći ću vam još jednu divotu, braćo; ponekad, kad sam hteo da ga dodirnem, osetio bih materiju, čvrsto telo; ali drugom prilikom kad sam ga opipao, bio je nematerijalan i bestelesan... kao da uopšte nije postojao.[16]

Jovan dodaje da je pažljivo tražio otiske stopala, ali Isus ih nikad nije ostavljao — niti je ikad trepnuo. Sve ovo ukazuje Jovanu da je Isus bio duhovne, ne čovečje prirode.

Dela zatim kažu da se Isus, predvidevši svoje hapšenje, sastao sa učenicima u Getsemanu poslednje noći:

> sve nas je sakupio i rekao: »Pre nego što budem bio predat njima, hajde da otpevamo slavopoj Ocu i tako odemo da se suočimo sa onim što je pred (nama).« I tako nam je on rekao da stanemo u krug i uhvatimo se za ruke, a on je stajao u sredini...[17]

Upućujući učenike da »odgovore Amen meni«, on je zapevao mističnu pesmu, čiji delovi glase:

> »Svemiru pripada igrač.« — »Amen.«
> »Onaj koji ne igra ne zna šta se dešava.« — »Amen.«...
> »Ako sada pratite moju igru, vidite sebe u Meni, koji vam govorim ...
> Vi koji igrate gledajte šta ja činim, jer vaša je Muka Čovekova koju ću ja da podnosim. Jer ti ne bi nikako mogao da razumeš ono što podnosiš da mene nije tebi kao Logos poslao Otac... Nauči kako da podnosiš muke i bićeš u stanju da ne patiš.«[18]

Jovan nastavlja

Nakon što je Gospod igrao sa nama, dragi moj, izašao je da (podnosi muke) i mi smo bili kao zblanuti ljudi ili čvrsto usnuli, i razbežali smo se na sve strane. A ja sam ga video kako pati i nije me zadržala njegova patnja, već sam pobegao na Maslinovu goru i plakao... A kad su ga obesili (na krst) u petak u šestom času dana, spustio se mrak na celu zemlju.[19]

U tom trenutku Jovan je, sedeći u pećini u Getsemanskoj gori, iznenada ugledao priviđenje Isusovo, koje je reklo:

»Jovane, za onaj narod dole... ja sam razapet i proboden kopljima... i dali su mi sirće i žuč da pijem. Ali ja tebi govorim i slušaj ono što govorim.«[20]

Zatim priviđenje otkriva Jovanu »krst svetlosti«, i objašnjava »ja nisam prošao kroz muke kroz koje će oni reći da sam prošao; čak i one patnje koje sam pokazao tebi i ostalima u igri hoću da se nazovu misterijom.«[21] Drugi gnostici, sledbenici Valentinovi, tumače značenje takvih paradoksa drukčije. Prema *Raspravi o vaskrsenju*, otkrivenoj u Nag Hamadiju, ukoliko je Isus bio »Sin čovečiji«, budući ljudsko biće, patio je i umro kao i ostali ljudi.[22] Ali kako je on bio i »Sin Božji«, božanski duh u njemu nije mogao da umre: u tom smislu on je prevazišao patnje i smrt.

Ipak, pravoverni hrišćani uporno tvrde da je Isus *bio* ljudsko biće i da svi »pravilno misleći« hrišćani moraju prihvatiti raspeće kao istorijski i bukvalan događaj. Da bi ovo osigurali, oni unose u kredo, kao centralni elemenat vere, jednostavnu izjavu da je »Isus Hrist mučen od Pontija Pilata, razapet, umro i sahranjen«. Papa Lav Veliki (oko 447. g.) osudio je spise kao što su *Dela Jovanova* kao »žarište mnogostruke perverzije«, koji »ne samo da treba da budu zabranjeni nego potpuno uništeni i vatrom spaljeni«. Ali zato što su jeretički krugovi nastavili da kriju i prepisuju ovaj tekst, Drugi nikejski sabor, tri stotine godina kasnije, morao je da ponovi osudu, naređujući da »niko ne sme da prepisuje (ovu knjigu): ne samo to nego smatramo da ona zaslužuje da bude predata vatri«.

Šta leži iza ove žestine? Zašto verovanje u muku i smrt Hristovu postaje suštinski elemenat — neki kažu jedini suštinski elemenat — pravovernog hrišćanstva? Ubeđena sam da ne možemo potpuno odgovoriti na ovo pitanje dok ne shvatimo da je u spor oko tumačenja Hristove patnje i smrti uključeno, za hrišćane prvog i drugog veka, goruće praktično pitanje: Kako da vernici reaguju na progon, neposrednu pretnju da će i *oni* patiti i umreti?

Nijedno drugo pitanje nije bilo važnije za Isusove učenike koji su doživeli traumatične događaje izdaje Isusa i njegovo hapšenje, i koji su čuli izveštaje o njegovom suđenju, mučenju i poslednjoj agoniji. Od tog vremena, naročito kad su najistaknutiji među njima, Petar i Jakov, bili uhapšeni i pogubljeni, svaki hrišćanin je shvatio da ga pripadanje pokretu dovodi u opasnost. Takit i Suetonije, istoričari carskog dvora (oko 115. g.), koji su potpuno prezirali hrišćane, pominju tu grupu prevashodno kao metu zvaničnog progona. U opisivanju Neronovog života, Suetonije kaže, u spisku *dobrih* dela koja je car učinio, »da su kažnjeni hrišćani, klasa ljudi posvećena novom i štetnom sujeverju«.[23] Takit dodaje svojim opaskama o požaru u Rimu:

> Prvo su bili uhapšeni oni pripadnici sekte koji su priznali; zatim, posle njihovog priznanja, veliki je broj bio osuđen, ne toliko zbog podmetanja požara koliko zbog mržnje prema ljudskom rodu. A kraj im je propraćen porugom: pokrili su ih kožom divljih zveri i rastrgli su ih psi; ili su bili pričvršćeni na krstove, i kad se spustio mrak zapaljeni su da posluže kao buktinje. Neron je ustupio svoje vrtove za tu predstavu...[24]

Takit tumači Neronovo ponašanje kao njegovu potrebu za žrtvenim jarcem. Možda je vlada još uvek smatrala hrišćane izvan Rima — ako ih je uopšte i uzimala u obzir — i suviše nevažnim da otpočne sistematsku akciju protiv pokreta. Ali od vremena kad je August bio car (27. g. p. n. e. do 14. g. n. e.), car i senat su otpočeli da suzbijaju sve društvene disidente koje su smatrali potencijalnim izazivačima nevolja — astrologe, sledbenike stranih religijskih kultova i filozofe.[25] Hrišćanska grupa imala je sva obeležja zavere. Pre svega, bili su sledbenici čoveka optuženog za mađiju,[26] koji je zbog mađije i izdaje pogubljen; drugo, bili su »ateisti«, koji su odbacivali kao »demone« bogove zaštitnike blagostanja rimske države — čak i *genij* (božanski duh) samog cara; treće, pripadali su ilegalnom društvu. Pored ovih dela koje je policija mogla da potvrdi, širili su se glasovi da njihova tajnost krije zverstva: njihovi neprijatelji su govorili da u njihov ritual spada jedenje ljudskog mesa i pijenje ljudske krvi, praksa za koju su obično optuživani mađioničari.[27] Iako u to vreme nijedan zakon nije posebno zabranjivao prelazak u hrišćanstvo, od svakog sudije koji je čuo da je neko optužen za prelazak u hrišćanstvo zahtevalo se da izvrši istragu.[28] Ne znajući kako da postupa u takvim slučajevima, Plinije, guverner Bitinije (provincija u Maloj Aziji), pisao je (oko 112. g. n. e.) Trajanu, caru, zahtevajući razjašnjenje:

> Običaj mi je, care gospodaru, da podnesem tebi sva pitanja gde nisam siguran kako da postupim. Ko će mi bolje pokazati put...? Nisam nikad učestvovao u istragama o hrišćanima; stoga ne znam koji se zločin obično kažnjava i istražuje, a šta se dopušta... u međuvremenu, ovako sam postupio sa onima koje su mi optužili kao hrišćane. Pitao sam ih da li su hrišćani, i pitao sam ih po drugi i po treći put, uz pretnju kazne. Ako nisu popuštali, naređivao sam da se odvedu i pogube, jer *nisam nimalo sumnjao da, bez obzira šta su, zaslužuju da budu kažnjeni zbog tvrdoglavosti i nepokolebljive upornosti... Kao što sam smatrao da je pravo da pustim one koji su rekli da nisu hrišćani niti da su ikad bili,* nakon što bi očitali molitvu bogovima po mom uputstvu, i prineli vino i palili mirise tvom kipu koji sam naredio da donesu u sud u tu svrhu i, štaviše, proklinjali su Hrista — što nijednog (tako kažu) pravog hrišćanina ne možeš naterati da čini.[29]

Trajan je odgovorio odobravajući Plinijev postupak u toj stvari:

> Moj dragi Sekunde, tvoj postupak je ispravan u ispitivanju slučajeva onih koji su optuženi kod tebe kao hrišćani, jer zaista ništa se ne može postaviti kao opšte

pravilo koje bi sadržalo nešto kao utvrđeni oblik postupka. *Njih ne treba tražiti; ali ako su optuženi i osuđeni, moraju biti kažnjeni* — ali svako ko porekne da je hrišćanin i to potvrdi delom, kao na primer molitvom našim bogovima, dobiće oproštaj zbog svog kajanja, bez obzira na to koliko je bilo sumnjivo njegovo ponašanje u prošlosti.[30]

Ali Trajan je savetovao Pliniju da ne prihvata anonimne optužbe, »jer one su loš primer i nedostojne su našeg vremena«. Plinije i Trajan su se složili da svako ko odbije gest lojalnosti bogovima mora da sakriva ozbiljne zločine, naročito stoga što je kazna za odbijanje bila neposredno pogubljenje. Justin, filozof koji je prešao u hrišćanstvo (oko 150—155. g.), hrabro je pisao caru Antoniju Piju i njegovom sinu, budućem caru Marku Aureliju, kome se obratio kao kolegi u filozofiji i kao »ljubitelju učenosti«[31], buneći se protiv nepravde koja je činjena hrišćanima u carskim sudovima. Justin govori o nedavnom slučaju u Rimu: o ženi koja je učestvovala sa mužem i njihovom poslugom u raznim oblicima seksualne aktivnosti, pod uticajem vina, zatim prešla u hrišćanstvo pod uticajem svog učitelja Ptolomeja, a potom odbila da učestvuje u takvim aktivnostima. Prijatelji su je ubedili da se ne razvede, u nadi da će doći do izmirenja. Ali kad je doznala da se na putu u Aleksandriju u Egiptu njen muž ponašao otvorenije no ikad, zatražila je razvod i ostavila ga. Njen razbesneli muž je odmah poveo parnicu protiv nje »tvrdeći da je hrišćanka«. Kad je uspela da joj se odloži suđenje, njen muž je napao njenog učitelja hrišćanstva. Pošto je čuo optužbu, sudija Urbik je postavio samo jedno pitanje Ptolomeju: Da li je hrišćanin? Kad je priznao da jeste, Urbik ga je odmah osudio na smrt. Čuvši tu presudu, neki čovek u sudnici, po imenu Lukija, usprotivio se sudiji:

> »Čemu ovakva presuda? Zašto kažnjavaš ovog čoveka ne kao preljubnika, bludnika, lopova, kradljivca ili osuđenog zločinca uopšte, nego kao nekog ko priznaje da se odaziva na ime hrišćanina? Ova tvoja presuda, Urbiče, nedostojna je cara Pija i filozofa, sina Cezareva (Marko Aurelije) i svetog Senata.«[32]

Urbik je samo odgovorio: »Izgleda da si i sam jedan od njih.« A kad je Lukija rekao »naravno da jesam«, Urbik ga je osudio na smrt, kao i Ptolomeja i još jednog čoveka u sudnici koji je protestovao.

Iznoseći ovu priču, Justin ističe da se optužbom za hrišćanstvo svako može koristiti u ličnom obračunu sa hrišćaninom: »Stoga i ja očekujem da se protiv mene skuje zavera i da budem razapet«[33] — možda će, dodaje on, to učiniti jedan od njegovih profesionalnih suparnika, kinički filozof po imenu Kreskent. Justin je bio u pravu: po svoj prilici, Kreskentova optužba je dovela do njegovog hapšenja, suđenja i osude 165. godine. Rustik, lični prijatelj Marka Aurelija (koji je u to vreme već nasledio presto od oca), predsedavao je suđenju. Pored Justina, Rustik je naredio da se pogubi i cela grupa njegovih učenika, čiji je jedini zločin bio to što su od Justina učili hrišćansku filozofiju. Prema sudskom zapisniku, Rustik je pitao Justina:

»Gde se sastajete?«... »Gde god je to najprihvatljivije i najzgodnije za svakog člana«, rekao je Justin. »U svakom slučaju, misliš li da se svi možemo sastajati na istom mestu? Ne; jer Bog hrišćana nije ograničen mestom; budući nevidljiv, on ispunjava nebesa i zemlju i vernici ga svuda obožavaju u slave.«

Prefekt Rustik je rekao: »Kaži mi gde se sastajete. Gde okupljaš svoje učenike?«

Justin je rekao: »Stanujem iznad javnog kupatila izvesnog Martina, sina Timiotina, i tokom mog celog boravka u Rimu (a ovo je moj drugi boravak) nisam znao za drugo sastajalište sem mog stana. Svako ko je želeo mogao je doći u moj stan i ja bih mu saopštavao reči istine.«

Prefekt Rustik je rekao: »Znači, priznaješ da si hrišćanin?« »Jesam«, rekao je Justin.[34]

Tada je Rustik ispitivao Karitona, ženu po imenu Harito, Eulepistida, roba na carskom dvoru, Hijeraksa, Liberijana i Paeona — koji su svi bili Justinovi učenici. Svi su se izjasnili da su hrišćani. Izveštaj se nastavlja:

»Dakle«, rekao je prefekt, »da pređemo na stvar o kojoj je reč, što je neophodan i neodložan posao. Pristanite da prinesete žrtvu bogovima.«

»Niko pri čistoj svesti«, rekao je Justin, »ne prelazi iz pobožnosti u nepobožnost.«

Prefekt Rustik je rekao: »Ako ne poslušate, bićete nemilosrdno kažnjeni.«[35]

Kad su odgovorili »Čini što hoćeš; mi smo hrišćani, i ne prinosimo žrtvu idolima«, Rustik je izrekao presudu: »Neka oni koji su odbili da prinesu žrtvu bogovima i da se pokore carevom ediktu budu odvedeni, išibani i obezglavljeni, u skladu sa zakonom.«[36]

Šta da čini hrišćanin u ovakvoj opasnosti? Uhapšen i optužen, da li da prizna da je hrišćanin, i bude osuđen na smrt: neposredno odsecanjem glave ako je te sreće da je rimski građanin, kao Justin i njegovi drugovi, ili, za one koji nisu građani, dugim mučenjem u javnoj sportskoj areni? Ili da ne prizna i simbolično izrazi lojalnost — u nameri da se posle iskupi za tu laž?

Kako su imali neprijatnu dužnost da naređuju pogubljenja zbog nepokornosti, rimski zvaničnici su često pokušavali da ubede optužene da spasu svoje živote. Prema ondašnjim izvorima (oko 165. g.) nakon što je ostarelog i poštovanog biskupa Polikarpa iz Smirne, u Maloj Aziji, uhapsila policija,

> guverner je pokušao da ga ubedi da se odrekne svoje vere, govoreći: »Poštuj svoju starost«, *i druge slične stvari koje oni obično govore.* »Zakuni se *genijem* carevim. Odrekni se. Reci, 'Udaljite ateiste!'« Polikarp, trezvena izraza, pogleda rulju razularenih pagana koji su bili na stadionu... i reče: »Udaljite ateiste!« Guverner je bio uporan i rekao. »Zakuni se i ja ću te pustiti. Prokuni Hrista!« Ali Polikarp odgovori: »Osamdeset šest godina sam bio njegov sluga i ništa mi nažao nije učinio... Ako se zavaravaš i misliš da ću se zakleti carevim *genijem,* kao što kažeš, i ako se pretvaraš da ne znaš ko sam, slušaj, i ja ću ti otvoreno reći: Ja sam hrišćanin.«[37]

Polikarp je živ spaljen u javnoj areni.

Izveštaj iz Severne Afrike (oko 180. g. n. e.) opisuje kako je prokonzul Saturnin, suočen sa devet muškaraca i tri žene koji su bili optuženi da su hrišćani, postupio da bi im spasao živote, rekavši:

»Ako se urazumite, dobićete oproštaj od našeg cara gospodara... i mi smo religiozni ljudi, a naša religija je jednostavna: Mi se zaklinjemo *genijem* našeg gospodara cara i molimo se za njegovo zdravlje — kao što i vi treba da učinite.«[38]

Naišavši na njihovu odlučnu odbojnost, Saturnin je upitao: »Možda vam je potrebno još vremena da ponovo razmislite?« Sperat, jedan od optuženih, odgovorio je: »U tako pravednoj stvari nema potrebe da se razmišlja.« Uprkos tome, prokonzul je odredio tridesetodnevno odlaganje uz reči: »Razmislite.« Ali posle trideset dana, nakon ispitivanja optuženih, Saturnin je bio primoran da izda naređenje:

S obzirom na to da su Sperat, Narzal, Kitin, Donata, Vestija, Sekunda i ostali priznali da su živeli u skladu sa običajima hrišćana, i s obzirom na to da su, iako im je bila data prilika da se vrate rimskom načinu, ostali uporni u svojoj tvrdoglavosti, osuđuju se stoga da budu pogubljeni mačem.[39]

Sperat je rekao: »Hvala Bogu!« Narzal je rekao: »Danas smo mučenici na nebu. Neka je hvala Bogu!«

Ovakvo ponašanje izazvalo je prezir cara stoika Marka Aurelija, koji je prezirao hrišćane kao morbidne i zavedene egzibicioniste. Mnogi bi se danas mogli složiti sa njegovim mišljenjem, ili odbaciti mučenike kao neurotične mazohiste. Ipak, za Jevreje i hrišćane prvog i drugog veka, ta reč je imala drukčiju konotaciju: *martys* jednostavno znači, na grčkom, »svedok«. U Rimskom Carstvu, kao i u mnogim zemljama širom sveta danas, članove nekih religijskih grupa vlada sumnjiči kao organizacije koje podstiču kriminal ili izdajničke aktivnosti. Oni koji su se, kao Justin, usuđivali da se javno bune protiv nepravednog postupanja sa hrišćanima na sudu postajali su, verovatna, meta policijske akcije. Za one koji su se našli u takvom položaju onda, kao i sad, izbor je često jednostavan: ili da govore otvoreno, izlažući se hapšenju, mučenju, formalnosti besmislenog suđenja, izgnanstvu i smrti, ili da ćute i spasu se. One koji su otvoreno govorili njihovi drugovi u veri poštovali su kao »ispovednike«, a samo one koji su u stvari izdržali sve, do smrti, smatrali su »svedocima« *(martyres)*.

Ali nisu svi hrišćani otvoreno govorili. Mnogi su, u trenutku odluke, izabrali suprotno rešenje. Neki su mučeništvo smatrali budalastim, traćenjem ljudskog života, i zato protivnim Božjoj volji. Tvrdili su da je »Hrist, pošto je umro za nas, bio ubijen da mi ne bismo bili ubijani«.[40] Kako događaji iz prošlosti postaju predmet religijskog ubeđenja samo kad služe za tumačenje sadašnjeg iskustva, u ovom slučaju je tumačenje Hristove smrti postalo žarište spora oko praktičnog pitanja mučeništva.

Pravoverni koji su se najviše zalagali da se ospore »jeretički« gnostički pogledi na Hristovu muku bili su, bez izuzetka, osobe koje su poznavale iz direktnog iskustva opasnosti kojima su hrišćani bili izloženi — i koji su potvrđivali neophodnost prihvatanja mučeništva. Kada je taj veliki protivnik jeresi, Ignatije, biskup antiohijski, bio uhapšen i osuđen, kažu da je prihvatio smrtnu kaznu sa radosnim oduševljenjem kao priliku da »oponašam muku moga Boga!«[41] Osuđen da bude poslat iz Sirije u Rim da ga rastrgnu divlje zveri u javnom amfiteatru, Ignatije, okovan i pod velikom stražom, pisao je hrišćanima u Rim moleći ih da se ne zauzimaju za njega:

> Pišem svim crkvama i dajem na znanje svima da dragovoljno umirem za Boga, ukoliko to ne sprečite. Umoljavam vas da ne budete »neumesna dobrota« za mene. Dopustite mi da me požderu zveri kroz koje mogu dospeti do Boga. Ja sam Božja pšenica, i samleće me zubi divljih zveri kako bih postao čist hleb Hristov... Učinite mi ovu uslugu... Neka dopadnem vatre i krsta i borbe sa divljim zverima, sečenja i čerečenja, lomljenja kostiju, otkidanja udova, mrvljenja celog mog tela ... ne bih li dospeo do Isusa Hrista![42]

Šta za njega znači Hristova muka? Ignatije kaže da je »Isus Hrist... zaista progonjen za vreme Pontija Pilata, bio zaista razapet i umro.«[43] On se žestoko suprotstavlja gnostičkim hrišćanima koje naziva »ateistima« zato što su govorili da, pošto je Hrist bio duhovno biće, samo je *izgledalo* da je patio i umro:

> Ali ako je, kao što neki kažu..., njegova patnja bila samo privid, onda *zašto sam ja zatvorenik i zašto čeznem da se borim sa divljim zverima? U tom slučaju, ja umirem uzalud.*[44]

Ignatije se žali da oni koji preinačuju njegovo shvatanje o Hristovoj patnji »nisu dirnuti mojim ličnim patnjama; jer misle isto o meni!«[45] Njegovi gnostički protivnici, osporavajući njegovo razumevanje Hristove muke, direktno dovode u pitanje vrednost njegovog dobrovoljnog mučeništva.

Justin, koga predanje naziva »mučenikom«, izjavljuje da pre sopstvenog prelaska u hrišćanstvo, kada su ga još uvek zvali filozofom platoničarem, lično je prisustvovao javnom mučenju i pogubljenju hrišćana. Njihova hrabrost, kaže on, ubedila ga je u njihovu božansku nadahnutost.[46] Buneći se protiv progona hrišćana širom sveta, on pominje progonjene u Palestini (oko 135. g.):

> Jasno je da niko ne može zaplašiti ili pokoriti nas koji verujemo u Isusa Hrista, širom sveta. Jer jasno je da, iako nam odsecaju glave, razapinju i bacaju divljim zverima, u lance, u vatru i podvrgavaju nas svim vrstama mučenja, mi se ne odričemo svoje veroispovesti; što se više takve stvari događaju, to više ostali, u velikom broju, postaju vernici.[47]

U skladu sa njegovim ličnim ubeđenjima o mučeništvu i njegovim prihvatanjem sopstvene smrtne presude jeste Justinovo shvatanje da je »Isus Hrist, naš učitelj, koji je u tu svrhu rođen, bio razapet pod Pontijem Pilatom i umro, i opet se podigao«.[48] Justin zaključuje svoju drugu *Apologiju* (»Odbrana« hrišćana) rečima da je to napisao samo zato da pobije »zle i obmanjivačke« gnostičke ideje. On napada one koje, kaže on, »zovu hrišćanima«, a koje on smatra jereticima — sledbenicima Simona, Markiona i Valentina.[49] »Mi ne znamo«, kaže on mračno, mešajući tvrdnju i insinuaciju, »da li u stvari praktikuju promiskuitet ili ljudožderstvo«, ali, dodaje on, »mi znamo« za jedan od njihovih zločina: za razliku od pravovernih, »njih niti progone niti usmrćuju« kao mučenike. Irenej, veliki protivnik valentinaca, bio je, kao i njegovi prethodnici, čovek čiji je život obeležen progonima. On pominje mnoge koji su umrli mučeničkom smrću u Rimu, a lično je iskusio gubitak svog voljenog učitelja Polikarpa, koji je uhapšen, osuđen i živ spaljen. Samo dvadeset godina kasnije, u leto 177. g., Irenej je bio svedok sve većeg neprijateljstva prema hrišćanima u sopstvenom gradu, Lionu. Najpre im je bio zabranjen pristup na javna mesta, tržnice i kupatila. Zatim, kad je provincijski guverner bio izvan grada

> rulja se razularila. Hrišćane su lovili i otvoreno napadali. S njima je postupano kao sa javnim neprijateljima, napadani su, tučeni i kamenovani. Na kraju su odvučeni na forum... optuženi, i, nakon što su priznali da su hrišćani, bačeni su u zatvor.[50]

Jedan uticajan prijatelj, Vetije Epagat, koji je pokušao da interveniše na njihovom suđenju, ućutkan je: »Prefekt ga je samo pitao da li je i on hrišćanin. Kad je priznao, najjasnijim glasom, da jeste«,[51] prefekt ga je osudio na smrt zajedno sa ostalima. Njihova posluga, koju su mučili da bi od nje izvukli informacije, najzad je »priznala« da su, kao što su Rimljani sumnjali, njihovi gospodari vršili akta seksualne okrutnosti i ljudožderstva. Jedan očevidac kaže da je taj podatak okrenuo stanovništvo protiv njih: »Te priče su se širile i ceo narod je besneo protiv nas, tako da su čak i oni čiji je stav pre toga bio umeren zbog prijateljstva s nama, postali veoma ljuti i škrgutali zubima na nas.«[52]

Svakog dana nove žrtve — najglasniji članovi crkava u Lionu ili susednom gradu Vijenu, dvadeset milja niz reku Ronu — hapšene su i okrutno mučene u zatvoru dok su čekale dan određen za masovno pogubljenje, 1. avgust. To je bio praznik u slavu veličine Rima i cara. U takvim prilikama tražilo se od guvernera da pokaže svoj patriotizam organizovanjem raskošne javne zabave za celo stanovništvo grada. Ovakve obaveze nametale su provincijskim činovnicima ogromne izdatke za iznajmljivanje profesionalnih gladijatora, boksera, rvača i mačevalaca. Ali prethodne godine car i senat su doneli nov zakon da se smanje troškovi za gladijatorske predstave. Sad je guverner mogao legalno da atletske egzibicije zameni osuđenim kriminalcima, koji nisu bili građani Rima, nudeći spektakl njihovog mučenja i pogubljenja — po ceni od šest zlatnika po glavi, što je jedna desetina troškova za iznajmljivanje gladijatora pete klase, sa još većom uštedom ako je gladijator višeg ranga. Ovo je, bez sumnje, još više podsticalo zvaničnu žestinu protiv hrišćana, koji su mogli da pruže, kao u Lionu, najjeftiniju prazničnu zabavu.

Priča o jednoj ispovednici iz Liona, robinji Blandini, pokazuje šta se dogodilo:

> Svi smo bili u strahu; a Blandinina gospodarica, koja je i sama bila među mučenicima, bojala se da zbog svoje telesne slabosti Blandina neće biti u stanju da bude hrabar ispovednik svoje vere. Međutim, Blandina je bila puna takve snage da su se čak i oni koji su je na smenu mučili na sve načine od zore do mraka izmorili i iscrpili. Sami su priznali da su pobeđeni, da nema ničeg više što bi joj mogli učiniti i da su iznenađeni što ona još uvek diše, jer celo njeno telo je bilo smrvljeno i rastrgnuto.

Na dan određen za gladijatorske igre, Blandina je, sa svoja tri pratioca, Maturom, Sanktom, i Atalom, uvedena u amfiteatar:

> Blandina je obešena o kolac i izložena kao mamac divljim zverima puštenim na nju. Činilo se kao da visi u obliku krsta i svojom predanom molitvom izazvala je jak zanos onih koji su bili mučeni... Ali nijedna životinja se nije nje dotakla, i ona je skinuta sa koca i vraćena u zatvor da bi je sačuvali za sledeće mučenje... sitna, slaba i neupadljiva, ohrabrivala je svoju braću... Najzad, poslednjeg dana gladijatorskih igara, ponovo su doveli Blandinu, ovog puta sa dečakom od petnaest godina po imenu Pontik. Oni su dovođeni svakog dana da posmatraju muke ostalih, a u međuvremenu su pokušavali da ih nateraju da se zakunu u paganske idole. I zato što su izdržali i prokleli svoje mučitelje,

izazvali su gnev gomile, tako da su ih... podvrgli svakom zverstvu i svim mukama po redu.

Prošavši kroz šibu, nakon što su ga životinje izgrizle i nakon što su ga posadili na gvozdeno usijano sedište da mu sprže meso, Pontik je umro. Blandina, preživevši iste muke

> najzad je bačena u mrežu i izložena biku. Nakon što ju je životinja dugo bacala tamo-amo, ona više nije znala šta se događa... Tako je i ona prineta na žrtvu, a pagani su priznali da nijedna žena, koliko oni znaju, nije prošla kroz takve muke.[53]

Mada je Irenej nekako uspeo da izbegne hapšenje, osećao se obaveznim, zbog svoje veze sa uhapšenima, da obavesti hrišćane u Rimu o njihovim strašnim patnjama. Kad se vratio u Galiju, zatekao je zajednicu u žalosti: gotovo pedeset hrišćana je umrlo u toku dvomesečnog mučenja. Njega su ubedili da preuzme vođstvo zajednice, kao naslednik devedesetogodišnjeg biskupa Potina, koji je umro u zatvoru od mučenja i zime. Uprkos svemu ovome, Irenej ne izražava neprijateljstvo protiv svojih sugrađana, nego protiv gnostičkih »jeretika«. Poput Justina, napada ih kao »lažnu braću« koji su

> postali toliko drski da čak zasipaju prezirom mučenike i strogo osuđuju one koji su ubijeni zato što su se izjasnili za Gospoda, i koji... na taj način pokušavaju da idu stopama Gospodove muke, bivajući i sami svedoci onome koji je patio.[54]

Ovom izjavom je završio svoj podroban napad na valentinsko tumačenje Hristove muke. Osudivši kao bogohuljenje njihovu tvrdnju da je samo Hristova *ljudska* priroda iskusila mučenje, dok je njegova božanska priroda bila iznad toga, Irenej tvrdi

> *da je isto biće koje je uhvaćeno i mučeno, i prolivalo svoju krv za nas, u isto vreme Hrist i Sin Božji...* i on je postao Spasitelj onih koji će biti predati smrti što priznaju njega, i izgubiti svoje živote.[55]

Zaista, on dodaje, »ako neko pretpostavlja da su postojale dve prirode u Hristu«, ona koja je patila svakako je bila viša od one koja je izbegla patnje, ne doživevši ni povrede niti uvrede.« Na dan Strašnog suda, upozorava on, kada mučenici »dostignu slavu, tada će sve one koji su bacili ljagu na njihovo mučeništvo Hrist prokleti«.[56]

Tertulijan, drugi žestok protivnik jeresi, opisuje kako ga je prizor mučenih i umirućih hrišćana podstakao na njegovo lično preobraćenje: video je kako jednog osuđenog hrišćanina, koga su rimski čuvari obukli da liči na boga Atisa, živog rastržu u areni; drugog, obučenog kao Herkul, kako živog spaljuju. On priznaje da je i on jednom uživao u »groteksnim okrutnostima podnevnih predstava«.[57] posmatrajući jednog čoveka, obučenog kao bog Merkur, kako isprobava tela mučenih užarenim gvožđem, a jednog, obučenog kao Pluton, bog mrtvih, kako odvlači leševe iz arene. Posle sopstvenog preobraćenja, Tertulijan, kao Irenej, povezao je učenje o Hristovoj muci i smrti sa sopstvenim oduševljenjem za mučeništvo: »Moraš uzeti svoj krst i nositi ga kao tvoj Učitelj... jedini ključ za raj jeste krv tvog sopstvenog života.«[58] Tertulijan nalazi da se pojava jeresi tačno poklapa sa početkom progona. Ovo je, kaže on, nateralo preplašene vernike da potraže teološke argumente da bi opravdali svoj kukavičluk.

> Ovo je za hrišćane vreme progona. Kada je, stoga, vera u velikom previranju a crkva u plamenu... tad se pojavljuju gnostici: tada valentinci izmile; tada svi protivnici mučeništva izrone... jer oni znaju da su mnogi hrišćani jednostavni i neiskusni i slabi, i ... oni uviđaju da im se nikad neće diviti više nego kad strah otvori vrata duše, pogotovu kad je strahovlada već ukrasila krunom veru mučenika.[59]

Po njegovom mišljenju »jeretičnim« argumentima protiv mučeništva Tertulijan odgovara:

> Mi smo sada usred velike jare, pod samom zvezdom progona... oganj i mač su iskušali neke hrišćane, zveri su iskušale druge; neki su u zatvoru, žudeći za mučeništvom koje su već iskusili, budući da su ih već

tukli tojagama i mučili... Pošto smo već određeni za progon, mi sami smo kao zečevi koje opkoljavaju iz daljine — dok jeretici gledaju svoja posla![60]

Ova situacija, objašnjava on, podstakla ga je da kao jeretike napadne one »što se protive mučenišitvu, predstavljajući spasenje kao uništenje«, i ohrabrenje na mučeništvo nazivaju budalastim i okrutnim.

Hipolit, učeni grčki učitelj u Rimu, takođe je doživeo teror progona pod carem Severom 202. g. n. e. Kao što je to bio slučaj i sa Tertulijanom, Hipolitovo oduševljenje mučeništvom bilo je jednako njegovoj mržnji prema jeresi. On završava svoje obimno *Pobijanje svih jeresi* tvrdnjom da samo pravoverna doktrina o Hristovoj inkarnaciji i muci omogućuje verniku da izdrži progon:

> *Da on nema istu prirodu kao i mi, uzalud bi nam naređivao da oponašamo učitelja...* On se nije bunio protiv svoje muke, nego je do smrti bio pokoran... sada, u svim ovim delima, on je *ponudio, kao prve plodove, svoju ljudskost, da ne biste vi, kada ste u nevolji, bili obeshrabreni nego da biste, priznavši da ste kao iskupitelj,* živeli u očekivanju da će vam Otac dati ono što je dao Sinu.[61]

U svojim sedamdesetim godinama, Hipolitu se ostvarilo ono što je sam propovedao: uhapšen je po naređenju cara Maksimina 235. godine, deportovan je na Sardiniju, gde je umro.

Šta nam ovo pokazuje? Protivnici jeresi u drugom veku — Ignjatije Polikarp, Justin, Irenej, Tertulijan, Hipolit — jednodušni su u priznavanju Hristove muke i smrti i u potvrđivanju mučeništva. Ovi, takođe, optužuju jeretike za lažno učenje o Hristovoj patnji i za »protivljenje mučeništvu«. Irenej izjavljuje:

> *Crkva na svakom mestu zbog ljubavi koju gaji prema Bogu šalje kroz sva vremena mnoštvo mučenika Ocu; dok svi drugi ne samo da nemaju tako nešto čime bi se mogli pohvaliti nego čak smatraju da svedočenje (martyrium) nije uopšte potrebno...* Sa izuzetkom, možda, jednog ili dvojice među njima... koji su pokatkad, zajedno sa našim mučenicima, stradali zbog tog imena... jer samo crkva

može da izdrži u čistoti patnje onih koji su progonjeni zbog pravedne stvari, i izdržavaju sve vrste kazni i bivaju usmrćivani zbog svoje ljubavi prema Bogu i priznavanja njegovog Sina.[62]

Irenej ovde osporava gnosticima koji su umrli za veru čak i ime mučenika: u najboljem slučaju, oni su samo »neka vrsta pratnje« *pravih* mučenika, koji su pravoverni hrišćani.

Mada Irenej, bez sumnje, preteruje kad kaže da je bilo malo mučeništva među jereticima, istina je da je mučeništvo bilo retko među gnostičkim hrišćanima. Razlog tome nije jednostavno kukavičluk, kao što su tvrdili pravoverni, nego i razlike u mišljenjima među njima. Kakav su odnos gnostici imali prema mučeništvu i na kojim osnovama? Podaci iz Nag Hamadija pokazuju da su im pogledi bili zaprepašćujuće različiti. Neki su ga zastupali, drugi su ga iz principa odbijali. Valentinovi sledbenici su bili negde u sredini između ove dve krajnosti. Ali jedna stvar je jasna: u svakom slučaju, stav prema mučeništvu u vezi je sa tumačenjem Hristove patnje i smrti.

Neke grupe gnostika tvrdile su, kao i pravoverni, da je Hrist zaista patio i umro. Tvrdi se da su nekoliko tekstova otkrivenih u Nag Hamadiju, uključujući *Tajnu knjigu Jakovljevu, Drugu apokalipsu Jakovljevu* i *Apokalipsu Petrovu*, napisali učenici za koje se zna da su prošli kroz mučenje — Jakov, Isusov brat, i Petar. Pisac *Tajne knjige Jakovljeve*, verovatno hrišćanin iz drugog veka, koji je bio zabrinut zbog mogućeg progona, stavlja se u položaj Jakova i Petra. Dok očekuju mučenje i smrt, kaže on, njima se priviđa uskrsli Gospod, koji poredi njihove predstojeće muke sa svojima:

... Ako vas ugnjetava i progoni Satana, a vi vršite njegovu (Očevu) volju, ja (kažem) da će vas on voleti i učiniti vas ravnim meni... *Zar ne znate da ćete biti zlostavljani i optuživani nepravedno; i da ćete biti bačeni u tamnicu, i osuđeni nezakonito, i razapeti (bez) razloga, i sahranjeni (sramotno), kao što sam ja (bio)?*... Zaista vam kažem, niko neće biti spasen ako ne veruje u moj krst. Ali oni koji veruju u moj krst, njihovo je carstvo nebesko... Zaista vam kažem, niko ko se boji smrti neće biti spasen; *jer carstvo smrti pripada onima koji se prepuste smrti.*[63]

Gnostički pisac ne samo što tvrdi da je Hrist zaista patio i umro nego čak podstiče vernike da izaberu patnju i smrt. Poput Ignatija, ovaj gnostički učitelj veruje da se čovek identifikuje sa Hristom kroz patnju: »postanite kao Sin Svetog duha!«[64]

U *Drugoj apokalipsi Jakovljevoj* preovlađuje ista svest o progonu i slična analogija između vernikovog iskustva i Spasiteljeve muke. Spasitelj, »koji je živeo (bez) bogohuljenja, umro je od (bogohuljenja).«[65] Dok umire, on govori: »ja svakako umirem, ali naći ćete me živog.«[66] Apokalipsa dostiže vrhunac u okrutnom prizoru Jakovljevog mučenja i smrti kamenovanjem:

> ... sveštenici... su ga našli kako stoji pored stubova hrama, pored ogromnog kamena temeljca. I odlučiše da ga bace sa te visine, i baciše ga. I... sčepaše ga i (udaraše ga) dok su ga vukli po zemlji. Položili su ga na zemlju i stavili mu kamen na trbuh. Svi ga pritisnuše stopalima govoreći: »Grešio si!« Ponovo ga podigoše, jer je bio živ, i nateraše ga da iskopa rupu. Nateraše ga da stane u nju. Nakon što ga pokriše do stomaka, kamenovaše ga.[67]

Dok umire, izgovara molitvu čija je svrha da dâ snagu ostalim hrišćanima kojima predstoji mučeništvo. Poput Isusa, Jakov »svakako umire«, ali »biće pronađen živ.«

Dok su neki gnostici priznavali stvarnost Hristove muke i izražavali oduševljenje za mučeništvo, drugi su osporavali tu realnost i napadali takvo oduševljenje. *Svedočanstvo istine* kaže da vatreni zastupnici mučeništva ne znaju »ko je Hrist«:

> Budale — misleći udno duše da ako izjave: »Mi smo hrišćani« samo na rečima (ali) bez moći, predajući se neznanju, ljudskoj smrti, ne znajući kuda idu niti ko je Hrist, misleći da će živeti što (u stvari) nije tačno — hitaju u ruke vlastima, padaju u njihove kandže zbog svog neznanja.[68]

Pisac ismejava rašireno mišljenje da mučeništvo osigurava spasenje: da je to tako jednostavno, kaže on, *svako* bi priznao Hrista i bio spasen! Oni koji žive u takvim iluzijama

> (prazni) su mučenici, jer su svedoci samo sebi... Kad su »usavršeni« (mučeničkom) smrću, evo šta misle: »ako se predamo smrti zbog Imena, bićemo spaseni.« Te stvari se ne rešavaju na taj način... oni nemaju Reč koja daje (život).[69]

Ovaj gnostički pisac napada određena shvatanja mučeništva poznata iz pravovernih izvora. Prvo, on napada ubeđenje da mučenikova smrt donosi oproštaj grehova, mišljenje izraženo, na primer, u pravovernom opisu Polikarpovog mučeništva: »kroz mučeništvo od jednog sata oni kupuju za sebe večni život.«[70] I Tertulijan izjavljuje da i on želi da pati »kako bi od Boga dobio potpuni oproštaj u zamenu za svoju krv«.[71] Drugo, pisac ismejava pravoverne učitelje koji, kao Ignatije i Tertulijan, vide mučeništvo kao prinošenje žrtve Bogu i koji misle da Bog želi »ljudsku žrtvu«: takvo verovanje pravi od Boga ljudoždera. Treće, on napada one koji veruju da im mučeništvo obezbeđuje vaskrsenje. Rustik, rimski sudija, pita Justina samo nekoliko trenutaka pre nego što će izdati naređenje da ga pogube: »Slušaj, tebe smatraju obrazovanim... misliš li da ćeš se vazneti na nebo?« Justin odgovara: »Ja to ne *mislim*, nego ja to znam sigurno i potpuno sam u to ubeđen.«[72] Ali *Svedočanstvo istine* kaže da se takvi hrišćani samo »uništavaju« — oni su pogrešno mislili da je Hrist smrtan kao i oni, dok je on, u stvari, budući ispunjen božanskom moći, bio izvan patnje i smrti.

> Sin čovekov (došao je) iz neuništivosti, (budući) izvan skvrnjenja... sišao je u Had i izvršio moćna dela. Tamo je podigao mrtve... i takođe je uništio njihova dela među ljudima, tako da su hromi, slepi, oduzeti, nemi (i) demonom opsednuti izlečeni... stoga je (uništio) svoje telo sa (krsta) koji je (nosio).[73]

Apokalipsa Petrova otkriva kako Petar, poznat zbog svog pogrešnog razumevanja stvari, postaje prosvetljen i otkriva pravu tajnu Isusove muke. Pisac ove knjige, kao i pisac *Taj-*

ne knjige Jakovljeve, po svoj prilici je bio gnostički hrišćanin zabrinut zbog opasnosti progonjenja. Na početku *Apokalipse* »Petar« se boji da njemu i njegovom Gospodu preti ista opasnost: »... Gledao sam sveštenike i narod kako trče prema nama sa kamenicama kao da hoće da nas ubiju; ja sam se uplašio da ćemo umreti.«[74] Ali Petar pada u ekstatički zanos i priviđa mu se Gospod koji ga upozorava da će mnogi koji »prihvate naše učenje u početku«[75] pasti u zabludu. Ovi »lažni vernici« (naravno, lažni sa gnostičke tačke gledišta) predstavljaju pravoverne hrišćane. I svi koji padnu pod njihov uticaj »postaće njihovi zarobljenici, jer oni su lišeni moći opažanja«.[76]

Gnostički autor najviše zamera tim hrišćanima što nevinu sabraću u veri nateruju da idu »dželatu« — instrumentu rimske države — i veruju kako »će postati čisti«[77] ako se »čvrsto drže imena mrtvog čoveka« i priznaju raspetog Isusa. Autor kaže:

> »... To su oni koji ugnjetavaju braću govoreći im, ,Kroz ovo (mučeništvo) naš Bog pokazuje milost, jer nam iz toga dolazi spasenje.' Oni ne znaju kaznu za one koji se raduju kad ove male ljude proganjaju i zatvaraju.«[78]

Autor odbacuje pravovernu propagandu za mučeništvo — da mučeništvo vodi spasenju — i užasava se kad pravoverni izražavaju radost zbog nasilja učinjenog nad »malima«. Zajednica opšte crkve će na ovaj način biti »izraz okrutne sudbine«[79]; mnogi njeni vernici »biće samleveni«.[80]

Mada *Petrova apokalipsa* odbacuje pravoverno shvatanje mučeništva, ona se ne protivi mučeništvu potpuno: »neki od mučenika« (to jest, neki koji su dostigli *gnozu*) dolaze do novog razumevanja značenja svoje patnje; oni shvataju da će »ona usavršiti mudrost bratstva koje istinski postoji«.[81] Umesto učenja koje porobljava vernike — pravoverno učenje o raspetom Hristu — Spasitelj daje Petru već pomenutu novu viziju svoje muke:

> ...Onaj kog ste videli kako se smeje i raduje gore na krstu je živi Isus. A onaj u čije šake i stopala zakivaju eksere je njegov telesni deo, zamena. Oni su osramotili

ono što je ostalo umesto njega. I pogledajte njega i (pogledajte) mene!«[82]

Ova vizija pomaže Petru da se suoči sa patnjom. U početku, on se plašio da će Gospod »umreti«; sada shvata da samo telo i »telesni deo«, »zamena«, može umreti. Gospod objašnjava da je »prvobitni deo«, inteligentan duh oslobođen kako bi sastavio »savršenu svetlost sa mojim svetim duhom«.[83]

Gnostički tekstovi koje su pisali Valentin i njegovi sledbenici složeniji su od tekstova koji jednostavno potvrđuju Hristovu muku, kao i od onih koji tvrde da Hrist nije podnosio patnje, nego samo njegovo smrtno telo. Nekoliko važnih valentinskih tekstova otkrivenih u Nag Hamadiju jasno potvrđuju Hristovu muku i smrt. *Jevanđelje istine*, koje Kispel pripisuje Valentinu ili nekom njegovom sledbeniku, kaže da je Isus bio »prikovan za drvo«, »ubijen«.[84] Primenjujući uobičajenu hrišćansku metaforu, autor vidi raspetog Isusa kao plod na drvetu, nov »plod drveta znanja«, koje rađa život, ne smrt:

> »...prikovan za drvo; on je postao plod znanja *(gnoza)* Oca, koji, međutim, nije postao destruktivan, jer je (bio) pojeden, već je onima što su ga pojeli doneo radost zbog otkrića. Jer on ih je otkrio u sebi, i oni su otkrili njega u sebi...«[85]

Nasuprot pravovernim izvorima koji Hristovu smrt tumače kao žrtvu kojom se čovečanstvo iskupljuje za krivicu i greh, ovo gnostičko jevanđelje vidi raspeće kao priliku za otkrivanje čovekovog unutarnjeg božanskog ja. I pored drukčijeg tumačenja, *Jevanđelje Istine* daje dirljiv opis Hristove smrti:

> ... milosrdni, verni Isus, strpljivo je podnosio patnje ... jer on je znao da je njegova smrt život za mnoge ... On je prikovan za drvo ... On se spušta ka smrti mada ga večni život obujmljuje. Pošto je sa sebe skinuo uništive dronjke on oblači neuništivost...[86]

Trodelni traktat, izvanredan valentinski tekst, o Spasitelju govori kao o »onome koji će biti začet i koji će patiti«.[87] Podstaknut samilošću prema čovečanstvu, on je svojevoljno postao ono što su oni bili. Tako je zbog njih nedobrovoljno patio... ne samo da je uzeo na sebe smrt onih koje je nameravao da spase nego je takođe prihvatio njihovu sićušnost... dopustio je da bude začet i rođen kao dete telom i duhom.[88]

Ipak, Spasiteljeva priroda je paradoksalna. *Trodelni traktat* objašnjava da je onaj koji je rođen i koji je patio Spasitelj, čiji su dolazak predvideli hebrejski proroci; ono što nisu predvideli, jeste »ono što je on bio pre, i ono što je on večno, nezačeta, patnji nepodložna Reč, koja se ostvarila u telu«.[89] Slično tome, *Jevanđelje istine*, nakon što je opisalo Isusovu ljudsku smrt, nastavlja i kaže da

> Reč Očeva ulazi u sve... pročišćavajući, vraćajući sve u Oca, u Majku, u Isusa beskrajne nežnosti.[90]

Treći valentinski tekst, *Tumačenje gnoze*, izražava isti paradoks. Na jednoj strani, Spasitelj je postao podložan patnji i smrti; na drugoj, on je Reč, pun božanske moći. Spasitelj objašnjava: »Postao sam veoma mali da bih kroz svoju poniznost mogao vas ispeti na veliku visinu odakle ste pali.«[91]

Nijedan od ovih izvora ne osporava da je Isus, u stvari, patio i umro; svi to pretpostavljaju. Ipak, svi se trude da pokažu kako je Hrist, u svojoj inkarnaciji, prevazišao ljudsku prirodu kako bi pomoću božanske moći savladao smrt.[92] Na taj način valentinci započinju raspravu o problemu koji je zauzeo centralno mesto u hrišćanskoj teologiji nekih dve stotine godina kasnije — pitanje kako Hrist može istovremeno da bude čovek i božanstvo. Zbog toga ih Adolf fon Harnak, istoričar hrišćanstva, naziva »prvim hrišćanskim teolozima«.

Šta to znači za pitanje mučeništva? Irenej optužuje valentince da »zasipaju prezirom mučenike« i »bacaju ljagu na mučeništvo«. Kakav je njihov stav? Herakleon, istaknuti gnostički učitelj, i sam učenik Valentinov, neposredno govori o mučeništvu, komentarišući Isusove reci:

> »... Svakog ko priznaje mene pred ljudima Čovekov sin će takođe priznati pred anđelima Božjim; ali onaj ko me porekne pred ljudima biće poreknut pred anđelima Božjim... i kad vas izvedu pred vladare i vla-

sti, nemojte se brinuti kako ili šta da im odgovorite...«[93]

Herakleon razmatra pitanje šta znači »priznati Hrista«. On objašnjava da ljudi prizivaju Hrista na različite načine. Neki priznaju Hrista u svojoj veri i u svom svakodnevnom ponašanju. Međutim, većina ljudi prihvata samo drugu vrstu priznanja — verbalno priznanje (»ja sam hrišćanin«) pred sudom. To priznanje, kaže on, jeste ono što »mnogi« (pravoverni hrišćani) smatraju da je *jedino* priznanje. Ali, ističe Herakleon, »i hipokriti mogu učiniti takvo priznanje«. Ono što se traži od svih hrišćana, kaže on, jeste prva vrsta priznanja; druga vrsta se zahteva od nekih, ali ne od svih. Učenici kao Matej, Filip i Toma nisu nikad »priznali« pred sudom; ipak, kaže on, oni su priznavali Hrista na viši način, »u veri i ponašanju tokom celog svog života«.[94]

Imenujući ove učenike, koji su često gnostički posvećenici (kao u *Jevanđelju po Filipu* i *Jevanđelju po Tomi*), Herakleon ih implicitno stavlja iznad takvih mučenikaapostola kakav je Petar, koga su valentinci smatrali tipičnim pripadnikom »mnogih«, to jest samo *pravovernih* hrišćana. Da li on kaže da je mučeništvo u redu za obične hrišćane, ali nije neophodno za gnostike? Da li on nudi izgovor gnosticima za izbegavanje mučeništva ?

Ako to hoće da kaže, on izbegava da to neposredno izjavi: njegovi komentari ostaju dvosmisleni. Jer on kaže da, iako je priznavanje Hrista »u veri i ponašanju« univerzalnije, to prirodno dovodi do otvorenog priznanja na suđenju, »ako potreba i razum nalažu«. Šta čini takva priznanja »neophodnim« i »racionalnim«? Jednostavno da se optuženi hrišćanin ne može odreći Hrista pred sudijom: u takvom slučaju Herakleon dopušta, verbalno priznanje je neophodna i racionalna alternativa odricanju.

Ipak, Herakleon definiše stav prema mučeništvu koji se potpuno razlikuje od stava njegovih pravovernih savremenika. On ne deli njihovo oduševljenje za mučeništvo, niti njihove hvale »slavne pobede« zadobijerie smrću. Iznad svega, on nikad ne kaže da patnja vernika podražava Hristovu. Jer ako je samo ljudski elemenat u Hristu iskusio patnju, to znači i vernik pati samo kao čovek, dok božanski duh u njemu prevazilazi patnju i smrt. Očigledno, valentinci su smatrali da je mučeništvo »krvavo svedočenje« drugo po redu — posle superiornog *gnostičkog* svedočenja Hrista. Ovaj stav je, po svoj prilici, izazvao Irenejev gnev i tvrdnju da ovi gnostici »pokazuju prezir« prema mučenicima i obezvređuju ono što on smatra »najvišom žrtvom«.

Mada Irenej priznaje da gnostici pokušavaju da podignu nivo teološkog razumevanja, on izjavljuje da »oni ne mogu izvršiti reformu koja bi mogla nadoknaditi štetu koju čine«.[95] Po njegovom mišljenju, svaki argument koji bi hrišćani mogli koristiti da izbegnu mučeništvo podriva solidarnost cele hrišćanske zajednice; Umesto da se poistovećuju sa onima u tamnici koje očekuje mučenje ili pogubljenje, gnostički hrišćani uskraćuju podršku onima koje smatraju suviše revnosnim i neprosvećenim fanaticima. Takvi postupci služe, kaže Irenej, »da se na komade iseče veliko i slavno telo Hristovo (crkva) i... uništi...«[96] Da bi se sačuvalo jedinstvo, potrebno je da svi hrišćani priznaju Hrista, »progonjenog pod Pontijem Pilatom, raspetog, mrtvog i sahranjenog«, implicitno potvrđujući potrebu »krvavog svedočenja« koje podražava njegovu muku.

Zašto je prevladalo pravoverno shvatanje o mučeništvu kome je uzor Hristova smrt? Smatram da je progon podstakao stvaranje organizovane crkvene strukture, koja se razvila krajem drugog veka. Da bismo ovo pitanje stavili u savremeni kontekst, zamislimo šta preostaje disidentima suočenim sa masivnim i moćnim političkim sistemom: oni pokušavaju da objave slučajeve nasilja i nepravde da bi izazvali podršku svetskog javnog mnenja. Mučenje i pogubljenje male grupe ljudi poznato samo njihovim rođacima i prijateljima brzo pada u zaborav, ali slučajevi disidenata naučnika, pisaca, Jevreja, hrišćanskih misionara mogu da izazovu pažnju međunarodne zajednice onih koji se poistovećuju sa žrtvama bilo na profesionalnom ili religijskom planu.

Postoji, naravno, velika razlika između stare i sadašnje taktike. Danas, cilj takvog publiciteta je da se izvrši pritisak i da se oslobode mučeni i zatvoreni. Branitelji, kakav je bio Justin, obraćali su se rimskim vlastima buneći se protiv nepravednog postupka prema hrišćanima i tražeći da se s tim prestane. Ali hrišćani su pisali priče o mučenicima u drukčije svrhe i za drukčiju publiku. Oni su pisali isključivo za druge hrišćanske crkve, ne u nadi da se prekine progon, nego da ih upozore na zajedničku opasnost, da ih ohrabre da podražavaju »slavnu pobedu« mučenika, i da učvrste zajednice iznutra kao i u međusobnim odnosima. Stoga, u drugom i trećem veku, kad je rimsko nasilje ugrožavalo hrišćanske grupe u udaljenim oblastima Carstva, ti događaji su prenošeni hrišćanima širom tad poznatog sveta. Ignatije, osuđen na pogubljenje u rimskoj areni, na svom poslednjem putovanju pisao je pisma mnogim provincijskim crkvama u kojima je opisivao svoj položaj i podsticao ih da podrže opštu crkvu organizovanu oko biskupa. Upozorio ih je da, pre svega, izbegavaju jeretike koji zaobilaze vlast biskupa i odstupaju od pravovernih doktrina o Hristovoj muci, smrti i vaskrsenju. Njegova pisma hrišćanima u Rimu, koje nije poznavao, svedoče o efikasnosti takvog načina opštenja: Ignatije je bio siguran da će oni intervenisati da spreče njegovo pogubljenje ako im on dopusti da to učine. Kasnije, kad je nekih pedeset hrišćana uhapšeno u Lionu i Vijenu juna 177, oni su odmah pisali »našoj braći iste vere u Aziji i Frigiji«, opisali su svoju patnju i poslali Ireneja da izvesti već ustoličenu crkvu u Rimu.

Pod uticajem zajedničke opasnosti, pripadnici hrišćanskih grupa razbacanih po celom svetu sve više su se dopisivali i putovali od jedne do druge crkve. Priče o mučenicima, često uzete iz zapisnika sa njihovih suđenja i dobijene od očevidaca, kružile su među crkvama u Aziji, Africi, Rimu, Grčkoj, Galiji i Egiptu. Pomoću takvih veza pripadnici različitih crkava postali su svesni da su regionalne razlike prepreka njihovoj tvrdnji da pripadaju jednoj opštoj crkvi. Kao što je ranije napomenuto, Irenej je tvrdio da se sve crkve širom sveta moraju slagati u svim bitnim tačkama doktrine. Ali čak je i on bio zaprepašćen kada je Viktor, rimski biskup, pokušao da regionalne crkve načini još jednoobraznijim. Godine 170. Viktor je zahtevao da hrišćani u Maloj Aziji ili napuste tradicionalno proslavljanje Uskrsa na dan Pashe i priklone se rimskom običaju, ili da se odreknu tvrdnje da su »opšti hrišćani«. U isto vreme, rimska crkva je sastavljala definitivan spisak knjiga koje će prihvatiti sve hrišćanske crkve. Sve slojevitiji redovi institucionalne hijerarhije učvrstili su zajednicu iznutra i ujednačili način opštenja sa onim što Irenej naziva »opšta crkva razasuta po celom svetu, sve do kraja sveta« — mreža grupa koja je postajala sve jednoobraznija u pogledu doktrine, obreda, kanona i političke strukture.

Izveštaji o okrutnostima prema hrišćanima izazivali su oprečna osećanja među ljudima izvan tog kruga. Čak i oholi Takit, opisujući kako je Neron ismevao hrišćane i mučio ih do smrti, podstaknut je da doda:

> Čak prema zločincima koji zaslužuju krajnju i primernu kaznu pojavilo se saosećanje; jer oni nisu, kao što se činilo, bili uništavani za javno dobro, nego da se zasiti okrutnost jednog čoveka.[97]

Posle pokolja u areni, neki građani Liona su hteli da unakaze leševe, neki su ismevali mučenike kao budale, dok su neki, »kao da su pokazivali izvesno saosećanje«, razmišljali o tome šta je izazvalo njihovu hrabrost: Kakva je to prednost koju im je dala njihova religija, a koju oni više vole nego svoj život?«[98] Nema sumnje da je progon zaplašio mnoge i naterao ih da izbegavaju dodir sa hrišćanima, ali i Justin i Tertulijan kažu da je prizor mučenika izazvao čuđenje i divljenje, što je navelo ljude da se raspitaju o pokretu, a onda da mu se priključe. Obojica potvrđuju da se to mnogima dogodilo. (Kao što Justin primećuje: »Što se više takve stvari događaju, to sve više i drugi, u sve većem broju, postaju vernici.«)[99] Tertulijan piše prkoseći Skapuli, prokonzulu Kartagine:

> Tvoja okrutnost je naša slava... sve koji su svedoci plemenitog strpljenja (mučenika) obuzima sumnja, i gore od želje da ispitaju stanje... i čim saznaju istinu, odmah se upisuju u njene učenike.[100]

On se hvali rimskom tužiocu da »što nas češće sravnjujete sa zemljom, sve nas je veći broj: krv hrišćana je seme!«[101] Oni koji su se slagali sa pravovernom doktrinom i politikom crkve pripadali su crkvi, koja je — priznajući raspetog Hrista — postala istaknuta i zbog svojih mučenika. S druge strane, grupe gnostičkih hrišćana bile su razbacane i izgubljene; one su se protivile pristajanju na doktrinu, stavljale u pitanje vrednost »krvavog svedočenja« i često se protivile priklanjanju episkopskoj vlasti.

Najzad, u opisivanju Hristovog života i njegove muke pravoverno učenje je pružalo sredstvo za tumačenje fundamentalnih elemenata ljudskog postojanja. Odbacujući gnostičko mišljenje da je Isus bio duhovno biće, pravoverni su isticali da je on, kao i ostalo čovečanstvo, bio rođen, živeo u porodici, bivao gladan i umoran, jeo i pio vino, patio i umro. Čak su išli tako daleko da su tvrdili da se *fizički* digao iz mrtvih. Kao što vidimo, u tome opet pravoverno predanje implicitno potvrđuje fizičko iskustvo kao bitnu činjenicu ljudskog života. Što čovek čini fizički — jede, pije, živi seksualnim životom ili ga izbegava, spasava svoj život ili ga se odriče — sve su to bitni elementi u čovekovom *religijskom* razvoju. Ali gnostici, koji su smatrali »unutrašnji duh« bitnim delom svake osobe, odbacivali su takvo fizičko iskustvo, bilo da je prijatno ili bolno, kao odvraćanje od duhovne realnosti — u stvari, kao iluziju. Zato nije čudno što se mnogo više ljudi poistovećivalo sa pravovernom slikom nego sa »bestelesnim duhom« gnostičkog predanja. Ne samo mučenici nego svi hrišćani koji su podnosili patnje tokom dve hiljade godina, koji su se plašili smrti i bili suočeni s njom, našli su potvrdu vrednosti svog iskustva u priči o *ljudskom* Isusu.

Glava peta
ČIJA JE CRKVA »PRAVA CRKVA«?

U toku gotovo dve hiljade godina hrišćanska crkva je sačuvala i poštovala pravoverne spise koji su osuđivali gnostike, dok je potiskivala i, u stvari, uništavala — gnostičke spise. Sada, prvi put, neki tekstovi otkriveni kod Nag Hamadija otkrivaju drugu stranu medalje: kako su gnostici osuđivali pravoverne.[1] *Druga rasprava velikog Seta* polemiše protiv pravovernog hrišćanstva suprotstavljajući mu »pravu crkvu« gnostika. Govoreći u ime onih koje naziva sinovima svetlosti, pisac kaže:

> ... mrzeli su nas i progonili ne samo oni koji su neznalice (pagani) nego i oni koji misle da uzdižu ime Hristovo, jer nisu bili svesni da su prazni, nisu znali ko su, kao glupe životinje.[2]

Spasitelj objašnjava da su te osobe napravile imitaciju prave crkve, »objavivši doktrinu mrtvog čoveka, i laži, da bi to ličilo na dobrotu i čistotu savršene crkve *(ekklesia)*«[3]. Takvo učenje, optužuje autor, miri svoje pristalice sa strahom i ropstvom podstičući ih da se priklone zemaljskim predstavnicima tvorca sveta, koji, u svojoj praznoj »slavi«, izjavljuje: »Ja sam Bog i ne postoji drugi osim mene.«[4] Takve osobe proganjaju one koji su dostigli oslobođenje kroz *gnozu*, pokušavajući da ih odvuku od »istine njihove slobode«.[5]

Petrova apokalipsa opisuje, kao što je ranije naznačeno, hrišćane opšte crkve kao one koji su dopali »pogrešnog imena i u ruke zlog, podmuklog čoveka čije učenje ima mnoge oblike«,[6] dopuštajući da njima vladaju jeretici. Jer, dodaje autor, oni hule na istinu i objavljuju zlo učenje. I oni govore loše stvari jedan o drugom... o mnogim drugima... oni se protive istini i vesnici su greške... protivstavljaju svoju grešku čistim mislima mojim...«[7]

Autor analizira svaku karakteristiku vođa pravoverne crkve.[8] Oni ugnjetavaju svoju braću i crkvu, što je dokaz da je to samo imitacija, lažna crkva, »sestrinstvo« koje oponaša pravo hrišćansko bratstvo. U svojoj slepoj drskosti, takvi hrišćani tvrde da imaju isključivu legitimnost: »neki koji ne razumeju tajnu govore o stvarima koje ne razumeju, ali će se hvalisati da tajna istine pripada samo njima«.[9] Njihovo pokoravanje biskupima i đakonima pokazuje da oni »pristaju na blaćenje onih koji su postigli *gnozu*«.

Svedočanstvo istine napada crkvene hrišćane kao one koji kažu »mi smo hrišćani«, ali »koji (ne znaju ko je) Hrist«.[10] Međutim, taj isti autor napada i druge gnostike, među njima sledbenike Valentinove, Bazilidove i Simonove, kao braću koja su još nezrela. Još jedan tekst iz Nag Hamadija, *Autoritativno učenje*, ima za cilj da uništi svako učenje, naročito pravoverno, koje autor smatra *ne*autoritativnim. Kao Irenej — ali dijametralno suprotno — on kaže da su »oni koji se prepiru s nama kao protivnici«,[11] »trgovci telima«,[12] glupi, neznalice, gori od pagana, zato što nemaju opravdanje za svoju grešku.

Gorčina ovih napada na »lažnu crkvu« verovatno ukazuje na kasniju etapu sukoba. Već 200. godine snage su bile jasno podeljene: i pravoverni gnostički hrišćani tvrdili su da predstavljaju pravu crkvu i optuživali jedni druge da su nepripadnici, lažna braća i hipokriti.

Kako je vernik mogao da raspozna prave hrišćane od lažnih? Pravoverni i gnostički hrišćani davali su različite odgovore, svaka je grupa pokušavala da definiše crkvu na način koji isključuje drugu stranu. Gnostički hrišćani, tvrdeći da predstavljaju samo »nekolicinu«, podvlačili su kriterijume zasnovane na kvalitetu. Buneći se protiv većine, tvrdili su da se krštenjem ne postaje hrišćanin: prema *Jevanđelju po Filipu*, mnogi ljudi »potapaju se u vodu i izlaze ne primivši ništa«,[13] a ipak tvrde da su hrišćani. Niti su ispovedanje vere, niti čak mučeništvo smatrani kao dokaz: »svako to može učiniti«. Iznad svega, odbijali su da poistovećuju crkvu sa stvarnom, vidljivom zajednicom, koja, upozoravaju oni, često crkvu samo podražava. Umesto toga, navodeći izreku Isusovu, »poznaćete ih po plodovima«, oni su zahtevali dokaz duhovne zrelosti, koji će pokazati da osoba pripada pravoj crkvi. Ali krajem drugog veka, pravoverni hrišćani su počeli da određuju objektivne kriterijume za pripadanje crkvi. Svako ko je ispovedao veru, prihvatao obred krštenja, učestvovao u bogosluženju, i pokoravao se sveštenstvu, bio je prihvaćen kao sabrat hrišćanin. Da bi ujedinili različite crkve razbacane po svetu u jedinstvenu organizaciju, biskupi su odbacili kriterijum za članstvo u crkvi zasnovan na kvalitetu. Procenjivanje svakog kandidata na osnovu duhovne zrelosti, uvida u stvari ili lične svetosti, kao što su činili gnostici, zahtevalo bi mnogo složeniju administraciju. Pored toga, to bi isključivalo mnoge kojima je bilo veoma potrebno ono što je crkva mogla da pruži. Da bi postala zaista *katolička* (opšta), crkva je odbacila sve oblike elitizma u pokušaju da obuhvati što je moguće veći broj u svoje krilo. U tom nastojanju, njene vođe su stvorile jasan i prost okvir u koji su ulazili doktrina, obred i politička struktura, što se pokazalo kao zadivljujuće efikasan sistem organizacije.

Tako pravoverni Ignatije, antiohijski biskup, svoju definiciju crkve zasniva na biskupu kao predstavniku tog sistema:

> Neka niko ne čini ništa što se odnosi na crkvu bez biskupa. Neka se smatra važećim pričešće ono koje je obavio biskup ili osoba koju je on naimenovao... Gde god biskup obavlja (pričešće), neka pastva bude prisutna, kao što je opšta crkva svud gde je Isus Hrist.[14]

Da ne bi neki »jeretik« tvrdio da Hrist može biti prisutan čak i kad je biskup odsutan, Ignatije ga ne ostavlja u zabludi:

> Nezakonito je krštavati ili prirediti *agape* (obredni obed) bez biskupa... pridružiti se biskupu jeste pridružiti se crkvi; odvojiti se od biskupa jeste odvojiti se ne samo od crkve nego i od samog Boga.[15]

On tvrdi da izvan crkvene hijerarhije »nema ničeg što se može nazvati crkvom«.[16]

Irenej, lionski biskup, slaže se s Ignatijem da je jedina prava crkva ona koja »održava isti oblik crkvenog ustrojstva«:

Prava *gnoza* se sastoji od doktrine apostola i starog ustrojstva *(systema)* crkve širom sveta, i karaktera Hristovog tela prema predanju biskupa, pomoću kojeg su oni preneli ono što postoji svugde.[17]

Samo taj sistem, kaže Irenej, stoji na »stubu i osnovi« onih apostolskih spisa kojima on pripisuje apsolutan autoritet — iznad svega, Jevanđelja Novog zaveta. Svi ostali su lažni i nepouzdani, neapostolski i verovatno su ih sastavili jeretici. Samo opšta crkva nudi »potpun sistem doktrine«,[18] proglašavajući, kao što smo videli, jednog Boga, tvorca i oca Hristovog, koji se otelotvorio, patio, umro i fizički se podigao iz mrtvih. Izvan te crkve nema spasenja: »ona je ulaz u život; svi drugi su lopovi i pljačkaši«.[19] Kao govornik božje crkve, Irenej tvrdi da oni koje on naziva jereticima stoje izvan crkve. Svi koji odbacuju njegovu verziju hrišćanske istine su »lažne osobe, zli zavodnici i hipokriti«, koji »govore mnoštvu o onima u crkvi koje oni nazivaju katolicima ili eklezijasticima.«[20] Irenej kaže da on čezne »da ih vrati crkvi Božjoj«[21] — jer ih smatra otpadnicima, gorim od pagana.

Nasuprot tome, gnostički hrišćani tvrde da ono po čemu se razlikuje prava od lažne crkve nije njen odnos prema sveštenstvu, nego nivo razumevanja njenih pripadnika i kvalitet njihovih međusobnih odnosa. *Petrova apokalipsa* kaže da »oni koji su iz života... pošto su prosvetljeni«,[22] sami umeju da razlikuju šta je pravo a šta lažno. Pripadajući »ostatku... privučeni znanjem *(gnoza)*«,[23] oni niti pokušavaju da vladaju drugima niti se pokoravaju biskupima i đakonima, tim »bezvodnim kanalima«. Umesto toga, oni učestvuju u »mudrosti bratstva koje stvarno postoji... u duhovnom drugarstvu sa onima ujedinjenim u pričesti«.[24]

Druga rasprava o velikom Setu slično kaže da ono što karakteriše pravu crkvu jeste zajedništvo njenih pripadnika s Bogom, kao i njihovo međusobno zajedništvo, »ujedinjeni prijateljstvom večitih prijatelja, koji ne znaju ni za neprijateljstvo niti za zlo, nego su ujedinjeni mojom *gnozom*... u prijateljstvu jedan s drugim«.[25] Oni su bliski kao da su u braku, »duhovnom venčanju«, jer žive »u očinstvu i materinstvu i racionalnom bratstvu i mudrosti«[26] kao oni što se vole kao »srodne duše«.[27]

Takve eterične vizije »nebeske crkve« u oštroj su oprečnosti sa ovozemaljskom slikom crkve koju nude pravoverni izvori. Zašto gnostički autori napuštaju konkretnost i u opisivanju crkve prepuštaju se fantaziji i mašti? Neki naučnici kažu da su oni razumevali malo a marili još manje za društvene odnose. Karl Andresen, u svojoj nedavnoj obimnoj studiji rane hrišćanske crkve, naziva ih religijskim »solipsistima«, koje je zanimao samo njihov lični duhovni razvoj, koji su bili ravnodušni prema odgovornosti crkve u odnosu na zajednicu.[28] Ali gore navedeni izvori nam pokazuju da se gnostička definicija crkve *upravo* zasniva na kvalitetu međusobnih odnosa njenih članova.

Pravoverni pisci su opisivali crkvu na konkretan način zato što su prihvatali status quo: drugim rečima oni su potvrđivali da postojeća zajednica ljudi udruženih u bogosluženju *jeste* »crkva«. Gnostički hrišćani se s tim nisu slagali. Suočeni sa pripadnicima crkava koje su smatrali neznalicama, oholim i sebičnim, oni nisu hteli da se slože da celokupna zajednica vernika, bez daljih ograničenja, čini »crkvu«. Odvajajući se od većine svojim stavom prema pitanjima kao što je mučeništvo, gnostici su odlučili da naprave razliku između mase vernika i onih koji zaista imaju *gnozu,* između onog što su nazivali imitacijom ili lažju, i prave crkve.

Razmotrimo, na primer, kako su određene rasprave sa drugim hrišćanima naterale čak i Hipolita i Tertulijana, ta dva vatrena protivnika jeresi, da formulišu ovu definiciju crkve. Hipolit je delio mišljenje svog učitelja Tertulijana, po kome je crkva jedini čuvar istine. Poput Ireneja, Hipolit je kao istinu definisao ono što — na osnovu kanona i crkvene doktrine — garantuje apostolsko nasleđe. Ali Hipolit je žučno protestovao kad je đakon, po imenu Kalist, bio izabran za biskupa njegove crkve u Rimu. On je razglasio priču o skandalu, bacajući ljagu na Kalistovo poštenje:

> Kalist je bio rob Karpofora, hrišćanina zaposlenog u carskoj palati. Karpofor je Kalistu, kao čoveku od vere, poverio nemalu sumu novca i naložio mu da izvuče profit kao bankar. On je uzeo novac i započeo posao kod Riblje pijace. Vremenom, veliki broj udovica i

braće poveravao mu je novac. Međutim, Kalist je proneverio novac i zapao u finansijske teškoće.[29]

Kad je Karpofor to čuo, tražio je od njega obračun, ali, kaže Hipolit, Kalist se sakrio i pobegao: »pronašavši lađu u luci spremnu za putovanje, ukrcao se u nameri da otplovi bez obzira kud lađa ide«.[30] Kada je njegov gospodar u potrazi za njim stigao na brod, Kalist je znao da je uhvaćen, i u očajanju je skočio u vodu. Kada su ga mornari, podsticani gomilom na obali, spasli protiv njegove volje, predat je Karpoforu, vraćen u Rim i poslat na robiju. Očigledno, Hipolit je pokušavao da objasni zašto je Kalist bio mučen i hapšen, jer su ga mnogi poštovali kao mučenika. Hipolit je tvrdio da je on zločinac. Hipolit je, takođe, bio protiv Kalistovih pogleda na Trojstvo, smatrao Kalistovu politiku davanja oproštaja grehova seksualnih prestupa zaprepašćujuće »labavom«. I optuživao je Kalista, bivšeg roba, što je dozvoljavao vernicima da ozakonjuju veze sa sopstvenim robovima priznajući ih kao punovažne brakove.

No Hipolit se našao u manjini. Većina rimskih hrišćana poštovala je Kalista kao učitelja i mučenika, odobravala njegovu politiku i izabrala ga za biskupa. Pošto je Kalist bio sad poglavar rimske crkve, Hipolit je odlučio da prekine vezu s njom. Čineći to, upotrebio je protiv biskupa istu polemičku tehniku kojoj ga je Irenej naučio da se služi protiv gnostika. Kao što je Irenej izdvajao izvesne grupe hrišćana kao jeretike i nazivao ih prema imenima njihovih učitelja (»valentinci«, »simonci«, itd.), tako je i Hipolit optužio Kalista da propoveda jeres, a njegove sledbenike nazvao »kalistinci« — kao da su oni sekta odvojena od »crkve«, koju je Hipolit tvrdio da predstavlja.

Kako je Hipolit mogao da opravda svoju tvrdnju da predstavlja crkvu kad su on i njegove malobrojne pristalice napadali veliku većinu rimskih hrišćana i njegovih biskupa? Hipolit je objašnjavao da većina »samozvanih hrišćana« nije sposobna da živi prema standardu *prave* crkve, koja se sastojala od »zajednice onih koji žive u svetosti«. Pošto je odbio da prizna crkvu kroz njenu zvaničnu hijerarhiju, on ju je kao i njegovi gnostički protivnici, okarakterisao prema duhovnim kvalitetima njenih pripadnika.

Tertulijanov slučaj je još dramatičniji. Sve dok je sebe nazivao »katoličkim hraśćaninom«, Tertulijanova definicija crkve se poklapala sa Irenejevom. U delu *Preventivna zamerka jereticima* Tertulijan je izjavio da samo njegova crkva sadrži apostolska pravila vere, poštuje kanon Biblije i sadrži potvrdu apostolskog nasleđa ispoljenu u crkvenoj hijerarhiji. Kao i Irenej, Tertulijan je optuživao jeretike za kršenje svih ovih pravila. On se žali da su oni jednostavno odbili da prihvate i veruju u pravilo vere što su drugi učinili: umesto toga, tražili su od drugih da postavljaju teološka pitanja na koja sami nisu imali odgovor,

> budući spremni da iskreno kažu za neke tačke svog verovanja »ovo nije tačno«, i »ja ovo drukčije razumem«, i »ja to ne priznajem«.[31]

Tertulijan upozorava da postavljanje takvih pitanja vodi u jeres: »ovo pravilo učio je Hrist, i ako ga dovodimo u pitanje, činimo upravo ono što čine jeretici i što dovodi do jeresi!«[32] On, takođe, optužuje jeretike da se ne drže slova Novog zaveta: oni mu ili dodaju druge spise ili stavljaju u pitanje pravoverno tumačenje ključnih tekstova.[33] Dalje, kao što je već napomenuto, on osuđuje jeretike što su »tabor buntovnika«, koji je odbio da se pokori autoritetu biskupa. Govoreći u prilog strogoj hijerarhijskoj poslušnosti i pokoravanju, on zaključuje da je »dokaz strože discipline među nama još jedan dokaz istine«.[34]

Tako govori katolik Tertulijan. Ali, na kraju svog života, kada ga je njegova silna revnost navela da prekine sa pravovernom zajednicom, on ju je odbacio i obeležio kao crkvu samo »apstraktnih« hrišćana. Prišao je montanističkom pokretu koji su njegove pristalice nazivale »novim proročanstvom«, tvrdeći da ih inspiriše Sveti duh. U to vreme, Tertulijan je počeo da pravi opštu razliku između empiričke crkve i duhovnog viđenja crkve. Više nije definisao crkvu na osnovu crkvene organizacije, nego samo pomoću duha koji je posvećivao pojedinačne pripadnike. On prekoreva katoličku zajednicu kao »crkvu određenog broja biskupa«:

> Jer sama crkva, tačno i u principu, jeste duh u kome je trojstvo jednog božanstva, Otac, Sin i Sveti duh... cr-

kva se okuplja tamo gde je Gospod odredio — duhovna crkva za duhovne ljude — a ne crkva određenog broja biskupa![35]

Šta je navelo disidente univerzalnog hrišćanstva na ovako vizionarske opise crkve? Da li su njihove vizije visile »u vazduhu« zato što su ih interesovale teorijske spekulacije? Naprotiv, njihovi motivi su bili ponekad tradicionalni i polemični, a takođe ponekad i politički. Bili su ubeđeni da »vidljiva crkva« — stvarna mreža zajednica univerzalnih hrišćana — ili od početka nije valjala, ili se kasnije pokvarila. Nasuprot tome, prava crkva je »nevidljiva«: samo njeni pripadnici znaju ko joj pripada a ko ne pripada. Namera disidenata je bila da svoju ideju o nevidljivoj crkvi suprotstave tvrdnjama onih koji su govorili da predstavljaju opštu crkvu. Martin Luter je načinio isti potez hiljadu i trista godina kasnije. Kad se njegova odanost katoličkoj crkvi pretvorila u kritiku, zatim u odbacivanje, počeo je da tvrdi, zajedno sa ostalim protestantskim reformatorima, da je prava crkva nevidljiva — to jest, nije istovetna s katolicizmom.

Gnostički autor *Svedočanstva istine* složio bi se s Luterom, ali je otišao mnogo dalje. On odbacuje kao pogrešna sva obeležja crkvenog hrišćanstva. Poslušnost prema svešteničkoj hijerarhiji zahteva od vernika da se pokoravaju »slepim vodičima«, čija vlast dolazi od zlonamernog tvorca. Pokoravanje pravilu vere pokušava da ograniči sve hrišćane na jednu inferiornu ideologiju: »Oni kažu, '(Čak i ako anđeo) dođe s neba, i propoveda vam nešto što vam mi ne propovedamo, neka bude proklet!'«[36] Verovanje u svetu tajnu pokazuje naivno i mađijsko mišljenje: univerzalni hrišćani obavljaju krštenje kao obred posvećenja, koji im osigurava »nadu za spasenje«,[37] u uverenju da su samo oni koji su kršteni »određeni za život«.[38]

Protiv takvih »laži« gnostici objavljuju da »stoga je ovo pravo svedočenje: kad čovek spozna sebe, i Boga, koji je iznad istine, biće spasen.«[39] Samo oni koji uvide da žive u neznanju i nauče da se oslobode otkrivanjem ko su, doživljavaju prosvetljenje kao nov život, kao »vaskrsenje«. Fizički obredi kao što je krštenje postaju nevažni, jer »krštenje istinom« je nešto drugo: ono se nalazi samo odricanjem od sveta.[40]

Protiv onih koji tvrde da imaju isključiv pristup istini, onih koji se pokoravaju zakonu i vlasti i koji veruju u obred, ovaj autor iznosi svoju viziju: »Ko god je u stanju da ih se odrekne (novca i polnog opštenja) pokazuje (da) je on (iz) generacije (Sina Čovekovog), i da ima moć da optuži (njih).«[41] Kao Hipolit i Tertulijan, ali radikalnije od obojice, ovaj učitelj uzdiže polno uzdržavanje i ekonomsko odricanje kao obeležja pravog hrišćanina.

Autoritativno učenje, još jedan tekst koji je otkriven kod Nag Hamadija, takođe žestoko napada univerzalno hrišćanstvo. Pisac saopštava priču o duši koja je došla s neba, iz »punoće bića«,[42] ali kad je ona »bačena u telo«[43], osetila je čulnu želju, strasti, mržnju i zavist. Alegorija se očigledno odnosi na borbu duše pojedinca protiv strasti i greha; ipak, jezik te priče ukazuje i na šire društveno značenje. Priča govori o borbi onih koji su duhovni, bliski duši (s kojima se autor poistovećuje), protiv onih koji su u suštini strani njoj. Pisac objašnjava da su neki koji su se zvali »naša braća«, koji su tvrdili da su hrišćani, u stvari bili nepripadnici. Mada im je »reč bila propovedana«[44] i oni su čuli »zov«[45] i vršili činove bogosluženja, ti samozvani hrišćani bili su »gori nego... pagani«,[46] koji su imali izgovor za svoje neznanje.

Za šta gnostik optužuje ove vernike? Prvo, da »ne tragaju za Bogom«.[47] Gnostik shvata Hristovu poruku ne kao nuđenje zbira odgovora, nego kao ohrabrenje da se upusti u proces traženja: »tragaj i istražuj staze kojima bi trebalo da ideš, jer ništa drugo nije tako dobro«.[48] Racionalna duša čezne da

> vidi svojim umom, vidi svoje bližnje i sazna o svom korenu... kako bi mogla primiti ono što je njeno...[49]

Kakav je ishod? Autor izjavljuje da duša postiže ispunjenje:

> ... racionalna duša koja se zamorila tragajući — saznala je o Bogu. Naprezala se istražujući, podnoseći telesne tegobe, zamarajući noge idući za jevanđelistima, učeći o Onome koji je Nedokučiv... Ona se odmarala u onome koji je smiren. Ona je ležala u bračnoj sobi. Jela je hranu sa gozbe za kojom je žudela... Našla je što je tražila.[50]

Gnostici idu njenim putem. Ali hrišćani negnostici »ne traže«:

... Oni — koji su neznalice — ne tragaju za Bogom... ne istražuju o njemu. Nerazuman čovek čuje zov, ali ne zna kuda ga zovu. I on nije pitao, za vreme propovedi, »Gde je hram u koji treba da idem i da se molim?«[51]

Oni koji jedino veruju propovedi koju čuju, ne postavljajući pitanja, i koji prihvataju ponuđeno bogosluženje, ne samo da ostaju neznalice, nego »ako naiđu na nekoga ko se raspituje za spasenje«,[52] odmah preduzimaju korake da ga cenzurišu i ućutkaju.

Drugo, ti »neprijatelji« tvrde da su oni »pastir« duše:

... Oni nisu shvatili da ona ima nevidljivo duhovno telo; oni misle »mi smo njen pastir koji je hrani.« Ali oni nisu shvatili da ona zna drugi način koji je skriven od njih. Taj njen pravi pastir učio je nju *gnozi*.[53]

Upotrebljavajući uobičajenu reč za biskupa (*poimen,* »pastir«), autor očigledno misli na pripadnike sveštenstva: oni nisu znali da je gnostički hrišćanin imao direktan pristup Hristu, istinskom pastiru duše, i nije mu bilo potrebno njihovo vodstvo. Niti su ti takozvani pastiri shvatili da prava crkva nije vidljiva (kao zajednica kojom oni upravljaju), nego da »ona ima nevidljivo, duhovno telo«[54] — što znači njoj pripadaju samo oni koji su duhovni. Samo oni i Hrist znaju ko su. Štaviše, ti »nepripadnici« su pili vino, imali polne odnose i bavili se običnim poslovima kao pagani. Da bi opravdali svoje ponašanje, ugnjetavali su i klevetali one koji su postigli *gnozu* i koji su upražnjavali potpuno odricanje. Gnostik izjavljuje:

...Oni nas ne interesuju kad nas (blate). I mi ne obraćamo na njih pažnju kad nas proklinju. Kad nam bacaju sramotu u lice, mi ih gledamo i ne govorimo. Jer oni rade svoj posao, a mi idemo gladni i žedni...[55]

Mislim da su ovi »neprijatelji« prihvatali savet koji su pravoverne vođe, kao što su Irenej, Tertulijan i Hipolit propisivale za postupak sa jereticima. Pre svega, oni su odbijali da stave u pitanje pravilo vere i zajedničku doktrinu. Tertulijan upozorava da »jeretici i filozofi postavljaju ista pitanja, i podstiče vernike da ih sva odbace:

> Odbacimo sve pokušaje da se stvori hrišćanstvo od mešavine stoicizma, platonizma ili dijalektike. Posle posedovanja Hrista Isusa ne želimo radoznale rasprave, niti istraživanja nakon što smo dobili jevanđelje? Imajući svoju veru, ne želimo nikakvo drugo verovanje.[56]

On se žali da jeretici pozivaju svakog da im se pridruži, »jer ne mare što imaju drukčije mišljenje o stvarima«, ukoliko se sastaju da se približe »gradu jedne jedine istine«.[57] Ipak, njihova metafora pokazuje da nisu bili ni relativisti niti skeptici. Kao i pravoverni, tragali su za »jednom jedinom istinom«. Ali gnostici su težili da sve doktrine, spekulacije i mitove — i svoje i drugih — smatraju samo za pristupe istini. Nasuprot tome, pravoverni su poistovećivali sopstvenu doktrinu sa samom istinom — jedini legitimni oblik hrišćanske vere, Tertulijan priznaje da su jeretici tvrdili kako se drže Isusovog saveta (»Traži i naći ćeš; kucaj i otvoriće ti se«).[58] A to znači, kaže on, da je Hrist učio »jednu određenu stvar« — ono što pravilo vere sadrži. Kad to pronađu i u to veruju, hrišćani nemaju ništa više da traže:

> Odbacite osobu koja traži tamo gde nikad neće naći; jer traži tamo gde nema ničeg da se nađe. Odbacite onog ko uvek kuca; zato što mu se nikad neće otvoriti jer kuca tamo gde nema nikog da otvori. Odbacite onog ko uvek pita, jer ga niko nikad neće čuti, jer postavlja pitanje onome ko ne čuje.[59]

Irenej se slaže: »Prema ovakvom načinu postupka, čovek bi uvek tražio, a nikad ne bi našao zato što je odbacio sam metod otkrića.«[60] Jedino siguran i tačan postupak, kaže on, jeste verovati u ono što crkva uči, uviđajući granice ljudskog poimanja.

Kao što vidimo, ovi »neprijatelji« gnostika prihvatili su savet crkvenih otaca u potvrđivanju prevlasti sveštenstva nad gnostičkim hrišćanima. Pored toga, prema nepokajničkim gnosticima odnosili su se kao prema nepripadnicima hrišćanske vere; i najzad, potvrđivali su vrednost običnog zanimanja i porodičnog života nasuprot zahtevima radikalnog asketizma. Dok su univerzalni hrišćani i radikalni gnostici zauzimali oprečna stanovišta, tvrdeći da predstavljaju crkvu i optužujući jedni druge da su jeretici, valentinci su zauzeli srednji stav. Suprotstavljajući se pokušaju pravovernih da ih obeleže kao nepripadnike, oni su sebe smatrali pravim pripadnicima crkve. Ali valentinci su vodili žestoku polemiku među sobom o statusu *univerzalnih* hrišćana. Njihovo neslaganje oko tog pitanja bilo je toliko ozbiljno da su se najzad Valentinovi sledbenici podelili u dve različite frakcije.

Da li su univerzalni hrišćani pripadali crkvi, »Hristovom telu«? Istočna grana valentinaca je govorila da *nisu*. Oni su tvrdili da je Hristovo telo, crkva, »čisto duhovno«, i sastoji se samo od onih koji su duhovni, koji su primili *gnozu*. Teodot, veliki učitelj Istočne škole, definisao je crkvu kao »izabranu rasu«,[61] onih »izabranih pre osnivanja sveta«.[62] Njihovo spasenje je bilo sigurno, predodređeno i isključivo. Kao i Tertulijan u svojim kasnijim godinama, Teodot je učio da samo oni koji su primili neposrednu duhovnu inspiraciju pripadaju »duhovnoj crkvi«.[63]

Ali Ptolomej i Herakleon, vodeći učitelji Zapadne škole valentinaca, nisu se s tim slagali. Nasuprot Teodotu, tvrdili su da se »Hristovo telo«, crkva, sastoji od dva različita elementa, jednog duhovnog, drugog neduhovnog. To znači, objašnjavali su oni, da i gnostički i negnostički hrišćani pripadaju istoj crkvi. Navodeći Isusovu izreku »mnogo zvanih, malo izabranih«, objašnjavali su da hrišćani koji nemaju *gnozu* — velika većina — jesu oni mnogi koji su zvani. Oni, gnostički hrišćani, pripadaju malom broju izabranih. Herakleon je učio da je njima Bog dao duhovno razumevanje radi ostalih — da bi bili u stanju da uče »mnoge« i da ih uvedu u *gnozu*.[64]

Gnostički učitelj se slagao s tim: Hrist je u crkvi sastavio i duhovne i neduhovne hrišćane da bi na kraju svi postali duhovni.[65] U međuvremenu, jedni i drugi su pripadali jednoj crkvi; i jedni i drugi su kršteni; i jedni i drugi su prisustvovali bogosluženju; i jedni i drugi su se ispovedali na isti način. Razlikovali su se samo po nivou razumevanja. Neposvećeni hrišćani pogrešno su obožavali tvorca kao da je on

Bog; verovali su u Hrista koji će ih spasti od greha i za koga su verovali da je fizički ustao iz mrtvih: prihvatali su ga verom, ali nisu razumevali tajnu njegove prirode — niti svoje sopstvene. Ali oni koji su primili gnozu prihvatali su Hrista kao onog ko je poslat od Oca Istine, čiji im je dolazak otkrio da je njihova priroda istovetna sa njegovom — i sa Božjom.

Da bi ilustrovao te odnose, Herakleon daje simbolično tumačenje crkve kao hrama — oni koji su bili obični hrišćani, koji još nisu postali gnostici, molili su kao Leviti, u dvorištu hrama, isključeni iz tajne. Samo oni koji su imali *gnozu*, mogli su da uđu u mesto »sveto nad svetima«, koje je označavalo mesto »gde su se duhovni molili Bogu«. Ipak, jedan hram — crkva — obuhvatao je oba mesta za molitvu.[66]

Valentinski pisac *Tumačenja znanja* slaže se sa takvim pogledom. On objašnjava da iako je Isus došao na svet i umro za »crkvu smrtnih«,[67] sad se ta crkva, »mesto vere«, rascepila i podelila u dve frakcije.[68] Neki članovi su dobili duhovne darove — moć lečenja, moć proricanja, a iznad svega *gnozu*; drugi to nisu dobili.

Ovaj gnostički učitelj izražava zabrinutost što ovakva situacija često izaziva neprijateljstvo i pogrešno razumevanje. Oni koji su bili duhovno uzdignuti, težili su da se povlače od onih koje su smatrali hrišćanima »neznalicama«, i ustezali su se da s njima dele svoj uvid u stvari. Oni koji nisu imali duhovnu inspiraciju, zavideli su onima koji su javno govorili za vreme službe Božje i koji su proricali, učili i lečili druge.[69]

U pokušaju da pomiri gnostičke i negnostičke hrišćane autor se obraća celoj zajednici. Služeći se tradicionalnom metaforom, on ih podseća da su svi vernici pripadnici crkve, »tela Hristovog«. Najpre ih podseća na Pavlove reci:

> Kao što je telo jedno i ima mnogo udova, a svi udovi tela, mada ih je mnogo, su jedno telo, tako je isto i sa Hristom... oko ne može reći ruci: »Nisi mi potrebna«, niti glava stopalima: »Niste mi potrebni.«[70]

Zatim propoveda onima koji se osećaju nižim, koji nemaju duhovne moći, koji još nisu posvećeni gnostici:

> ... Ne optužuj svoju glavu (Hrista) zato što te nije napravila okom nego prstom; i ne budi ljubomoran na

ono što je načinjeno okom ili rukom ili stopalom, nego budi zahvalan što nisi izvan tela.[71]

Onima koji su duhovni, koji imaju gnozu i koji su dobili »darove« on kaže:

...Da li neko ima dar proricanja? Podeli ga bez ustezanja. Ne prilazi bratu sa ljubomorom... Kako znaš (da je neko) neznalica?... (Ti) si neznalica kad ih (mrziš) i kad si ljuborman na njih.[72]

Poput Pavla, on podstiče sve članove da vole jedni druge, da rade i pate zajedno, i zreli i nezreli hrišćani, gnostici i obični vernici, i na taj način »da dele (istinsku) harmoniju.«[73] Prema Zapadnoj školi valentinskih gnostika, »crkva« obuhvata zajednicu univerzalnih hrišćana, ali ne samo njih. Tvrdili su da većina hrišćana čak i ne shvata najvažniji elemenat crkve, duhovni elemenat, koji se sastoji od svih koji imaju *gnozu*.

Sa biskupove tačke gledišta, naravno, gnostički stav je bio skandalozan. Ti jeretici su dovodili u pitanje njegovo pravo da definiše svoju sopstvenu crkvu; oni su se drznuli da raspravljaju da li univerzalni hrišćani pripadaju ili ne pripadaju crkvi; i da tvrde da njihova grupa sačinjava bitno jezgro, »duhovnu crkvu«. Odbacujući ovakav religijski elitizam, pravoverne vođe su umesto toga pokušale da izgrade *opštu* crkvu. U želji da otvore crkvu svima, primali su članove iz svih društvenih klasa, svih rasa i kultura, bez obzira na to da li su obrazovani ili nepismeni — svakoga ko je hteo da se potčini njihovom sistemu organizacije. Biskupi su iz toga isključivali samo one koji su dovodili u pitanje ma koji od tri elementa ovog sistema: doktrinu, obred i svešteničku hijerarhiju — a gnostici su osporavali sva tri. Samo suzbijanjem gnosticizma pravoverne vođe su ustanovile sistem organizacije koji je ujedinjavao sve vernike u jednu institucionalnu strukturu. Jedina podela koju su dozvoljavali unutar zajednice bila je podela na sveštenstvo i pastvu, i nisu dopuštali nikom da se izuzima od pokoravanja doktrini, obredu i disciplini koju su zavodili sveštenici i biskupi. Gnostičke crkve koje su odbacile taj sistem u korist subjektivnijih oblika religijskog udruživanja preživele su samo nekoliko stotina godina.

Glava šesta

GNOZA: SAMOSPOZNAJA KAO SPOZNAJA BOGA

... Toma mu je rekao, »Gospode, mi ne znamo kuda ti ideš; kako da znamo put?« Isus mu reče, »Ja sam put, istina i život; do Oca se stiže samo preko mene.«[1]

Jevanđelje po Jovanu, u kome se nalazi ovaj odlomak, izuzetna je knjiga koju su mnogi gnostički hrišćani smatrali svojom i upotrebljavali kao primarni izvor za gnostičko učenje.[2] Pa ipak, nastajuća crkva je, uprkos protivljenju nekih pravovernih, unela ovo jevanđelje u Novi zavet. Šta čini Jevanđelje po Jovanu dovoljno »pravovernim«? Zašto je crkva prihvatila ovo Jevanđelje a odbacila spise kao što su *Jevanđelje po Tomi* ili *Dijalog Spasiteljev*? U razmatranju ovog pitanja treba imati na umu da će svako ko se vozi kroz Sjedinjene Države po svoj prilici videti gorenavedeni fragment iz Jevanđelja po Jovanu na reklamnim tablama pored puta, sa potpisom neke lokalne crkve. Svrha je jasna. Tvrdnja da čovek nalazi Boga samo kroz Isusa, u savremenom kontekstu implicitno kaže da čovek može Isusa naći samo kroz crkvu. Slično tome, u prvim vekovima, hrišćani zainteresovani za jačanje institucionalne crkve mogli su se osloniti na Jovana.

Gnostički izvori pružaju drukčiji religijski pogled. Prema *Dijalogu Spasiteljevom*, na primer, kad su učenici postavili Isusu isto pitanje (»U koje ćemo mesto ići?«), on je odgovorio, »mesto do koga možete stići, tu stojte!«[3] *Jevanđelje po Tomi* kaže, kad su učenici pitali Isusa kuda treba da idu, on je rekao samo: »Postoji svetlost u čoveku svetlosti, i ona osvetljava ceo svet. Ako on ne svetli, on je tama.«[4] Daleko od toga da ozakonjuju ma koju instituciju, obe izreke upućuju čoveka sebi, ka svojoj unutrašnjoj sposobnosti da pronađe sopstveni pravac, ka »unutrašnjoj svetlosti.«

Gore naznačeni kontrast je, naravno, pomalo uprošćavanje. Sami Valentinovi sledbenici su ubedljivo pokazali da se mnoge izreke i priče Jovanovog Jevanđelja mogu tako tumačiti. A hrišćani kao Irenej očigledno su odlučili da Jovanovo Jevanđelje (naročito, možda, kad se stavi iza Matejevog, Markovog i Lukinog) može poslužiti potrebama nastajuće institucije.

Kad se crkva politički organizovala, ona je mogla da podnosi mnoge oprečne ideje i prakse sve dotle dok su ti sporni elementi podržavali osnovnu strukturu institucije. U trećem i četvrtom veku, na primer, stotine univerzalnih hrišćana usvojilo je asketske oblike samodiscipline tražeći religijsko prosvetljenje kroz samoću, vizije i ekstaze. (Izrazi »monah« i »monaški« dolaze od grčke reci *monahos*, što znači »usamljen« ili »jedini«, koje *Jevanđelje po Tomi* često upotrebljava da opiše gnostike.) U četvrtom veku crkva je preduzela korake da podvede monahe pod episkopsku vlast, što joj je odgovaralo više nego da isključi monaški pokret. Naučnik Frederik Vise izneo je pretpostavku da su, možda, sveštenici koji su živeli u manastiru Svetog Pahomija, u blizini mesta gde su tekstovi nađeni, imali Nag Hamadi tekstove u svojoj biblioteci.[5] Ali 367. g., kada je Atanasije, moćni aleksandrijski nadbiskup, poslao naređenje da se biblioteke očiste od svih »apokrifnih knjiga« sa »jeretičkim« tendencijama, možda je jedan monah (ili nekolicina) sakrio dragocene rukopise u ćup i zakopao ga u podnožju litice Džabal al-Tarif, gde ga je Muhamed Ali našao 1600 godina kasnije.

Štaviše, pošto se crkva, uprkos unutrašnjoj razjedinjenosti, sve više politički ujedinjavala u periodu između 150. i 400. godine, njene vođe su tražile da se prema protivnicima — sa još jednolikijim dijapazonom grupa — ponašaju kao da su ujedinjen protivnički politički front. Kada je Irenej osuđivao jeretike kao »gnostike«,[6] on je mislio ne na neko njihovo specifično međusobno slaganje u pogledu doktrine (u stvari, on ih je često grdio zbog njihovih raznolikih verovanja), nego na činjenicu da su se oni svi opirali prihvatanju autoriteta sveštenstva, vere i novozavetnog kanona.

Šta su razne grupe koje Irenej naziva »gnostičkim« imale zajedničko — ako su uopšte imale nešto zajedničko? Ili, da postavimo pitanje na drugi način, šta su različiti tekstovi otkriveni u Nag Hamadiju imali zajedničko? Jednostavan odgovor na ovo pitanje ne može obuhvatiti sve različite grupe koje su pravoverni napadali, niti sve spise iz Nag Hamadi zbirke. Mislim da je, prema shvatanju pravovernih, teškoća sa gnosticizmom bila ne samo u gnostičkom neslaganju sa većinom oko pitanja koje smo već analizirali — organizacija vlasti, učešće žena, mučeništvo: pravoverni su shvatali da su oni koje su nazivali gnosticima svi imali fundamentalno religijsko stanovište koje je bilo i ostalo oprečno tvrdnjama institucionalne crkve.

Jer pravoverni hrišćani su uporno tvrdili kako je čoveku, da bi pristupio Bogu, potreban bogomdan metod koji prevazilazi čovekove moći. A to, tvrdili su oni, opšta crkva pruža onima koji bi bez toga bili izgubljeni: »izvan crkve nema spasenja«. Ovo ubeđenje bilo je zasnovano na premisi da je Bog stvorio čoveka. Kao što kaže Irenej, »U ovome se Bog razlikuje od čoveka; Bog stvara, a čovek je stvoren«.[7] Jedan tvorački činilac, a drugi pasivan primalac; jedan je »istinski savršen u svemu«[8], svemoguć, beskonačan, a drugi je nesavršeno i konačno stvorenje. Filozof Justin Martir kaže da je napustio Platona i postao hrišćanski filozof kada je uvideo koliko je velika razlika između čovekovog uma i Boga. On priča da je pre preobraćenja neki starac doveo u pitanje njegovu osnovnu pretpostavku upitavši: »Kakav afinitet postoji između nas i Boga? Da li je duša takođe božanska i besmrtna i deo tog veoma uzvišenog uma?« Govoreći kao učenik Platonov, Justin je bez ustezanja odgovorio: »Naravno.«[9] Ali kada su ga starčeva dalja pitanja navela da u to posumnja, kaže da je uvideo da ljudski um ne može naći Boga u sebi i mora umesto toga biti prosvetljen božanskim otkrovenjem — pomoću Svetog pisma i vere koju objavljuje crkva.

Ali neki gnostički hrišćani su otišli tako daleko da su tvrdili kako je čovek stvorio Boga i tako, iz svog unutrašnjeg potencijala, došao do otkrovenja istine. Ovo ubeđenje je, možda, inspirisalo ironičan komentar u *Jevanđelju po Filipu*

...Bog je stvorio čoveka; (ali sada ljudska bića) stvaraju Boga. Tako je u svetu — ljudska bića stvaraju bogove i obožavaju svoju tvorevinu. Bilo bi umesno da bogovi obožavaju ljudska bića![10]

Gnostik Valentin je uočio da se čovek ispoljava kroz božanski život i božansko otkrovenje. Crkva se, kaže on, sastoji od onog dela čovečanstva koje prihvata i slavi svoje božansko poreklo.[11] Ali Valentin ne upotrebljava ovu reč (čovečanstvo) u savremenom smislu, u značenju ljudskog roda u kolektivnom smislu. Umesto toga, on i njegovi sledbenici mislili su na *Anthropos* (ovde prevedeno kao čovek ili čovečanstvo) kao osnovnu prirodu tog kolektivnog entiteta, arhetip ili duhovnu suštinu ljudskog bića. U tom smislu su se neki Valentinovi sledbenici, »oni... koji su smatrani spretnijim«[12] od ostalih slagali sa učiteljem Kolorbasom, koji je rekao da se Bog, kada se otkrio, otkrio u obliku *Anthroposa*. No drugi, saopštava Irenej, tvrde da se

> prvobitni otac svega, prapočetak i prvobitni neshvatljivi zvao *Anthropos*... i da je to velika i duboka tajna, naime, da se sila koja je iznad svih drugih i obuhvata sve druge zove *Anthropos*.[13]

Iz tog razloga, objašnjavaju ovi gnostici, sam Spasitelj se nazvao »Sinom Čovekovim« (to jest, Sin *Anthroposa*).[14] Setski gnostici, koji su tvorca nazivali Jaldabaot (ime je, po svoj prilici, poteklo od judejskog misticizma — ovde ukazuje na njegov inferioran status), govorili su da je zato, kada se tvorac

> Jaldabaot, postavši ohol duhom, uznosio nad svima koji su bili ispod njega, objašnjavajući, »Ja sam otac i Bog, i iznad mene nema nikoga«, a njegova majka čuvši ga kako ovako govori, viknu na njega: »Ne laži, Jaldabaote; jer otac sviju, prvobitni *Anthropos* je iznad tebe; takođe i *Anthroposa*, sin *Anthroposa*.[15]

Po rečima jednog drugog valentinca, zato što su ljudi stvorili ceo jedan jezik religijskog izražavanja, čovek je, u stvari, stvorio božanski svet: »...i ovaj (*Anthropos*) je stvarno on koji je Bog nad svima.«

Stoga bi se mnogi gnostici u principu složili sa tvrdnjom Ludviga Fojerbaha da je »teologija zaista antropologija« (termin, naravno, potiče od *anthropos* i znači »proučavanje čoveka«). Istraživanje *psihe* je za gnostike bilo ono što je danas implicitno za mnoge — religijsko traganje. Neki koji traže sopstvenu unutrašnju usmerenost, kao što su to činili radikalni gnostici, odbacuju religijske institucije kao smetnje svom napretku. Drugi, poput valentinaca, dobrovoljno učestvuju u institucijama, mada crkvu smatraju više instrumentom sopstvenog samootkrovenja nego neophodnim »kovčegom spasenja«.

Pored toga što su definisali Boga na različite načine, gnostički i pravoverni hrišćani su na veoma različit način procenjivali stanje čovekovo. Pravoverni su sledili tradicionalno jevrejsko učenje da čoveka od Boga deli, pored bitne različitosti, ljudski greh. Novozavetni termin za greh, *hamartia*, potiče od streljaštva; bukvalno znači »promašiti metu«. Novozavetni izvori nas uče da mi podnosimo mentalnu i fizičku muku zato što ne uspevamo da postignemo moralni cilj kome stremimo: »svi smo grešili i ne dostižemo slavu Božju«.[16] Tako, prema Markovom Jevanđelju, Isus je, kada je došao da pomiri Boga s čovečanstvom objavio: »Vreme je došlo i carstvo Božje je pred nama; pokajte se i verujte u jevanđelje.«[17] Marko objavljuje da je samo Isus mogao pružiti izlečenje i oproštaj grehova; oslobođenje doživljavaju samo oni koji u veri prime njegovu poruku. Jovanovo Jevanđelje izražava očajan položaj čoveka koji je odvojen od Spasitelja:

> Jer Bog je poslao Sina na svet... kako bi svet kroz njega bio spasen. Onaj koji u njega veruje nije proklet; onaj koji ne veruje već je proklet zato što ne veruje u ime jedinog Sina Božjeg.[18]

Nasuprot tome, mnogi gnostici su tvrdili da neznanje, a ne greh, čoveka vodi patnji. Gnostički pokret pokazuje izvesne podudarnosti sa nekim savremenim metodima samoistraživanja putem psihoterapeutskih tehnika. I gnosticizam i psihoterapija iznad svega cene spoznaju — samospoznaju koja je uvid u stvari. Oni se slažu da bez te spoznaje čovek oseća da ga pokreću impulsi koje ne razume. Valentin to izražava kroz mit.

On kaže da je svet postao kada ga je Mudrost, majka svih bića, stvorila od svoje patnje. Četiri elementa za koje grčki filozofi kažu da sačinjavaju svet — zemlja, vazduh, vatra i voda — konkretni su oblici njenog iskustva :

> Tako se zemlja izdigla iz njene pometnje; voda iz njenog straha; vazduh iz zgušnjavanja njenog bola; dok je vatra... bila sastavni deo sva ova tri elementa ... dok je neznanje bilo skriveno u sve te tri patnje.[19]

Na taj način svet je nastao iz patnje. (Grčka reč *pathos*, ovde prevedena »patnja«, takođe znači da je iskustvo primljeno, a ne inicirano). Valentin (ili jedan od njegovih sledbenika) kazuje drukčiju verziju mita u *Jevanđelju Istine:*

> ... Neznanje... je donelo teskobu i strah. A teskoba se zgusnula kao magla, tako da niko nije mogao da vidi. Zbog toga je greška moćna...[20]

Stoga većina ljudi živi u zaboravu — ili, rečeno savremenim jezikom, besvesno. Budući nesvesni sopstvenog Ja, oni »nemaju korena«.[21] *Jevanđelje Istine* opisuje takvo postojanje kao košmar. Oni koji tako žive doživljavaju »strah, zbrku i nestabilnost, sumnju i podeljenost«, jer su uhvaćeni u »mnoge iluzije«.[22] Tako, prema pasusu koji naučnici nazivaju »košmarna parabola«, oni žive

> kao da su utonuli u san i sanjaju uznemirujuće snove. Ili (postoji) mesto kuda beže, ili, bez snage dolaze pošto su jurili druge ili zadaju udarce ili primaju udarce, ili padaju sa visokih mesta, ili poletaju kroz vazduh mada nemaju krila. Ponekad, kao da ih narod ubija, mada ih niko čak i ne goni, ili oni ubijaju svoje susede jer su umrljani njihovom krvlju. Kad se oni koji su kroz sve to prošli probude, ne vide ništa, ti koji su bili usred tih nemira, jer njih nema. Tako prolaze oni koji su odbacili neznanje kao san, napuštajući (njena dela) kao san u noći... Tako se svako ponašao, kao da je spavao u vreme kad je bio neznalica. A do znanja je došao kao da se probudio.[23]

Onaj ko ostane neznalica, »stvorenje zaborava«[24] ne može doživeti ispunjenje. Gnostici su govorili da takva osoba »živi u manjkavosti« (suprotno od ispunjenja). Jer manjkavost se sastoji od neznanja:

> ... Što se tiče neznanja, kad on dođe do znanja, njegovo neznanje nestaje samo od sebe; kao što tama nestaje kad se svetlost pojavi, tako isto manjkavost nestaje u ispunjenju.[25]

Samoneznanje je, takođe, oblik samouništenja. Prema *Dijalogu Spasiteljevom*, ko god ne razume elemente svemira i sebe predodređen je za uništenje:

> ... Ako neko ne (razume) kako je nastala vatra, izgoreće u njoj, zato što ne zna svoj koren. Ako neko prvo ne razume vodu, ne razume ništa...ako neko ne razume kako je nastao vetar koji duva, odneće ga. Ako neko ne razume kako je nastalo telo koje ima, nestaće s njim... ko god ne razume kako je nastao neće razumeti kako će otići... [26]

Kako i gde čovek da traži samospoznaju? Mnogi gnostici slažu se sa psihoterapijom u drugoj velikoj premisi: — nasuprot pravovernom hrišćanstvu — da psiha ima *u sebi* mogućnost za oslobođenje ili uništenje. Mali broj psihijatara se ne bi složio sa kazivanjem pripisanim Isusu u *Jevandelju po Tomi*:

> »Ako izneseš ono što je u tebi, ono što si izneo spašće te. Ako ne izneseš ono što je u tebi, ono što nisi izneo uništiće te.«[27]

Ovakav uvid se dostiže postepeno, kroz napor: »Prepoznaj ono što ti je pred očima, i otkriće ti se ono što je skriveno.«[28]

Takvi gnostici su priznavali da je traženje *gnoze* usamljenički, težak proces, u kome pojedinac savlađuje unutrašnji otpor. Ovaj otpor *gnozi* definisali su kao želju za snom ili pijanstvom — to jest, želju da se ostane besvestan. Stoga Isus (koji na nekom drugom mestu kaže »Ja sam spoznaja istine«)[29] izjavljuje da kad je došao na svet

> Našao sam ih sve pijane; našao sam da niko nije bio žedan. I moja se duša razbolela zbog grehova ljudi, jer

oni su slepi u srcima i ne vide; jer su došli prazni na ovaj svet i prazni hoće da ga napuste. Ali u ovom trenutku su pijani.[30]

Učitelj Silvan, čija su *Učenja*[31] otkrivena kod Nag Hamadija, podstiče svoje sledbenike da se odupru besvesnosti:

> ... i okončajte san koji vas teško pritiska. Odvojite se od zaborava koji vas ispunjava tamom... zašto tražite mrak kada vam je dostupna svetlost... Mudrost vas zove, a vi želite Glupost... budalast čovek... ide putevima želje svake strasti... on pliva u željama života i tone... on je kao brod koji vetar baca tamo-amo, i kao slobodan konj bez jahača. Jer njemu je potreban jahač, koji je razum ... pre svega ... spoznaj sebe ...[32]

Jevanđelje po Tomi takođe upozorava da samootkriće donosi unutrašnji nemir

> Isus je rekao: »Neka onaj ko traži nastavi da traži dok ne nađe. Kad nađe, postaće uznemiren. Kad postane uznemiren, zaprepastiće se, i vladaće svim stvarima.«[33]

Šta je izvor »svetlosti« otkrivene iznutra? Kao Frojd, koji je izjavljivao da prati »svetlost razuma«, većina gnostičkih izvora se slaže da je um »lampa« tela[34] (izreka koju *Dijalog Spasiteljev* pripisuje Isusu). Silvan, učitelj, kaže:

> ... uvedi svog vodiča i svog učitelja. Um je vodič, ali razum je učitelj... živi prema svom umu... Postigni snagu, jer um je jak... prosvetli svoj um... upali lampu u sebi.[35]

Da bi to učinio, nastavlja Silvan:

> Zakucaj na sebe kao na vrata i hodaj po sebi kao po pravom putu. Jer ako hodaš po putu, nemoguće je da skreneš u stranu... Otvori vrata sebi da bi znao šta je... Što god otvoriš za sebe, otvorićeš.[36]

Jevanđelje Istine izražava istu misao:

... Ako neko ima znanje, prima ono što mu pripada, i privlači to sebi... Ko god je predodređen da ima znanje, na taj način saznaje odakle dolazi i kuda ide.[37]

Jevanđelje Istine, takođe, izražava to u metafori: svako mora primiti »sopstveno ime« — naravno, ne svoje obično ime, nego svoj pravi identitet. Oni koji su »sinovi unutrašnjeg znanja«[38] postižu moć da izgovaraju sopstvena imena. Gnostički učitelj se obraća njima:

... Kažite onda iz srca da ste savršen dan i da u vama boravi svetlost koja se ne gasi... Jer vi ste razumevanje koje je izvučeno... Brinite se o sebi; nemojte se brinuti o stvarima koje ste odbacili od sebe.[39]

Tako se, prema *Jevanđelju po Tomi*, Isus podsmevao onima koji su »Carstvo Božje« shvatali bukvalno, kao određeno mesto: »Ako vam oni koji vas vode kažu, 'Pogledajte, Carstvo je na nebu', ptice će tamo stići pre vas. Ako vam kažu, 'Ono je u moru,'« onda, kaže on ribe će tamo stići pre vas. Umesto toga, ono je stanje samoostvarenja:

»... Bolje rečeno, Carstvo je u vama, i izvan vas. Kad spoznate sebe, bićete znani i uvidećete da ste sinovi živog Oca. Ali ako ne spoznate sebe, živećete u siromaštvu, i vi ste to siromaštvo.«[40]

Ali učenici su, pogrešno shvatajući »Carstvo« kao budući događaj, uporno nastavljali sa pitanjima:

Njegovi učenici su mu rekli, »Kada će... novi svet doći?« On im je rekao, »Ono što željno očekujete već je došlo, ali ga vi ne prepoznajete«.... Njegovi učenici su mu rekli, »Kada će doći Carstvo?« (Isus je rekao) »Ono neće biti ostvareno čekanjem. Nećete moći da kažete, 'Evo ga ovde' ili 'Eno ga tamo'. Bolje rečeno, Carstvo očevo je rasprostranjeno po zemlji i ljudi ga ne vide«.[41]

To »Carstvo«, dakle, simbolizuje stanje promenjene svesti:

Isus je video decu koja su dojena. On je rekao učenicima, »Ova dojena deca su kao oni koji će ući u Carstvo.« Oni su mu rekli, »Da li ćemo mi, kao deca, ući u Carstvo?« Isus im je rekao, »Kad od dva načinite jedno, i kad učinite da unutrašnje bude kao spoljašnje i spoljašnje bude kao unutrašnje, gore kao dole, i kada učinite da muško i žensko budu jedno isto... onda ćete ući u (Carstvo).[42]

Međutim, ono što »živi Isus« Tominog Jevanđelja odbacuje kao naivnost — ideju da je Carstvo Božje stvarni događaj koji će se desiti u istoriji — pojam je Carstva koji sinoptička jevanđelja Novog zaveta najčešće pripisuju Hristovom učenju. Prema Jevanđeljima po Mateju, Luki i Marku, Isus je objavio nastupajuće Carstvo Božje, kada će sužnji ponovo dobiti slobodu, kada će bolesni ozdraviti, ugnjeteni biti oslobođeni, a sklad zavladati širom sveta. Marko kaže da su učenici očekivali dolazak Carstva kao kataklizmičan događaj za njihova života, jer je Isus rekao da će neki od njih doživeti da vide »Silovit dolazak Carstva Božjeg«.[43] Marko kaže da ih je Isus, pre svog hapšenja, upozorio da kraj, »mada još nije tu«,[44] moraju očekivati svakog časa. Sva tri jevanđelja tvrde da će Carstvo doći u bliskoj budućnosti (mada se u njima nalaze i pasusi koji kažu da je ono već tu). Prema Luki, Isus eksplicitno kaže »Carstvo Božje je u vama«.[45] Neki gnostički hrišćani su, primenjujući ovakav način tumačenja, očekivali da će čovekovo oslobođenje doći ne kroz stvarne događaje u istoriji, nego kroz unutrašnju transformaciju.

Iz sličnih razloga, gnostički hrišćani su kritikovali pravoverna gledišta o Isusu po kojima je on izdvojen od učenika ili je iznad njih. Jer, po Marku, kada su učenici shvatili ko je Isus, smatrali su ga svojim imenovanim Kraljem:

> I Isus je otišao sa svojim učenicima u sela Cezareje Filipi; na putu je pitao učenike »Šta kažu ljudi, ko sam ja?« A oni su mu rekli, »Jovan Krstitelj; a drugi, Elija; a drugi, jedan od proroka.« A on ih je upitao, »Ali šta vi kažete ko sam?« Petar mu je odgovorio, »Ti si Hrist.«[46]

Matej dodaje da je Isus blagoslovio Petra zbog tačnosti njegove spoznaje i odmah izjavio da će crkva biti zasnovana na Petru i njegovoj spoznaji da je Isus Mesija.[47] Jedno od najranijih hrišćanskih verovanja jednostavno kaže, »Isus je Gospod!« Ali *Jevanđelje po Tomi* drukčije saopštava tu priču:

> Isus je rekao svojim učenicima, »Uporedite me s nekim i recite na koga sam nalik.« Simon Petar mu je rekao, »Ti si kao pravedan anđeo.« Matej mu je rekao, »Ti si kao mudri filozof.« Toma mu je rekao, »Učitelju, moja usta nisu nikako u stanju da kažu na koga si nalik.« Isus je rekao, »Ja nisam tvoj učitelj. Zato što si pio, opio si se od žubornog potoka koji sam ja izmerio.«[48]

Ovde Isus ne poriče svoju ulogu Mesije i učitelja, bar ne čini to Petru i Mateju. Ali oni i njihovi odgovori pokazuju nizak nivo razumevanja. Toma, koji uviđa da ne može Isusu odrediti neku posebnu ulogu, u trenutku tog uvida prevazilazi odnos učenika i učitelja. On sam postaje kao »živi Isus« koji izjavljuje »Ko god pije iz mojih usta postaće kao ja, a ja ću postati kao ta osoba, i skrivene stvari će mi bite otkrivene.«[49]

Gnostički izvori često opisuju Isusa kako odgovara na pitanja u ulozi učitelja, obelodanitelja i duhovnog vođe. Ali i ovde je gnostičko shvatanje veoma blisko psihoterapeutskom. I jedno i drugo prihvataju potrebu usmeravanja, ali samo kao privremenu meru. Svrha prihvatanja autoriteta je da se nauči kako da se on prevaziđe. Kad čovek sazri, nije mu više potreban nikakav spoljni autoritet. Onaj koji je ranije bio učenik dolazi do saznanja da je Isusov »brat blizanac«. Ko je, dakle, Isus učitelj? *Toma Polemičar* naziva ga jednostavno »znanjem istine«.[50] Prema *Jevanđelju po Tomi*, nije hteo da uvaži iskustvo koje učenici sami ne dožive:

> Oni su mu rekli, »Kaži nam ko si kako bismo mogli verovati u tebe.« On im je rekao, »Vi tumačite lice neba i zemlje, a još niste prepoznali onog koji je pred vama, i ne znate kako da protumačite ovaj trenutak.«[51]

A kada su ga, razočarani, upitali: »Ko si ti te nam možeš ovo govoriti?« umesto odgovora, Isus je kritikovao njihovo pitanje: »Iz ovog što vam govorim vi ne uviđate ko sam.«[52] Već smo napomenuli da je Isus, prema *Jevanđelju po Tomi*, kada su učenici od njega tražili da im pokaže gde je kako bi i oni stigli do tog mesta, odbio to i uputio ih na njih same, da pronađu izvore skrivene u sebi. Ova ista tema se javlja u *Dijalogu Spasiteljevom*. Dok Isus razgovara sa svoja tri izabrana učenika, Matej traži od njega da mu pokaže »mesto života«, koje je, kaže on, »čista svetlost«. Isus odgovara: »Svaki (od vas) koji je spoznao sebe video ju je.«[53] On ovde ponovo zaobilazi pitanje i upućuje učenika na sopstveno samootkrovenje. Kada učenici, očekujući da im on otkrije tajne, pitaju Isusa »Ko je onaj koji traga (i ko je onaj) koji otkriva?«[54] on odgovara da je onaj koji traga za istinom — učenik — takođe onaj koji otkriva. Pošto Matej uporno nastavlja da mu postavlja pitanja, Isus kaže da ni sam ne zna odgovor, »niti sam čuo o tome, osim od vas«.[55]

Učenik koji spozna sebe može, dakle, otkriti čak i ono što Isus ne može učiniti. *Svedočanstvo istine* kaže da gnostik postaje »učenik svog (sopstvenog) uma«,[56] i da otkriva kako mu je sopstveni um »otac istine.«[57] On samostalno, u tišini meditacije, saznaje ono što mu je potrebno da zna. Zato sebe smatra ravnim svakome, zadržavajući sopstvenu nezavisnost od ičijeg autoriteta: »I on je strpljiv sa svakim; čini sebe ravnim svakome, a takođe i odvaja sebe od drugih.«[58] Silvan, takođe, smatra »tvoj um« kao »vodeći princip«. Ko god sledi uputstvo sopstvenog uma nije mu potrebno da prihvati ničiji savet:

> Imaj veliki broj prijatelja, ali ne savetnika ... Ali ako zaista stekneš (prijatelja) ne poveravaj mu se. Poveravaj se samo Bogu kao ocu i kao prijatelju.[59]

Najzad, gnostici koji su shvatali *gnozu* kao subjektivno, neposredno iskustvo, pre svega su se interesovali za unutrašnje značenje događaja. Ovde oni opet odstupaju od pravoverne tradicije koja je smatrala da čovekova sudbina zavisi od događaja »istorije spasenja« — istorije Izraela, naročito prorokovih predskazanja o Hristu, a zatim od njegovog stvarnog dolaska, njegovog života, smrti i vaskrsenja. Sva novozavetna jevanđelja, bez obzira na razlike, govore o Isusu kao o istorijskoj ličnosti. I sva se oslanjaju na predskazanja proroka da bi se dokazala valjanost hrišćanske poruke. Matej, na primer, stalno ponavlja refren, »Ovo je učinjeno da bi se ispunilo ono što su govorili proroci.«[60] Justin, takođe, pokušavajući da ubedi cara u istinitost hrišćanstva, iznosi kao dokaz ispunjenje proročanstva: »I ovo zaista možeš sam videti a činjenice će te ubediti.«[61] Ali prema *Jevanđelju po Tomi*, Isus odbacuje kao beznačajna predskazanja proroka:

> Njegovi učenici su mu rekli, »Dvadeset četiri proroka je govorilo u Izraelu, i svi su govorili o tebi.« On im je rekao, »Vi ste zanemarili onog koji živi u vašem prisustvu i govorili ste (samo) o mrtvima.«[62]

Ti gnostički hrišćani su smatrali da su stvarni događaji sekundarni u odnosu na njihovo shvaćeno značenje.

Zbog toga, ova vrsta gnosticizma, kao i psihoterapija, opčinjena je nebukvalnim značenjem jezika: i jedna i druga pokušavaju da shvate unutrašnji kvalitet iskustva. Psiholog K. G. Jung tumačio je Valentinov mit o stvaranju kao opis psiholoških procesa. Valentin kaže da sve stvari potiču iz »dubine«, »ambisa«[63] — u psihoanalitičkom značenju, iz podsvesti. Iz te dubine izlaze Um i Istina, a iz njih, Reč (Logos) i Život. A reč je stvorila čoveka. Jung je tumačio to kao mitski opis porekla ljudske svesti.

Psihoanalitičar može pronaći značenje i u nastavku tog mita, po kome je, kao što Valentin kaže, Mudrost, najmlađu kćer prvobitnog Para, bila obuzela želja da spozna Oca, koju je ona protumačila kao ljubav. Njeni pokušaji da ga spozna doveli bi je do samouništenja da nije srela silu koja se zove Granica, »sila koja podržava sve stvari i čuva ih«[64], i koja ju je oslobodila emocionalne pometnje i vratila na njeno prvobitno mesto.

Pisac *Jevanđelja po Filipu*, Valentinov sledbenik, istražuje odnos iskustvene istine i verbalnog opisa. On kaže da je »istina donela na svet imena zato što je nemoguće učiti istinu bez imena«.[65] Ali istina mora biti uvijena u simbole: »Istina nije došla na svet naga, nego kroz tipove i slike. Čovek neće primiti istinu ni na jedan drugi način.«[66] Ovaj gnostički učitelj kritikuje one koji religijski jezik pogrešno shvataju doslovno i izražavaju veru u Boga, Hrista, vaskrsenje ili crkvu kao da su sve to »stvari« izvan njih. U običnom govoru, objašnjava on, svaka reč se odnosi na određenu, spoljašnju, pojavu; čovek »vidi sunce, a sam nije sunce, on vidi nebo i zemlju i sve ostalo, ali sam nije sve to«.[67] Religijski jezik, nasuprot tome, jezik je unutrašnje transformacije; ko god opaža božansku stvarnost »postaje ono što vidi«:

... Videli ste duh, postali ste duh. Videli ste Hrista, postali ste Hrist. Videli ste (Oca, vi) ćete postati Otac... Vidite sebe ono što vidite (postaćete).[68]

Ko god postigne *gnozu* nije više hrišćanin nego Hrist.[69]

Vidimo, dakle, da je takav gnosticizam bio više nego protestni pokret protiv pravovernog hrišćanstva. Gnosticizam, uključuje takođe i religijski pogled, koji je implicitno protiv razvoja takve institucije kakva je postala univerzalna crkva. Oni koji su očekivali da sami »postanu Hrist« nisu bili skloni da priznaju institucionalnu strukturu crkve — njenog biskupa, sveštenika, veru, kanon, ili obred — kao najviši autoritet.

Zbog ovakvog religijskog pogleda, gnosticizam se razlikuje ne samo od pravoverja nego, takođe, i pored sličnosti, od psihoterapije, jer se većina psihoterapeuta slaže sa Frojdom u odbijanju da plodovima mašte pripišu stvarno postojanje. Psihoterapeuti ne smatraju da su njihovi pokušaji da otkriju šta je u psihi isto što i otkrivanje tajni svemira. Ali mnogi gnostici, kao i mnogi umetnici, tragaju za unutrašnjom samospoznajom kao ključem za razumevanje opštih istina — »ko smo, odakle smo došli, kuda idemo«. Prema knjizi *Tome Polemičara*, »ko god ne poznaje sebe ne zna ništa, a onaj ko je spoznao sebe u isto vreme je već stekao znanje o dubinama svih stvari«.[70]

Ubeđenje da — ko god istražuje ljudsko iskustvo istovremeno otkriva božansku stvarnost — jedan je od elemenata koji obeležava gnosticizam kao izrazito religijski pokret. Simon Mag, kaže Hipolit, tvrdio je da je svako ljudsko biće stanište, »i da u njemu stanuje neograničena moć... koren svemira«.[71] Ali pošto ta beskrajna moć postoji u dva vida, stvarnom i potencijalnom, ta beskrajna moć »živi u svakom u latentnom stanju«, »potencijalno, a ne stvarno«.[72]

Kako čovek da ostvari taj potencijal? Mnogi dosad navedeni gnostički izvori sadrže samo aforizme koji upućuju učenika da traga za znanjem, ali ne govore nikome kako da traži. Otkrivanje toga očigledno je prvi korak prema samospoznaji. Tako, u *Jevanđelju po Tomi,* učenici pitaju Isusa da im kaže šta da čine:

> Njegovi učenici su ga ispitivali i rekli mu, »Želiš li da postimo? Kako da se molimo? Da li da dajemo milostinju? Kako da se hranimo?« Isus je rekao, »Ne lažite, i ne činite ono što mrzite....«[73]

Njegov ironičan odgovor nateruje ih da se okrenu sebi: ko drugi nego sam čovek može da proceni kad laže ili šta mrzi. Takve zagonetne odgovore oštro je kritikovao neoplatonistički filozof Plotin, koji je napadao gnostike kada je njihovo učenje odvlačilo neke njegove učenike od filozofije. Plotin je zamerao gnosticima što nisu imali program učenja: »Oni samo kažu, ‚Gledajte u Boga!', ali ne kažu nikome gde ili kako da gleda.«[74]

Međutim, nekoliko izvora otkrivenih kod Nag Hamadija opisuje tehniku duhovne discipline. *Zostrianos,* najduži tekst pronađen kod Nag Hamadija, govori kako je jedan duhovni učitelj postigao prosvetljenje postavljajući na taj način program za druge. Zostrian kaže da je najpre morao da se oslobodi fizičkih želja, verovatno asketskim metodima. Drugo, morao je da smanji »haos u duhu«[75] smirujući duh meditacijom. Zatim, kaže on, »nakon što sam se tako pripremio, ugledao sam savršeno dete«[76] — viziju božanskog prisustva. Kasnije, kaže on, »razmišljao sam o tim stvarima da bih ih razumeo... Nisam prestao da tragam za mestom odmora dostojnim mog duha...«[77] No zatim, postavši »duboko uznemiren«, nezadovoljan svojim napredovanjem, otišao je u pustinju, nejasno predviđajući da će ga ubiti divlje zveri. Tamo je, priča Zostrian, najpre doživeo viziju »glasnika spoznaje večne Svetlosti,«[78] a zatim je doživeo mnoge druge vizije o kojima priča da bi ohrabrio ostale: »Zašto oklevate? Tražite kad ste traženi; kad ste pozvani, slušajte... gledajte Svetlost. Bežite od tame. Ne dozvolite da vas zavedu i unište.«[79]

Drugi gnostički izvori pružaju određenija uputstva. *Razgovor o osmom i devetom nebu* otkriva »red predanja« koji određuje uspon ka višem znanju. Na početku *Razgovora*, koji je u obliku dijaloga, učenik podseća duhovnog učitelja na obećanje:

»(O, Oče moj), juče si mi obećao (da ćeš) uzeti moj duh na osmo a potom na deveto. Rekao si da je to red predanja.«[80]

Njegov učitelj se slaže: »O, sine moj, odista je to red. Ali obećanje je u skladu s ljudskom prirodom.«[81] On objašnjava da učenik mora sam postići razumevanje za kojim traga: »Ja ti određujem delanje. Ali razumevanje je u tebi. U meni (ono je) kao da je moć bremenita.«[82] Učenik je zaprepašćen; da li je moć zaista u njemu? Učitelj kaže da se moraju zajedno moliti da bi učenik došao do viših nivoa, »osmog i devetog«. Pokrenut posvećenošću i moralnim naporom, on je već prešao prvih sedam nivoa razumevanja. Ali učenik priznaje da on dosad nije još iskusio božansku spoznaju iz prve ruke: »O, Oče moj, ne razumem ništa osim lepote koja mi je došla kroz knjige.«[83]

Kako je učenik sad spreman da prevaziđe znanje iz druge ruke, oni se obojica mole »savršenom, nevidljivom Bogu kome se čovek obraća u tišini.«[84] Molitva se pretvara u pevanje svetih reci i samoglasnika: »Zoksathazo aoo ee ooo eee oooo ee ooooooooooo ooooo uuuuuu oooooooooooo ooo Zozazoth.«[85] Pošto je zapevao, učitelj se moli, »Gospode... priznaj duh koji je u nama.«[86] Zatim pada u zanos:

»... Vidim! Vidim neopisive dubine. Kako da ti kažem, o, sine moj?... Kako (da opišem) svemir? Ja sam (um i) vidim još jedan um, onaj koji (pokreće) dušu! Vidim onog koji me spasava od čiste zaboravnosti. Ti mi daješ moć! Vidim sebe! Hoću da govorim! Strah me sputava. Pronašao sam početak sile koja je iznad svih sila, koja nema početak... Rekao sam, o, sine moj, da sam Um. Video sam! Jezik nije u stanju da to otkrije. Jer ceo osmi, o, sine moj, i duše u njemu i anđeli, pevaju himnu u tišini. A ja, Um, razumem.«[87]

Dok posmatra, učenik pada u zanos: »Radujem se, oče moj, jer se svemir raduje.« Videvši da i on i učitelj ovaploćuju božansko, učenik ga moli: »Ne dopusti da moja duša bude lišena velike božanske vizije. Jer tebi, kao gospodaru svemira, sve je moguće.« Učitelj mu govori da peva u tišini i da »traži šta želi u tišini«:

> Kad je završio hvalu, uzviknuo je »Oče Trimegiste! Šta da kažem? Primili smo ovu svetlost. Ja vidim istu viziju u tebi. Vidim osmo nebo i duše u njemu i anđele koji pevaju himne devetom i njegovim moćima ... Molim se svršetku svemira i početku početka... Ja sam oruđe tvog duha. Um je tvoja udaraljka. A tvoj savet udara u moje strune. Vidim sebe! Primio sam moć od tebe. Jer tvoja ljubav je doprla do nas.«[88]

Razgovor se završava uputstvom učitelja da učenik zapiše svoja iskustva u knjigu (po svoj prilici sam taj *Razgovor*), da usmerava druge koji će »napredovati postepeno, i ući u sferu besmrtnosti... u razumevanje osmog neba koje otkriva deveto.«[89]

Još jedan izvanredan tekst, po imenu *Alogenes,* što znači »stranac« (bukvalno, »pripadnik druge rase«), govoreći o duhovno zreloj osobi koja postaje »stranac svetu«, takođe opisuje stupnjeve postizanja *gnoze*. U ovom tekstu, Mesos, posvećenik, na prvom stupnju, saznaje za »moć koja je u tebi«. Alogen mu objašnjava svoj proces duhovnog razvoja:

> ... (Bio sam) veoma uznemiren, i okrenuo sam se sebi... (Nakon što sam) video svetlost koja me je (okruživala) i dobro koje je bilo u meni, postao sam božanski.[90]

Zatim, Alogen nastavlja, imao je viziju ženske moći Juel, »ona koja pripada svim slavama«,[91] koja mu je rekla:

> ... »Pošto je tvoje obrazovanje završeno i spoznao si dobro koje je u tebi, čuj o Trostrukoj sili one stvari koju ćeš čuvati u velikoj tišini i velikoj tajnosti...«[92]

Ta sila, paradoksalno, ćuti mada ispušta zvuk: zza zza zza.[93] To, kao i pevanje u *Razgovoru* ukazuje na tehniku meditacije koja uključuje intoniranje zvuka.

Pošto se najpre otkrije »dobro... u meni«, Alogen prelazi na drugu fazu — spoznati sebe.

(I onda sam se ja) molio da mi se desi (otkrovenje)... nisam očajavao... pripremao sam se za to, i savetovao sam se sa sobom stotinu godina. I radovao sam se prekomerno, jer sam bio u velikoj svetlosti i na blagoslovenom putu...[94]

Posle ovoga, kaže Alogen, imao je vantelesni doživljaj, i video »svete sile« koje su mu dale posebno uputstvo:

... »O Alo(g)ene, gledaj blagoslovenost ćutke, u kojoj znaš sebe kakav jesi, i, tražeći sebe, uspni se do životnosti koju ćeš videti kako se kreće. A ako ti je nemoguće da stojiš, ne boj se ničeg; ali ako želiš da stojiš, uspni se do Postojanja, i naći ćeš ga kako stoji i smiruje sebe... a kad primiš otkrovenje... i kad počneš da se plašiš na tom mestu, povuci se zbog energija. A kad postaneš savršen na tom mestu, umiri se.«[95]

Da li je ovaj govor o svetim silama trebalo da se recituje na nekoj dramskoj predstavi pripadnika gnostičke sekte, za nove članove u toku obrednog upućivanja? Tekst to ne kaže, mada kandidat opisuje svoju reakciju:

Slušao sam te stvari dok su ih prisutni izgovarali. U meni je vladao mir tišine, i čuo sam blagoslovenost pomoću koje sam spoznao sebe kakav (jesam).[96]

Posle upućivanja, novajlija kaže da je bio ispunjen »otkrovenjem... primio sam moć... znao sam Onoga koji postoji u meni, i Trostruku moć, i otkriće njegove neobuhvatnosti.[97] Oduševljen tim otkrićem, Alogen želi da ide dalje: »Tražio sam neizrecivog i nepoznatog Boga.«[98] Ali u tom trenutku »sile« govore Alogenu da prestane sa svojim jalovim pokušajima.

Nasuprot mnogim drugim gnostičkim izvorima, *Alogenes* uči da, prvo, čovek može spoznati »dobro koje je u njemu«, i, drugo, da može da spozna sebe i »onoga ko živi u njemu«, ali ne nepoznatog Boga. Svaki pokušaj da to učini, da shvati neshvatljivo, ometa »lakoću« koja je u njemu. Umesto toga, novajlija se mora zadovoljiti da čuje o Bogu »u skladu sa mogućnošću koju mu je dalo prvo otkrovenje«.[99] To znači da lično iskustvo i znanje, bitni za duhovni razvoj, daju osnovu da se primi razumevanje Boga u *negativnom* obliku. Konačno, *gnoza* znači i uviđanje granica ljudske spoznaje:

> »... (Ko god) vidi (Boga) onakvog kakav jeste u svakom pogledu, ili kaže da je nešto kao *gnoza*, ogrešio se o njega... zato što nije znao Boga.«[100]

Sile su ga poučile »(da) ne traži ništa više, nego da ide... Nije podobno provesti još vremena tragajući.«[101] Alogen kaže da je ovo zapisao »za one koji će biti toga dostojni.«[102]

Po detaljnom opisu procesa posvećivanja novajlije, koji se sastoji iz molitvi, pevanja, upućivanja — što se sve povremeno prekida povlačenjem u meditaciju, vidi se da su postojale određene tehnike postizanja samospoznaje, spoznaje unutrašnje božanske moći.

Ali mnoga gnostička učenja o duhovnoj disciplini uglavnom su ostala nezapisana. Jer svako može da pročita ono što je zapisano — čak i oni koji nisu »zreli«. Gnostički učitelji su obično čuvali svoje tajno učenje, kazujući ga samo usmeno, kako bi proverili podobnost svakog kandidata da ga primi. Za takvo obučavanje je potrebno da svaki učitelj posveti posebnu pažnju svakom kandidatu. A od kandidata se zahtevalo da posveti energiju i vreme — često mnogo godina — procesu učenja. Tertulijan sarkastično poredi valentinsko uvođenje sa uvođenjem u Eleusinske misterije, koje

> Najpre postavlja mučne uslove za pristup njihovoj grupi; i oni zahtevaju dug proces posvećivanja pre nego što prime novog člana, čak upućivanje u trajanju od pet godina za sposobne učenike, kako bi mogli uobličavati njihova mišljenja ovim odlaganjem davanja punog znanja, i, po svoj prilici, učiniti svoje misterije poželjnijim u srazmeri sa čežnjom za njima koju su stvorili. Zatim sledi dužnost ćutanja...[103]

Očigledno, ovakav program discipline, poput višeg nivoa budističkog učenja, može privući samo mali broj ljudi. Mada su glavne teme gnostičkog učenja, kao što je iznalaženje božanskog u sebi, bile privlačne velikom broju te su bile velika pretnja doktrini opšteg hrišćanstva, religijski pogledi i metodi gnosticizma nisu bili prikladni za masovnu religiju.

U tom pogledu gnosticizam se nije mogao nositi sa veoma efikasnim sistemom organizacije opšte crkve, koja je izražavala jednoobrazan religijski pogled zasnovan na kanonu Novog zaveta, pružala veroispovest koja je od novajlije zahtevala da ispoveda samo najjednostavnije osnove vere i vršila jednostavne i značajne obrede, kao što su krštenje i pričest. Na istoj se doktrini, obredima i organizaciji zasnivaju gotovo sve hrišćanske crkve danas, bilo da su rimokatoličke, pravoslavne ili protestantske. Bez ovih elemenata, hrišćanska vera teško da bi mogla preživeti i privlačiti milione pristalica širom sveta tokom dvadeset vekova. Jer same ideje ne čine religiju moćnom, iako bez njih ona ne može uspeti; od podjednake su važnosti društvene i političke strukture s kojima se ljudi identifikuju i ujedinjuju u istu zajednicu.

ZAKLJUČAK

Istoriju pišu pobednici — na svoj način. Zato nije čudo što je gledište uspešne većine preovladalo u svim tradicionalnim verzijama porekla hrišćanstva. Crkveni hrišćani su prvi definisali termine (nazivajući sebe »pravovernim«, a svoje protivnike »jereticima«); zatim su pokazali — ubedljivo bar za njih same — da je njihova pobeda bila istorijski neminovna, ili, govoreći religijskom jezikom, »vođena Svetim duhom«. Ali otkrića kod Nag Hamadija ponovo postavljaju fundamentalna pitanja. Ona navode na misao da se hrišćanstvo moglo razvijati u sasvim drugim pravcima, ili da se moglo desiti da hrišćanstvo, kakvo ga mi znamo, ne preživi. Da je hrišćanstvo ostalo raznoliko, verovatno bi nestalo iz istorije, zajedno sa desetinama suparničkih religijskih kultova iz starine. Mislim da održanje hrišćanske tradicije dugujemo organizacijskoj i teološkoj strukturi koju je razvila nova crkva. Svako koga, kao mene, hrišćanstvo snažno privlači, smatraće to velikim dostignućem. Zato ne treba da nas iznenađuje što se religijske ideje utemeljene u veri (od »Verujem u jednog Boga«, koji je »Svemogući Otac«, i Hristovu inkarnaciju, smrt, telesno vaskrsenje »trećeg dana« do vere u »svetu, univerzalnu i apostolsku crkvu«) podudaraju sa društvenim i političkim pitanjima u formiranju pravovernog hrišćanstva.

Pored toga, pošto su istoričari uglavnom intelektualci, nije čudo što većina tumači spor između pravovernih i gnostičkih hrišćana u kontekstu »istorije ideja«, kao da su se ideje, za koje se pretpostavlja da su osnovni izvor ljudske akcije, borile (po svoj prilici u nekom bestelesnom stanju) za prevlast. Tako se Tertulijan, veoma inteligentan čovek, sklon apstraktnom mišljenju, žalio da se »jeretici« i »filozofi« bave istim pitanjima. On kaže, »pitanja koja ljude čine jereticima«[1] sledeća su: Odakle dolazi čovek i kako? Odakle dolazi zlo i zašto? Tertulijan tvrdi (bar pre svog oštrog raskida sa crkvom) da je opšta crkva prevladala zato što je pružala »istinitije« odgovore na ta pitanja.

Ipak, većina hrišćana, gnostika i pravovernih, kao i religiozni ljudi svake tradicije, bavila se idejama prvenstveno kao izrazima ili simbolima religijskog iskustva. To iskustvo ostaje izvor i probni kamen svih religijskih ideja (na primer, muškarac i žena će, verovatno, drukčije reagovati na ideju da je Bog muškog roda). Gnosticizam i pravoverje izražavali su veoma različita ljudska iskustva; pretpostavljam da su privlačili različite vrste ljudi.

Kad su gnostički hrišćani istraživali poreklo zla, nisu tumačili taj pojam, kao što mi to činimo, prvenstveno kao moralno zlo. Grčki izraz *kakia,* čije je prvobitno značenje »ono što je loše — što čovek želi da izbegne«, kao što je fizički bol, bolest, patnja, nesreća, svaka vrsta povrede. Kad su Valentinovi sledbenici tražili izvor *kakie,* mislili su naročito na emocionalnu povredu — strah, pometnju, bol. Prema *Jevanđelju istine,* proces samootkrovenja počinje kad osoba doživljava »strepnju i užas«[2] ljudskog stanja, kao izgubljena u magli ili mučena zastrašujućim morama. Valentinov mit o čovekovom poreklu, kao što smo videli, opisuje očekivanje smrti i uništenja kao iskustveni početak gnostičkog traganja. »Oni kažu da je sva materijalnost sastavljena od tri iskustva (ili patnji): užasa, bola i pometnje *(aporia,* bukvalno, »bespuće«, »ne znati kuda ćeš«).[3]

Pošto su ta iskustva, naročito strah od smrti i raspadanja, smeštena u telu, gnostici su bili skloni da ne veruju telu, smatrajući ga saboterom koji ih neizbežno vodi u patnju. Gnostici nisu imali poverenja ni u slepe sile koje vladaju svemirom; konačno, od tih sila je telo sastavljeno. Šta može dovesti do oslobođenja? Gnostici su došli do ubeđenja da je jedini izlaz iz patnje shvatiti istinu o čovekovom mestu i sudbini u svemiru. Ubeđeni da se odgovori mogu pronaći jedino u čoveku, gnostici su se upuštali u izrazito ličnu unutrašnju odiseju.

Ko god iskusi sopstvenu prirodu — ljudsku prirodu — kao »izvor svih stvari«, prevashodnu stvarnost, doživeće prosvetljenje. Shvatajući suštinsko Ja, božansko u sebi, gnostik se smejao radosno kad je oslobođen spoljnih ograničenja da bi slavio svoje poistovećenje sa božanskim bićem:

> Jevanđelje istine je radost za one koji su primili od Oca istine milost da ga poznaju... Jer on ih je otkrio u sebi, a oni su otkrili njega u sebi, nerazumljivog, nezamišljivog, Oca, savršenog, onog koji je stvorio sve stvari.[4]

Čineći to, gnostici su slavili — njihovi protivnici su govorili da su mnogo preterivali — veličinu ljudske prirode. Čovečanstvo, u svom prvobitnom biću, otkrilo se kao »Bog iznad svih«. Filozof Plotin, koji se slagao sa svojim učiteljem Platonom da je svemir božanska tvorevina i da inteligencije koje nisu ljudskog porekla, uključujući i zvezde, imaju besmrtnu dušu,[5] napadao je gnostike što »misle vrlo dobro o sebi, a vrlo loše o svemiru«.[6]

Mada, kao što veliki britanski naučnik Artur Darbi Nok kaže, »gnosticizam ne znači povlačenje iz društva, nego želju da se pažnja usredsredi na unutrašnje blagostanje«,[7] gnostici su, uglavnom, na svom putu bili usamljeni. Prema *Jevanđelju po Tomi*, Isus hvali tu usamljenost: »blagosloveni ste vi usamljeni i izabrani, jer vaše je carstvo nebesko. Jer vi ste potekli iz njega i tamo ćete se vratiti.«[8]

Ta usamljenost potiče od gnostičkog naglašavanja primarnosti neposrednog iskustva. Niko ne može reći nikome kojim putem da ide, šta da čini, kako da postupa. Gnostik ne može da prihvati na veru ono što drugi kažu, izuzev kao privremenu meru, dok ne nađe sopstveni put, jer kao što gnostički učitelj Herakleon kaže, »ljudi najpre poveruju u Spasitelja kroz druge«, ali kad sazru, »oni se više ne oslanjaju samo na ljudsko svedočenje«, nego umesto toga otkrivaju sopstvenu, vezu sa »samom istinom«.[9] Ko god sledi svedočenja iz druge ruke — čak i svedočenje apostola i Svetog pisma — može da zaradi prekor koji je Hrist uputio svojim učenicima kad su mu navodili proroke: »Vi ste zanemarili onog koji je živ u vašem prisustvu i govorili ste (samo) o mrtvima.«[10] Samo na osnovu neposrednog iskustva čovek može da stvara pesme, opise vizija, mitove i himne što su gnostici cenili kao dokaz da je čovek, u stvari, postigao *gnozu*.

U poređenju s tim postignućem sva druga otpadaju. Ako »mnoštvo« — neprosvetljenih ljudi — veruje da će naći ispunjenje u porodičnom životu, polnim odnosima, poslu, politici, običnim poslovima ili dokolici, gnostik je odbacivao to verovanje kao iluziju. Neki radikalni gnostici odbacivali su sve aktivnosti u koje je uključena polnost ili novac: tvrdili su da ko god odbaci polni odnos i Mamona »pokazuje (da) je on (iz) pokolenja Sina Čovekovog«.[11] Drugi, kao valentinci stupali su u brak, podizali decu, bavili se običnim poslovima, ali su, poput odanih budista, smatrali sve to drugorazrednim u odnosu na usamljenički, unutrašnji put *gnoze*.

Nasuprot tome, pravoverno hrišćanstvo je definisalo drukčiju vrstu iskustva. Pravoverni hrišćani su bili zainteresovani — mnogo više nego gnostici — za odnose sa drugim ljudima. Ako su gnostici tvrdili da je čovekovo prvobitno iskustvo zla sadržavalo unutrašnju emocionalnu patnju, pravoverni se nisu slagali. Pozivajući se na priču o Adamu i Evi, oni su objašnjavali da je čovek otkrio zlo u ljudskom kršenju prirodnog reda, koji je po sebi u suštini »dobar«. Pravoverni su tumačili zlo *(kakia)* prvenstveno kao nasilje protiv drugih (na taj način dajući moralnu konotaciju reči). Oni su revidirali Mojsijev zakon koji zabranjuje fizičko nasilje nad drugima — ubistvo, krađu, preljubu — prema Isusovoj zabrani mentalnog i emocionalnog nasilja — besa, požude, mržnje.

Prihvatajući da ljudska patnja potiče od ljudske greške, pravoverni hrišćani su isticali prirodan poredak. Zemaljske ravnice, pustinje, mora, planine, zvezde i drveće, prikladan su dom za čoveka. Pravoverni hrišćani su smatrali proces ljudske biologije kao deo te »dobre« tvorevine: bili su skloni da prihvate i potvrde polnost (bar u braku), razmnožavanje i ljudski razvitak. Pravoverni hrišćani su videli u Hristu ne nekoga ko vodi duše iz ovog sveta ka prosvetljenju, nego kao »punoću Boga«, koja je sišla u ljudsko iskustvo — u *telesno* iskustvo — da ga posveti. Irenej izjavljuje da Hrist

> nije prezirao niti izbegavao nijedno ljudsko stanje, niti je zaobilazio zakon koji je odredio za ljudski rod,

nego je posvetio svako doba... On zbog toga prolazi kroz sva doba, postaje odojče za odojčad i na taj način posvećuje odojčad; dete za decu i na taj način posvećuje one koji su u tom dobu... mladić za mladež... i... zato što je bio starac za stare ljude... posvećujući u isto vreme i ostarele... a onda, na kraju, došao je do same smrti.[12]

Da bi svoju teoriju učinio doslednom, Irenej je revidirao opšte predanje da je Isus umro u tridesetim godinama. Da ne bi starost ostala neposvećena, Irenej je tvrdio da je Isusu bilo više od pedeset godina kad je umro.[13]

Ali običan život ne čini svetim samo priča o Hristu. Pravoverna crkva je postepeno razvijala obrede da bi opunovažila velike događaje biološkog postojanja: zajedničku ishranu, pričešćem; polnost, brakom; rođenje, krštenjem; bolest, pomazanjem; i smrt, pogrebom. Iza ovih obreda stajala su društvena pravila koja su sadržavala važne etičke odgovornosti za pravoverne. Vernik je stalno slušao crkvene vođe kako upozoravaju da ne zapada u greh u praktičnim životnim poslovima i ne vara na poslu, ne laže bračnog druga, ne tiraniše decu ili robove i ne zanemaruje sirotinju. Čak i paganski kritičari su primetili da su hrišćani privlačili siromahe zato što su ublažavali njihove dve najveće brige: hrišćani su obezbeđivali hranu sirotinji i sahranjivali mrtve.

Dok je gnostik video sebe kao »jednog od hiljadu, dva od deset hiljada«[14], pravoverac je doživljavao sebe kao pripadnika zajedničke ljudske porodice, kao člana crkve. Po profesoru Helmutu Kesteru, ispit pravoverja je u tome da li je ono u stanju da sagradi *crkvu* pre nego klub ili školu ili sektu, ili samo grupu zainteresovanih religioznih pojedinaca.«[15] Origen, najsjajniji teolog trećeg veka, izrazio je, mada i sam pod sumnjom da je jeretik, gledište pravovernih kad je izjavio da Bog ne bi pokazao put spasenja dostupan samo intelektualnoj i duhovnoj eliti. On je prihvatio da ono što crkva uči mora biti jednostavno, jednodušno, dostupno svima. Irenej izjavljuje da

> kao što je sunce, tvorevina Božja, jedno i isto širom celog sveta, tako i propovedanje istine sija svud, i pro-

svetljuje sve ljude koji to hoće... niti će iko od vođa u crkvama, ma koliko da je visoko obdaren govorništvom, pripovedati doktrine različite od ovih.[16] Irenej je podsticao svoju zajednicu da uživa u sigurnosti uverenja da njihova vera počiva na apsolutnom autoritetu: kanonski odobrenom Svetom pismu, veri, crkvenom obredu i svešteničkoj hijerarhiji.

Ako se obratimo najranije poznatim izvorima hrišćanskog predanja — kazivanjima Isusovim (mada se naučnici ne slažu oko pitanja *koja* su kazivanja stvarno autentična), videćemo kako se i gnostički i pravoverni oblici hrišćanstva mogu pojaviti kao različita tumačenja učenja i značaja Hristovog. Oni koje privlači usamljenost zapaziće da se čak i u novozavetnom Jevanđelju po Luki nalazi Isusovo kazivanje da ko god »ne mrzi svog oca, majku i ženu i decu i braću i sestre, da, i čak sopstveni život, ne može biti moj učenik«.[17] Zahtevao je od onih koji ga slede da ostave sve — porodicu, kuću, decu, običan posao, bogatstvo — da bi mu se pridružili. A sam on, kao prototip, bio je beskućnik koji je odbacio sopstvenu porodicu, izbegao brak i porodičan život, tajanstveni lutalica koji je zahtevao istinu, po svaku cenu, čak i po cenu sopstvenog života. Marko priča da je Isus krio svoje učenje od masa i poveravao ga samo nekolicini koje je smatrao vrednim da ga prime.[18] Pa ipak, novozavetna jevanđelja sadrže i priče koje se mogu sasvim drukčije tumačiti. Isus je blagoslovio brak i objavio ga nepovredivim;[19] prihvatao je decu koja su ga okruživala ;[20] saosećajno je reagovao na najčešće oblike ljudske patnje,[21] kao što su groznica, slepilo, paraliza, duševna bolest, i plakao je[22] kad je shvatio da ga je njegov narod odbacio. Viljem Blejk, primećujući tako različite opise Isusa u Novom zavetu, podržavao je onaj koji su gnostici pretpostavljali »viziji Hrista koju svi ljudi vide«:

> Moja vizija Hrista Spasitelja
> Od tvoje nema većeg neprijatelja ...
> Tvoja je prijatelj ljudskom rodu svom
> Moja parabolom govori slepom...
> Tvoja voli svet koji mrzi moja
> Vrata mog pakla kapija raja su tvoja...

> Bibliju čitamo vreme vascelo
> Gde ti čitaš crno ja čitam belo...
> U besu i strasti, kad sam lažnog Hrista ugledao
> Širom zemlje glas sam svoj podigao.[23]

Niče, koji je precizirao ono što je znao kao hrišćanstvo ipak, je rekao: »Postoji samo jedan hrišćanin, i on je umro na krstu.«[24] Dostojevski u *Braći Karamazovima* govori o Ivanovoj viziji Hrista koju je crkva odbacila, Hrista koji je »žudeo za čovekovom slobodnom ljubavlju, za čovekom koji će Te slobodno pratiti«,[25] koji će istinu sopstvene savesti pretpostaviti materijalnom blagostanju, društvenom odobravanju i religijskoj izvesnosti. Poput autora *Druge rasprave velikog Seta*, Ivan osuđuje pravovernu crkvu što odvodi ljude od »istine njihove slobode«.[26]

Tokom formiranja hrišćanstva vidimo kako su izbijali sukobi između nemirnih, radoznalih ljudi koji su sledili samotni put samoostvarenja, i institucionalne strukture koja je davala religijsku punovažnost većini i etički ih usmeravala u svakodnevnom životu. Pravoverno hrišćanstvo je, prilagodivši u svoje svrhe rimsku političku i vojnu organizaciju, zadobivši carsku podršku u IV veku, postajalo sve stabilnije i otpornije. Gnostičko hrišćanstvo se nije moglo meriti sa pravoverjem ni u popularnosti koju je Nok nazvao »savršenom zbog nesvesne podudarnosti sa potrebama i težnjama čoveka«,[27] niti u praktičnoj organizaciji. Oba ova elementa osigurala su opstanak pravovernog hrišćanstva kroz vekove. Ali proces uspostavljanja pravoverja isključivao je svaku drugu alternativu. Gnosticizam, koji je pružao alternativu preovlađujućoj doktrini hrišćanskog pravoverja, izgnan je i time je hrišćanska tradicija osiromašena.

Ideje gnostičkih hrišćana preživele su samo kao potisnuta struja, kao reka ponornica. Te struje ponovo se pojavljuju tokom srednjeg veka u obliku različitih jeresi; zatim, u vreme reformacije, pojavljuju se novi i različiti oblici hrišćanstva. Mistici kao Jakob Beme, i sam optužen za jeres, i radikalni vizionari kao Džon Foks, koji po svoj prilici nisu poznavali gnostičku tradiciju, ipak su izneli tumačenja religijskog iskustva analogna gnosticizmu. Međutim, velika većina pokreta koji su izrasli iz reformacije — baptistički, pentakostalni, metodistički, episkopalni, kongregacionalni, prezbiterijanski, kvekerski — ostala je unutar osnovnog pravoverja ustanovljenog u II veku. Svi ti pokreti smatraju Novi zavet jedinim autoritativnim spisom; većina je prihvatila pravovernu veroispovest i zadržala hršćanske sakramente, čak i onda kada su im izmenili oblik i tumačenje.

Sad kad nam otkrića kod Nag Hamadija bacaju novo svetio na ovaj proces, možemo razumeti zašto su se neki kreativni ljudi kroz vekove, od Valentina do Herakleona, do Blejka, Rembranta, Dostojevskog, Tolstoja i Ničea, nalazili na granici pravoverja. Svi su oni bili opčinjeni Hristovom ličnošću — njegovim rođenjem, životom, učenjem, smrću i vaskrsenjem: svi su se stalno vraćali hrišćanskim simbolima kada su izražavali svoje iskustvo. A ipak, našli su se u sukobu sa pravovernim institucijama. Danas sve veći broj ljudi deli njihovo iskustvo. Oni se ne mogu oslanjati isključivo na autoritet Svetog pisma, apostola, crkve a da ne istražuju kako se taj autoritet uspostavio i šta mu, ako išta, daje legitimnost. Sva stara pitanja — prvobitna pitanja koja su bila oštro pretresana na početku hrišćanske ere — ponovo se postavljaju: Kako treba shvatiti vaskrsenje? Šta se može reći o učešću žena u svešteničkim i episkopskim funkcijama? Ko je bio Hrist i kakav odnos postoji između njega i vernika? Koje su sličnosti između hrišćanstva i drugih svetskih religija?

Posvećivanje ove studije gnosticizmu ne znači, kako bi površan čitalac mogao pretpostaviti, da ja zastupam povratak gnosticizmu — niti da »stajem na njegovu stranu« nasuprot pravovernom hrišćanstvu. Naravno, kao istoričar, otkrića kod Nag Hamadija smatram vanredno uzbudljivim, zato što na svetlost dana iznose materijal koji omogućava novi pogled na disciplinu koja me najviše fascinira — istoriju hrišćanstva. Međutim, istoričarev zadatak, kako ga ja razumem, nije da zastupa jednu stranu, nego da ispita činjenice — u ovom slučaju, da pokuša da otkrije kako je hrišćanstvo nastalo. Pored toga, kao čovek zainteresovan za religijska pitanja, mislim da preispitivanje sporova vođenih u vreme ranog hrišćanstva izoštrava naše razumevanje glavnih pitanja debate, pitanja, i danas aktuelnih, kao što su: Šta je izvor religijskih autoriteta? Za hrišćanina pitanje se postavlja u određenijem obliku: Kakav odnos postoji između čovekovog sopstvenog iskustva i iskustva koje potvrđuje Sveto pismo, obredi i sveštenstvo?

Kada je Muhamed Ali razbio ćup sa papirusima kod litice blizu Nag Hamadija i razočaran video da nije otkrio zlato, on nije mogao zamisliti implikacije svog slučajnog pronalaska. Da su bili pronađeni hiljadu godina ranije, gnostički spisi bi sigurno bili spaljeni zbog jeretičnosti. Ali oni su ostali skriveni do XX veka, kada je čovek, zbog veće svesti o svojoj kulturi, u stanju da na nov način gleda na pitanja koja ovi spisi pokreću. Danas ih mi drukčije vidimo — ne kao »ludilo« i »bogohuljenje«, nego onako kako su ih hrišćani videli u prvim vekovima hrišćanstva: kao moćnu alternativu pravovernoj tradiciji. Sada konačno možemo početi sa razmatranjem pitanja koja nam postavljaju.

NAPOMENE

Uvod

[1] J. M. Robinson, Introduction, *The Nag Hamadi Library* (Biblioteka Nag Hamadi), New York, 1977, 21—22. U svim beleškama će ovaj izvor biti označen skraćenicom NHL.
[2] Ibid., 22.
[3] *Jevanđelje po Tomi* 32. 10—11, u: NHL 118.
[4] Ibid., 45. 39—33, u: NHL 126.
[5] *Jevanđelje po Filipu* 62. 32—64. 5, u. NHL 118.
[6] *Jovanov Apokrif* 1. 2—3, u : NHL 99.
[7] *Jevanđelje po Egipćanima* 40. 12—13, u: NHL 105.
[8] Videti W. Schneemelcher, u: E. Hennecke, W. Schneemelcher, *New Testament Apocrypha* (prevod *Neute stamentliche Apocryphen*), (Philadelphia, 1963), I, 97—133 — u docnijim beleškama NT APOCRYPHA; J. A. Fitzmyer, »The Oxyrhynchus Logoi of Jesus and the Coptic Gospel According to Thomas«, u: *Essays on the Semitic Background of the New Testament* (Missoula, 1974), 355—433.
[9] Robinson, Introduction, u: NHL 13—18.
[10] Irenaeus, *Libros Quinque Adversus Haereses* 3. 11. 9. U docnijim beleškama: AH.
[11] M. Malanine, H.—Ch. Puech, G. Quispel, W. Tili, R. McL. Wilson, *Evangelium Veritatis* (Zurich and Stuttgart, 1961), Introduction.
[12] H. Koester, Introduction to the Gospel *of Thomas*, NHL 117.
[13] *Svedočanstvo istine* 45 :23—48 :18; u: NHL 411—112.
[14] *Grom, savršeni um*, 13 :16—14 :15, u: NHL 271—272.
[15] Irenaeus, AH Praefatio.
[16] Irenaeus, AH 3. 11. 9.
[17] H. M. Schenke, *Die Herkunft des sogennanten Evangelium Veritatis* (Berlin, 1958; Gottingen, 1959).

[18] Hippolytus, *Refutationis Omnium Haeresium* I. U docnijim beleškama: REF.

[19] Videti F. Wisse, »Gnosticism and Early Monasticism in Egypt«, u: *Gnosis: Festschrift für Hans Jonas* (Gottingen, 1978), 431—440.

[20] Theodotus, citirano u: Clemens Alexandrinus, *Excerpta ex Theodoto* 78. 2. U docnijim beleškama: EXCERPTA.

[21] Hippolytus, REF 8. 15. 1—2. Podvukao autor.

[22] *Jevanđelje po Tomi* 35.4—7 i 50.28—30, NHL 119 i 129.

[23] E. Conze, »Buddhism and Gnosis«, u: *Le Origini dello Gnosticismo: Colloquio di Messina 13—18 Aprile 1966* (Leiden, 1967), 665.

[24] Hippolytus, REF 1.24.

[25] Conze, »Buddhism and Gnosis«, 665—666.

[29] Jedan naučnik (W. Bauer) je još pre Nag Hamadi otkrića mislio da je rano hrišćanstvo bilo veoma raznoliko. Njegova knjiga, *Rechtglaubigkeit und Ketzerei im ältesten Christentum* pojavila se 1934. god. Engleski prevod je štampan pod naslovom *Orthodoxy and Heresy in Earliest Christianity* (Philadelphia, 1971).

[27] Videti Bauer, *Orthodoxy and Heresy*, 111—240.

[28] Videti diskusiju H. — Ch. Peuch, u: NT APOCRYPHA 259 i dalje.

[29] Ibid., 250 i dalje.

[30] Ibid., 244.

[31] H. Jonas, *Journal of Religion* (1961) 262, citirano u: J. M. Robinson, »The Jung Codex: The Rise and Fali of a Monopoly«, u: *Religious Studies Review* 3.1 (january 1977), 29.

[32] Za opširniji opis ovih događaja videti: Robinson, »The Jung Codex«, 24 i dalje.

[38] *La bourse égyptienne* (June 10, 1949), citirano u: Robinson, »The Jung Codex«, 17—30.

[34] G. Quispel, *Jung — een mens voor deze tijd* (Rotterdam, 1975), 85.

[35] Robinson, »The Jung Codex«, 24 i dalje.

[36] E. Pagels, *The Johannine Gospel Exegesis* (Nashville, 1973); *The Gnostic Paul: Gnostic Exegesis of the Pauline Letters,* (Philadelphia, 1975).

[37] E. Pagels i H. Koester, »Report on the Dialogue of the Savior« (CG III.5), u: R. McL. Wilson, *Nag Hammadi and Gnosis* (Leiden, 1978), 66—74.

[38] G. Garitte, *Le Muséon* (1960), 214, citirano u: Robinson, »The Jung Codex«, 29.

[39] Tertullian, *Adversus Valentinianos* 7.

GNOSTIČKA JEVANĐELJA 175

⁴⁰ A. von Harnack, *History of Dogma,* prevod trećeg nemačkog izdanja, (New York, 1961), I.4, 228.
⁴¹ Ibid., 229.
⁴² A. D. Nock, *Early Gentile Christianity and Its Hellenistic Background,* drugo izdanje, (New York, 1964), xvi.
⁴³ W. Bousset, *Kyrios Christos* (prvo izdanje Göttingen, 1913; drugo izdanje 1921; engleski prevod 1970), 245.
⁴⁴ R. Retzenstein, Poimandres: *Studien zur griechisch-agyptischen und frühchristlichen Literatur* (Leipzig, 1921).
⁴⁵ M. Friedländer, *Der vorchristliche jüdische Gnosticismus* (Göttingen, 1898; drugo izdanje 1972).
⁴⁶ H. Jonas, *Gnosis und spätantiker Geist, I: Die Mythologische Gnosis* (Gottingen, prvo izdanje 1934; drugo izdanje 1964).
⁴⁷ H. Jonas, *The Gnostic Religion* (Boston, prvo iz danje 1958; drugo izdanje 1963).
⁴⁸ Ibid., 320—340.
⁴⁹ W. Bauer, *Orthodoxy and Heresy in Earliest Christianity* (prevod drugog izdanja, Philadelphia, 1971), xxii.
⁵⁰ H. E. W. Turner, *The Pattern of Christian Truth: A Study in the Relations Between Orthodoxy and Heresy in the Early Church* (London, 1954).
⁶¹ C. H. Roberts, *Manuscript, Society, and Belief in Early Christian Egypt* (London, 1979).
⁵² A. Guillaumont, H-Ch. Puech, G. Quispel, W. Till, Y. 'Abd al Masih, *The Gospel According to Thomas: Coptic Text Established and Translated* (Leiden/New York, 1959).
⁵³ *The Facsimile Edition of the Naq Hammadi Codices,* kodeksi I—XIII (Leiden, 1972). Videti diskusiju u: J. M. Robinson, »The Facsimile Edition of the Nag Hammadi Codices«, u: *Occasional Papers of the Institute for Antiquity and Cristianity,* 4 (Claremont, 1972).
⁵⁴ C. Colpe, *Die religiongeschichtliche Schule: Darstellung und Kritik ihres Bildes von gnostischen Erlösermythus* (Göttingen, 1961).
⁵⁵ R. M. Grant, *Gnosticism and Early Christianity,* drugo izdanje, (New York, 1966), 27 i dalje.
⁵⁶ G. Quispel, *Gnosis als Weltreligion* (Leiden, 1951).
⁵⁷ H. Jonas, »Delimitation of the gnostic phenomenon — typological and historical«, u: *Le Origini dello Gnosticismo* (Leiden, 1967), 90—108.
⁵⁸ E. R. Dodds, *Pagan and Christian in an Age of Anxiety* (Cambridge, 1965), 69—101.

[59] G. G. Scholem, *Jewish Gnosticism, Merkabah Mysticism, and Talmudic Tradition* (New York, prvo izdanje 1960, drugo izdanje 1965).

[60] A. D. Nock, *Essays on Religion and the Ancient World*, ed. Z. Stewart (Cambridge, 1972), II, »Gnosticism«, 940 i dalje.

[61] Videti A. H. Armstrong, »Gnosis and Greek Philosophy«, u: *Gnosis: Festschrift für Hans Jonas* (Göttingen, 1978), 87—124.

[62] B. Layton, *Treatise on Resurrection: Editing, Translation, Commentary* (Missoula, 1979); »Vision and Revision: A Gnostic View of Resurrection«, u: *Proceedings: Quebec Colloquium on the Texts of Nag Hammadi* (Quebec, 1979).

[63] Videti H. Attridge, »Exegetical Problems in the Tripartite Tractate«, rad pripremljen za sastanke SBL u Nju Orleansu 1978, i njegovo izdanje kodeksa I iz Nag Hamadija, koje će biti objavljeno u *Nag Hammadi Studies* (Leiden, 1980).

[64] M. Smith, *Clement of Alexandria and a Secret Gospel of Mark* (Cambridge, 1973): *Jesus the Magician* (San Francisco, 1978).

[65] J. M. Robinson, H. Koester, *Trajectories Through Early Christianity* (Philadelphia, 1971): videti Robinson, »*Logoi Sophon*: On the Gattung of Q«, 71—113; Koester, »One Jesus and Four Primitive Gospels«, 158—204.

[66] M. Tardieu, *Trois mythes gnostiques: Adam, Eros et les animaux dans un écrit de Nag Hammadi* (Pariš, 1974).

[67] L. Schottroff, *Der Glaubende und die fiendliche Welt* (Neukrichner, 1970).

[68] P. Perkins, *The Gnostic Dialogue* (New York, 1979).

[69] P. Perkins, »Deceiving the Deity: Self-Transcendence and the Numinous in Gnosticism«, u: *Proceedings of the Tenth Annual Institute for Philosophy and Religion* (Boston, 1981).

[70] G. MacRae, »Sleep and Awakening in Gnostic Texts«, u: *Le Origini dello Gnosticismo*, 496—510.

[71] G. MacRae, »The Jewish Background of the Gnostic Sophia Myth«, *Novum Testamentum* 12 (1970), 97 i dalje.

[72] Primer se može naći u G. MacRae, »Nag Hammadi and the New Testament«, u: *Gnosis: Festschrift für Hans Jonas*, 144—157.

[73] Videti: B. A. Pearson, »Jewish Haggadic Traditions in the *Testimony of Truth* from Nag Hammadi (CGIX, 3)«, u: *Ex Orbe Religionum: Studia Geo Widengren* (Leiden, 1972), 457—470; »Biblical Exegesis in Gnostic Literature«, u: *Armenian and Biblical Studies*, ed. M. E. Stone (Jerusalem, 1975), 70—80; »The Figure of Melchizedek«, u: *Proceedings of the XIIth International Congress of*

the International Association for the History of Religions (Leiden, 1975), 200—208.
[74] D. M. Scholer, *Nag Hammadi Bibliography* (Leiden, 1971).
[75] *Petrova apokalipsa* 76.27—30, u NHL 342. Citati iz ovog teksta su prevod J. Brashlera — *The Coptic Apocalypse of Peter: A Genre Analysis and Interpretation* (Claremont, 1977).

Glava prva

Za stručniju diskusiju o ovoj temi konsultovati E. Pagels, »Visions, Appearances, and Apostolic Authority: Gnostic and Orthodox Traditions«, u: *Gnosis: Festschrift für Hans Jonas*, ed. B. Aland (Göttingen, 1978), 415—430.
[1] K. Stendahl, *Immortality and Resurrection* (New York, 1968).
[2] Jevanđelje po Luki 24 : 36—43.
[3] Dela apostola 2 : 22—36.
[4] Ibid., 10 : 40—41.
[5] Tertullian, *De Resurrectione Carnis* 2.
[6] Tertullian, *De Carne Christis* 5.
[7] Ibid.
[8] Jevanđelje po Jovanu 20 : 27.
[9] Jevanđelje po Marku 16:12; Jevanđelje po Luki 24 :13—32.
[10] Jevanđelje po Luki 24 :31.
[11] Jevanđelje po Jovanu 20 :11—17.
[12] Dela apostola 9 : 3—4.
[13] Ibid., 9 : 7.
[14] Ibid., 22 : 9.
[15] Prva poslanica Korinćanima 15 :50.
[16] Ibid., 15 :51—53.
[17] Jevanđelje po Marku 10 :42—44.
[18] Jevanđelje po Luki 24 :34.
[19] Jevanđelje po Mateju 16 :13—19.
[20] Jevanđelje po Jovanu 21 :15—19.
[21] H. von Campenhausen, *Ecclesiatical Authority and Spiritual Power* (London, 1969), prevod J. A. Baker (naslov originala: *Kirchliches Amt und geistiliche Vollmacht*, Tübingen, 1953), 17 (videti diskusiju u prvoj glavi).
[22] Jevanđelje po Marku 16 :9; Jevanđelje po Jovanu 20 :11—17.
[23] Jevanđelje po Mateju 28:16—20; Jevanđelje po Luki 24 : 36—49; Jevanđelje po Jovanu 20:19—23.

²⁴ Jevanđelje po Mateju 28:18.
²⁵ Dela apostola 1 :15—20.
²⁶ Ibid., 1:22. Podvukao autor.
²⁷ Ibid., 1:26.
²⁸ Ibid., 1:6—11.
²⁹ Ibid., 7 : 56.
³⁰ Dela apostola 9 :1—6.
³¹ Ibid., 22 :17—18; takođe videti 18 :9—10.
³² Videti J. Lindblom, *Gesichte und Offenbarungen: Vorstellungen von göttlchen Weisungen und übernatürlichen Erscheinungen im ältesten Christentum* (Lund, 1968), 32—113.
³³ Videti K. Holl, *Der Kirchenbegriff des Paulus in seinem Verhältnis zur dem der Urgemeinde*, u: *Gesammelte Aufsätze zur Kirchengeschichte* (Tübingen, 1921), II, 50—51.
³⁴ G. Blum, *Tradition und Sukzession: Studium zum Normbegriff des Apostolischen von Paulus bis Irenaeus* (Berlin, 1963), 48.
³⁵ Campenhausen, *Ecclesiastical Authority and Spiritual Power*, 14—24. Videti diskusiju u: E. Pagels, »Visions, Appearances, and Apostolic Authority«, 415—430.
³⁶ Origen, *Commentarium in I Corinthians*: u: *Journal of Theological Studies* 10 (1909), 46—47.
³⁷ Tertullian, *De Resurrectione Carnis*, 19—27.
³⁸ Irenaeus, AH 1.30.13.
³⁹ Prva poslanica Korinćanima 15 : 8.
⁴⁰ Jevanđelje po Marku 16 :9.
⁴¹ Jevanđelje po Jovanu 20 :11—19.
⁴² *Jevanđelje po Mariji* 10.17—21, u: NHL 472.
⁴³ *Petrova apokalipsa* 83.8—10, u NHL 344. Za diskusiju o Petru i gnostičkoj tradiciji videti: P. Perkins, »Peter in Gnostic Revelations«, u: *Proceedings of SBL: 1974 Seminar Papers II* (Washington, 1974). 1—13.
⁴⁴ *Rasprava o vaskrsenju* 48.10—16, u: NHL 52—3. Videti: M. L. Peel, *The Epistle to Rheginos; A Valentinian Letter on the Resurrection: Introduction, Translation, Analysis, and Exposition* (London/Philadelphia 1969); B. Layton, *The Gnostic Treatise on Ressurection from Nag Hammadi. Edited, with Translation and Commentary* (Missoula, 1979). Kako sam napomenula, citirani prevod je Lejtonov.
⁴⁵ *Rasprava o vaskrsenju* 48.34—38, u: NHL 53.
⁴⁶ Ibid., 47.18—49.24, u: NHL 53.
⁴⁷ *Jevanđelje po Filipu* 73.1—3, u: NHL 144.
⁴⁸ Ibid., 57.19—20, u: NHL 135.

⁴⁹ Videti H. H. Koester, »One Jesus and Four Primitive Gospels«, u: J. M. Robinson and H. Koester, *Trajectories through Early Christianity* (Philadelphia, 1971), 158—204, i Robinson, »The Johannine Trajectory«, ibid., 232—268.
⁵⁰ Jevanđelje po Marku 16 :9—20.
⁵¹ *Jevanđelje po Mariji* 9.14—18, u: NHL 472.
⁵² Ibid., 10.4.—5, u: NHL 472.
⁵³ Ibid., 17.8—15, u: NHL 473.
⁵⁴ Ibid., 18.1—12, u: NHL 473.
⁵⁵ Pisac *Jevanđelja po Mariji* je, možda, primetio da ni Marko ni Jovan ne kažu eksplicitno da se vaskrsli Isus *fizički* pojavio Mariji. Markova tvrdnja da se Isus kasnije pojavio »u drugom obličju« mogla bi značiti da je on bio bestelesno biće koje je uzimalo različite oblike da bi postalo vidljivo. Jovan govori da je Isus upozorio Mariju da ga ne dodiruje — što je suprotno pričama koje kažu da je on tražio od učenika da ga dodirnu da bi dokazao da »nije duh«.
⁵⁶ Irenaeus, AH 3.2.1—3.3.1. Takođe videti: M. Smith, *Clement of Alexandria and a secret Gospel of Mark* (Cambridge, 1973), 197—278.
⁵⁷ Ibid., 3.4.1.—2.
⁵⁸ Jevanđelje po Marku 4 :11.
⁵⁹ Jevanđelje po Mateju 13 :11.
⁶⁰ Druga poslanica Korinćanima 12 : 2—4.
⁶¹ Prva poslanica Korinćanima 2 : 6.
⁶² R. Bultmann, *Theology of the New Testament*, prevod K. Grobel (London, 1965), I, 327; U. Wilckens, *Weisheit und Torheit* (Tübingen, 1959), 44 i dalje, 214—224.
⁶³ R. Scroggs, »Paul: Sophos and pneumatikos«, *New Testament Studies* 14, 33—35. Takođe videti: E. Pagels, *The Gnostic Paul* (Philadelphia, 1975), 1—10; 55—58; 157—164.
⁶⁴ *Jovanov apokrif* 1.10—2.7, u: NHL 99.
⁶⁵ Ibid., 2.9—18, u: NHL 99.
⁶⁶ *Petrovo pismo Filipu* 134.10—18, u: NHL 395. Videti analizu u: M. Meyer, *The Letter of Peter to Philip NHL VIII, 2: Text, Translation, and Commentary* (Claremont, 1979).
⁶⁷ *Sophia Jesu Christi* 91.8—13, u: NHL 207—208.
⁶⁸ Videti diskusiju u: H.—Ch. Puech, »Gnostic Gospels and Related Documents«, u: *New Testament Apocrypha* I. 231—326.
⁶⁹ *Jevanđelje po Filipu* 57.38—35, u: NHL 135.
⁷⁰ Clemens Alexandrinus, EXCERPTA 23.4.
⁷¹ Irenaeus, AH 3.11.9.
⁷² *Knjiiga Tome Polemičara* 138.7—18, u: NHL 189.

⁷³ Irenaeus, AH 1.18.1.
⁷⁴ *Dela apostola Jovana* 94—96. u: *New Testament Apocrypha* II, 227—232. Videti kraću diskusiju u: E. Pagels, »To the Universe Belongs the Dancer«, u *Parabola* IV.2 (1979), 7—9.
⁷⁵ Irenaeus, AH 2.15.3.
⁷⁶ Ibid., 2.13.3.—10. Podvukao autor.
⁷⁷ Heracleon, Frag. 39, u: Origen, *Commentarium in Johannes.* Dalje citirano kao COMM. JO.
⁷⁸ Hippolytus, REF 6.42.
⁷⁹ Irenaeus AH 1.14.1.
⁸⁰ Ibid., 1.14.3.
⁸¹ Ibid., 1.13.3—4.
⁸² Ibid., 3.4.1.
⁸³ Ibid., 3.13.6.
⁸⁴ Ibid., 3.2.2.
⁸⁶ Ptolomej, *Epistula ad Floram* 7.9; videti diskusiju u: Campenhausen, *Ecclesiastical Authority and Spiritual Power*, 158—161.
⁸⁶ Irenaeus, AH 1.30.13.
⁸⁷ *Dijalog Spasiteljev* 139.12—13, u: NHL 325.
⁸⁸ *Petrova apokalipsa* 72.10—28, u: NHL 340—341.
⁸⁹ **videti original kod Jovice Aćina!!!!!!!!!!!!!!!!!!!!!!!**
⁹⁰ Tertullian, *De Praescriptione Haereticorum* 42. Dalje citirano kao DE PRAESCR.
⁹¹ Ibid., 37.
⁹² Irenaeus, AH 1.10.1.
⁹³ Ibid., 3.4.1.
⁹⁴ Ibid., 3.3.2.
⁹⁵ *Petrova apokalipsa* 74.16—21, u: NHL 341. Videti: Brashler, *The Coptic Apocalypse of Peter;* Perkins, »Peter in Gnostic Revelations«.
⁹⁶ *Petrova apokalipsa* 79.24—30, u: NHL 343.
⁹⁷ Ibid., 76.27—34, u: NHL 342.
⁹⁸ Ibid., 78.31—79.10, u: NHL 343.
⁹⁹ Videti diskusiju u: E. Pagels, »The Demiurge and his Archons: A Gnostic View of the Bishops and Presbyters?«, u: *Harvard Theological Review* 69.3—4 (1976), 301—324.
¹⁰⁰ Tertullian, *De Carne Christi* 5.
¹⁰¹ *Jevanđelje po Tomi*, 38.33—39.2., u: NHL 121.
¹⁰² Videti: E. Leack, *Melchisedek and the Emperor: Icons of Subversion and Orthodoxy*, u: *Proceedings of the Royal Anthropological Institute of Great Britain and Ireland for 1972* (London, 1973), 1 i dalje.

Glava druga

Za stručniju diskusiju o ovoj temi videti: E. Pagels, »The Demiurge and his Archons: A Gnostic View of the Bishop and Presbyters?«, u: *Harvard Theological Review* 69.3—4 (1976), 301—324.

[1] Videti: N. A. Dahl; »The Gnostic Response: The Ignorant Creator«, dokumentacija pripremljena za Nag Hamadi sekciju Godišnjeg sastanka Društva za biblijsku literaturu (SBL), 1976.

[2] *Hipostaza Arhonata* 86.27—94.26, u: NHL 153—158. Citat je kombinacija dve verzije priče u 86.27—87.4 i 94.19—26; treća se u istom tekstu pojavljuje u 94.34—95.13. Videti: B. Layton, »The Hypostasis of the Archons«, *Harvard Theological Review* 67 (1974), 351 i dalje.

[3] *O postanku sveta* 103.9—20, u: NHL 165. Za analizu tekstova videti: F. L. Fallon, *The Sabaoth Accounts in »The Nature of the Archons« (CG 11,4) and »On the Origin of the World« (CG 11,5): An Analysis* (Cambridge, 1974).

[4] *Jovanov apokrif* 11.18, u: NHL 105—106.

[5] *Svedočanstvo istine* 45.24—46.11, u: NHL 411.

[6] Ibid., 47.7—30, u: NHL 412.

[7] Videti odličnu diskusiju u: B. A. Pearson, »Jewish Haggadic Traditions in the Testimony of Truth from Nag Hammadi, CG IX, 3«, u: *Ex Orbe Religionum: Studia Geo Widengren oblata* (Leiden, 1972), 458—470.

[8] *O postanku sveta* 115.31—116.8, u: NHL 172.

[9] *Hipostaza Arhonata* 89.11—91.1, u: NHL 154—155.

[10] *Trodelni traktat* 51.24—52.6, u: NHL 55.

[11] *Valentinsko izlaganje* 22.19—23, u: NHL 436.

[12] *Tumačenje znanja* 9.29, u: NHL 430.

[13] Irenaeus, AH 4.33.3.

[14] Ibid., 3.16.6.

[15] Ibid., 3.16.8.

[16] Ibid., Praefatio 2.

[17] Ibid., 4.33.3; 3.16.8.

[18] Za diskusiju i obaveštenja videti: Pagels, »The De miurge and his Archons«.

[19] Irenaeus, AH 1.11.1.

[20] Ibid., 1.1.1; videti: *Trodelni traktat* 51.1 i dalje, u: NHL 55 i dalje.

[21] Heracleon, Frag. 22, u: Origen, COMM.JO. 13.19.

[22] Ibid., Frag. 24, i Origen, COMM.JO. 13.25.

[23] *Jevanđelje po Filipu* 53.24—34, u: NHL 687—133.

[24] Irenaeus, AH 3.15.2. Podvukao autor.
[25] Clemens Romanus, I *Clement* 3.3.
[26] Ibid., 1.1.
[27] Ibid., 14.19—20; 60.
[28] Ibid., 60.4.—61.2; 63.1—2.
[29] Ibid., 63.1.
[30] Ibid., 41.3.
[31] Ibid., 41.1.
[32] Videti: Campenhausen, *Ecclesiastical Authority and Spiritual Power*, 86—87: »Dogmatska pitanja se nigde ne pominju. Nismo više u stanju da raspoznamo izvor i pravi razlog spora.«
[33] Tako kaže H. Beyschlag, *Clemens Romanus und der Frühkatholizismus* (Tübingen, 1966), 339—353.
[34] Ignatius, *Poslanica Magnežanima* 6.1.; *Poslanica Tralijcima* 3.1.; *Poslanica Efežanima* 5.3.
[35] *Poslanica Magnežanima* 6.1.—7.2; *Poslanica Tralijcima* 3.1; *Poslanica Smirnjanima* 8.1—2. Za citate i diskusiju videti: E. Pagels, »The Demiurge and his Archons«, 306—307.
[36] *Poslanica Tralijcima* 3.1; *Poslanica Smirnjanima* 8.2.
[37] Videti: Campenhausen, *Ecclesiastical Authority and Spiritual Power*, 84—106.
[38] Tertullian, *Adversus Valentinianos* 4.
[39] Clemens Alexandrinus, *Stromata* 7.7.
[40] Irenaeus, AH 3.2.1—3.1.
[41] Ibid., *Praefatio* 2; 3.15.1—2.
[42] Clemens Alexandrinus, *Stromata* 4.89.6—90.1.
[43] Videti: Platon, *Timaeus* 41. Za diskusiju videti: G. Quispel, »The Origins of the Gnostic Demiurge«, u: *Kyriakon: Festschrift Johannes Quaesten* (Münster, 1970), 152—271.
[44] Heracleon, Frag. 40, u: Origen, COMM. JO. 13.60.
[45] *Gospod:* Irenaeus, AH 4.1—5.
[46] *zapovednik:* Ibid., 1.7.4.
[47] *sudija:* Heracleon, Frag. 48, u: Origen, COMM. JO. 20.38.
[48] Irenaeus, AH 3.12.6—12.
[49] Ibid., 1.21.1—4.
[50] Ibid., 1.13.6.
[51] Ibid., 1.21.5.
[52] Ibid., 3.15.2.
[53] Ibid., 1.7.4.
[54] Ibid., 1.13.6.
[55] Ibid., 3.15.2.
[56] Tertullian, *Adversus Valentinianos* 4.

[57] Irenaeus, AH 3.15.2.
[58] Ibid., 3.3.2.
[59] Ibid., 3.15.2.
[60] Ibid., 1.21.1—2.
[61] Za detaljnu diskusiju o ovom procesu videti: Campenhausen, *Ecclesiastical Authority and Spiritual Power*, 76 i dalje.
[62] *Petrova apokalipsa* 79.22—30, u: NHL 343.
[63] *Trodelni traktat* 69.7—10, u: NHL 64; 70.21—29, u: NHL 65; 72.16—19, u: NHL 66.
[64] Ibid., 79.20—32, u: NHL 69.
[65] Irenaeus, AH 1.13.1—6.
[66] Ibid., 1.13.3.
[67] Ibid., 1.13.4; za tehničku diskusiju žreba *(kleros)* videti: Pagels »The Demiurge and his Archons«, 316—318. Irenej pokušava da ovo ospori: AH 1.13.4.

Ovakva upotreba žreba postojala je i u drevnom Izraelu, gde se mislilo da Bog kroz njega izražava svoju volju, i među samim apostolima, koji su žrebom izabrali zamenika Judi Iskariotskom (Dela apostola 1:17—20). Valentinovi sledbenici su se, po svoj prilici, ugledali na apostole.

[68] Tertullian, DE PRAESCR. 41. Podvukao autor.
[69] Ibid., 41.
[70] Ibid., 41.
[71] Irenaeus, AH 1.13.1.
[72] Ibid., 1.6.2—3.
[73] Ibid. Citat sačinjen na osnovu 3.15.2. i 2.16.4.
[74] Ibid., 3.15.2.
[75] Ibid., 3.25.1.
[76] Ibid., 5.26.1.
[77] Irenaeus, *Ad Florinum*, u: Eusebius, *Historia ecclesiae* 5.20.4—8.
[78] Irenaeus, AH 4.26.3. Podvukao autor.
[79] Ibid., 4.26.2.
[80] Ibid., 4.26.2.
[81] Ibid., 1.27.4.
[82] Ibid., 5.31.1.
[83] Ibid., 5.35.2.

Glava treća

[1] Kada se Bog Izraela u Starom zavetu naziva mužem i ljubavnikom, njegova supruga je izraelska zajednica (na primer, Isaija 50

:1; 54 :1—8; Jeremija 2 : 2—3; 20—25; 3:1—20; Hosea 1—4, 14) ili zemlja Izrael (Isaija 62:1—5).

² Ima više izuzetaka ovom pravilu: Deuteronomija 32.11; Hosea 11 :1; Isaija 66 :12 i dalje; Brojevi 11 :12.

³ Teolozi su nekad, kao što mi je profesor Morlon Smit saopštio, govorili da to što je Bog muškog roda opravdava, po analogiji, dominantnu ulogu muškaraca u društvu i domu. Prof. Smit citira primere iz Miltonovog *Izgubljenog raja (Paradise Lost* IV. 296 i dalje; 635 i dalje).

⁴ *Jevanđelje po Tomi* 51.19—26, u: NHL 130.
⁵ Hippolytus, REF 5.6.
⁶ Irenaeus, AH 1.11.1.
⁷ Ibid., 1.13.6.
⁸ Ibid., 1.13.2.
⁹ Ibid., 1.13.1.
¹⁰ Ibid., 1.14.1.
¹¹ Hippolytus, REF 6.18.
¹² Ibid., 6.17.
¹³ Irenaeus, AH 1.11.5; Hippolytus, REF 6.29.
¹⁴ *Jovanov apokrif* 1.31—2.9, u: NHL 99.
¹⁵ Ibid., 2.9—14, u: NHL 99.
¹⁶ Ibid., 4.34—5.7, u: NHL 101.
¹⁷ *Jevanđelje Jevrejima*, citirano u: Origen, COMM. JO. 2.12.
¹⁸ *Jevanđelje po Tomi* 49.32—50.1, u: NHL 128—129.
¹⁹ *Jevanđelje po Filipu* 52.24, u: NHL 128—129.
²⁰ Ibid., 59.35—60.1, u: NHL 136.
²¹ Hipoolytus, REF 6.14.
²² Ibid., 5.19.
²³ Irenaeus, AH 1.14.7—8.
²⁴ *Jevanđelje po Filipu* 71.3—5, u: NHL 143.
²⁵ Ibid., 71.16—19, u: NHL 143.
²⁶ Ibid., 55.25—26, u: NHL 134.
²⁷ Hippolytus, REF 6.38.
²⁸ *Adamova apokalipsa* 81.2—9, u: NHL 262. Videti napomenu 42. za obaveštenja.
²⁹ Irenaeus, AH 1.2.2—3.
³⁰ Ibid., 1.4.1—1.5.4.
³¹ Ibid., 1.5.1—3. Za diskusiju o ovom liku (Sofia) vi deti ova dva odlična članka: G. C. Stead, »The Valentinian Myth of Sophia«, u: *Journal of Theological Studies* 20 (1969), 75—104 i G. W. MacRae, »The Jewish Background of the Gnostic Sophia Myth«, u: *Novum Testamentum* 12.

³² Clemens Alexandrinus, EXCERPTA 47.1.
³³ Irenaeus, AH 1.13.1—6.
³⁴ Ibid., 1.30.9.
³⁵ Ibid., 1.30.10.
³⁶ *Trimorfna Protenoja* 35.1—24, u: NHL 461—462.
³⁷ Ibid., 36.12—16, u: NHL 462.
³⁸ Ibid., 42.4—26, u: NHL 465—466.
³⁹ Ibid., 45.2—10, u: NHL 467.
⁴⁰ *Grom, savršeni* um, 13.16—16.25, u: NHL 271—274.
⁴¹ Hippolytus, REF 6.18.
⁴² *Genesis Rabba* 8.1, citirano u izvrsnoj diskusiji o dvopolnosti: W. A. Meeks, »The Image of the Androgyne: Some Uses of a Symbol in Earliest Christianity«, u: *History of Religions* 13.3 (February 1974), 165—208. Za diskusiju o dvopolnosti u gnostičkim izvorima videti: Pagels, »The Gnostic Vision«, in: *Parabola* 3.4 (November 1978), 6—9.
⁴³ Irenaeus, AH 1.18.2.
⁴⁴ Clemens Alexandrinus, EXCERPTA 21.1.
⁴⁵ Hippolytus, REF 6.33.
⁴⁶ Irenaeus, AH 1.5.4; Hippolytus, REF 6.33.
⁴⁷ Ibid., 1.29.4.
⁴⁸ *Jovanov apokrif* 13.8—14, u: NHL 106.
⁴⁹ Irenaeus, AH 1.30.6.
Videti zbirku pasusa koju citira N. A. Dahl u »The Gnostic Response: The Ignorant Creator«, rad pripremljen za Nag Hamadi sekciju godišnjeg sastanka Društva za biblijsku literaturu (Society of Biblical Literature), 1976.
⁵⁰ *Hipostaza Arhonata* 94.21—95.7, u: NHL 158.
⁵¹ Hippolytus, REF 6.32.
⁵² Irenaeus, AH 1.13.5.
⁵³ Ibid., 1.13.3.
⁵⁴ Ibid., 1.13.4.
⁵⁵ Ibid., 1.13.3.
⁵⁶ Hippolytus, REF 6.35; Irenaeus, AH 1.13.1—2.
⁵⁷ Tertullian, DE PRAESCR. 41.
⁵⁸ Tertullian, *De Baptismo* 1.
⁵⁹ Tertullian, *De Virginibus Velandis* 9. Podvukao autor.
⁶⁰ Irenaeus, AH 1.25.6.
⁶¹ Međutim, ovo ne važi za sve slučajeve. Zna se najmanje za dva kruga gde je postojala ravnopravnost između žena i muškaraca — markionci i montanisti — koja su zadržala tradicionalnu doktrinu Boga. Ne znam za podatke koji bi ukazivali da su ove grupe

upotrebljavale ženske likove u svojim teološkim formulacijama. Za diskusiju i obaveštenja videti: J. Leipoldt, *Die Frau in der antiken Welt und im Urchristentum* (Leipzig, 1955), 187 i dalje; E. S. Fiorenza, »Word, Spirit, and Power: Women in Early Christian Communities«, u: *Women of Spirit*, ed. R. Reuther and E. McLaughlin (New York, 1979), 39 i dalje.

[62] Jevanđelje po Luki 10 :38.

Videti: *Poslanica Rimljanima* 16:1—2; *Poslanica Kološanima* 4:15; *Dela apostola* 2:25; 21:9; *Poslanica Rimljanima* 16:6; 16:12; *Poslanica Filipljanima* 4:2—3.

[63] Videti: W. Meeks, »The Image of the Androgyne«, 180 i dalje. Većina stručnjaka se sa ovim autorom slaže da Pavle u *Poslanici Galaćanima* pominje kazivanje koje spada u predpavlovsku tradiciju.

[64] *Poslanica Rimljanima* 16 :7.

Na ovo mi je prvi skrenuo pažnju Cyril C. Richardson; potvrđeno u: B. Brooten, »Junia... Outstanding Among the Apostoles«, u: *Women Priests* ed. L. and A. Swidler (New York, 1977), 141—144.

[65] *Prva poslanica Korinćanima* 11 :7—9.

Za diskusiju o *Prvoj poslanici Korinćanima* 11 : 7—9 videti: R. Scroggs, »Paul and the Eschatological Woman«, u: *Journal of the American Academy of Religion* 40 (1972), 283—303 i kritički osvrt Pagels, »Paul and Women: A Response to Recent Discussion«, u: *Journal of the American Academy of Religion* 42 (1974), 538—549. Takođe videti obaveštenja u: Fiorenza, »Word, Spirit, and Power«, 62, beleške 24 i 25.

[66] Videti: Leipoldt, *Die Frau;* takođe C. Schneider, *Kulturgeschichte* des Hellenismus (München, 1967), I, 78 i dalje; S. A. Pomeroy, *Godesses, Whores, Wives, and Slaves* (New York, 1975).

[67] Videti: C. Vatin, *Recherches sur le mariage et la condition de la femme mariée à l'époque hellénistique* (Paris, 1970).

[68] J. Carcopino, *Daily Life in Ancient Rome,* u prevodu E. O. Lorimer (New Haven, 1951), 95—100.

[69] Ibid., 90—95.

[70] L. Swidler, »Greco-Roman Feminism and the Reception of the Gospel«, u: *Traditio-Krisis Renovatio*, ed. B. Jaspert (Marburg, 1976), 41—55; takođe videti: J. Baldson, *Roman Women, Their History and Habits* (London 1962); L. Friedländer, *Roman Life and Manners Under the Early Empire* (Oxford, 1928); B. Förtsch, *Die politische Rolle der Frau in der — römischen Republik* (Stuttgart, 1935). O ženama u hrišćanskim zajednicama videti: Fiorenza,

»Word, Spirit, and Power«; R. Gryson, *The Ministry of Women in the Early Church* (Minnesota, 1976); K. Thraede, »Frau«, *Reallexikon für Antike und Chistentum* VIII (Stuttgart, 1973), 197—269.

[71] Leipoldt, *Die Frau*, 72 i dalje; R. H. Kennet. *Ancient Hebrew Social Life and Custom* (London, 1933): G. F. Moore, *Judaism in the First Centuries of the Christian Era* (Cambridge, 1932).
[72] *I Timotije* 2 :11—12.
[73] Poslanica Efežanima 5 : 24; Poslanica Kološanima 3 :18.
[74] *I Klement* 1.3.
[75] Leipoldt, *Die Frau*, 192; *Hippolytus of Rome*, 43.1., ed. Paul de Lagarder (Aegyptiaca, 1883), 353.
[76] Leipoldt, *Die Frau*, 193. Podvukao autor.
[77] *Jevanđelje po Filipu* 63.32—64.5, u NHL 138.
[78] *Dijalog Spasiteljev* 139.12—13, u: NHL 235.
[79] *Jevanđelje po Mariji* 17.18—18.15, u: NHL 473.
[80] *Pistis Sophia* 36,71.
[81] I Timotije 3 :1—7; Tit i : 5—9.
[82] *Apostolska tradicija* 18.3.
[83] *Knjiga Tome Polemičara* 144.8—10, u: NHL 193.
[84] *Šemova parafraza* 27.2—6, u: NHL 193.
[85] *Dijalog Spasiteljev* 144.16—20, u: NHL 237.
[86] Ibid., 139.12—13, u: NHL 235.
[87] *Jevanđelje po Tomi* 51.23—26, u: NHL 130.
[88] Ibid., 37.20—35, u: NHL 121; 43.25—35, u: NHL 124—125.
[89] *Jevanđelje po Mariji* 9.20, u NHL 472. Podvukao autor.
[90] Clemens Alexandrinus, *Paidagogos* 1.6.
[91] Ibid., 1.4.
[92] Ibid., 1.19.
[93] Tertullian, DE VIRG. VEL. 9.

Glava četvrta

Za stručniju diskusiju o ovoj temi videti: E. Pagels, »Gnostic and Orthodox Views of Christ's Passion: Paradigms for the Christian's Response to Persecution?« u: *The Rediscovery of Gnosticism*, ed. B. Layton (Leiden, 1979), I.

[1] Tacit, *Anali* 15.44.2—8. Podvukao autor.
[2] Josif Flavije, *Starine Jevreja* 18.63.
[3] Jevanđelje po Marku 14 :43—50.

[4] Ibid., 15 :1—15.
[5] Ibid., 15 : 37.
[6] Jevanđelje po Luki 23:34; Jevanđelje po Jovanu 19 : 30.
[7] Jevanđelje po Marku 15 :10.
[8] Jevanđelje po Jovanu 11 :45—53.
[9] Josif Flavije, *Jevrejski rat,* 2.223—233.
[10] Jevanđelje po Jovanu, 11 :47—48.
[11] Ibid., 11 : 49—50.
[12] *Petrova apokalipsa* 81.4—24, u: NHL 344. Čitaocu ponovo napominjem da se koristim Brašlerovim prevodom — J. Brashler, *The Coptic Apocalypse of Peter.*
[13] Druga rasprava velikoga Seta 56.6—19, u: NHL 332.
[14] *Dela Jovanova* 88, u: NT APOCRYPHA II, 225.
[15] Ibid., 89, u: NT APOCRYPHA II, 225.
[16] Ibid., 93, u: NT APOCRYPHA II, 227.
[17] Ibid., 94, u: NT APOCRYPHA II, 227.
[18] Ibid., 95.16—96.42, u: NT APOCRYPHA II, 229—231. Videti diskusiju u: E. Pagels, »To the Universe Belongs the Dancer«, u: *Parabola* IV. 2 (1979), 7—9.
[19] Ibid., 97, u: NT APOCRYPHA II, 232.
[20] Ibid., 97, u: NT APOCRYPHA II, 232.
[21] Ibid., 101, u: NT APOCRYPHA II, 234.
[22] *Rasprava o vaskrsenju* 44.13—45.29, u: NHL 51; videti diskusiju u: Pagels, »Gnostic and Orthodox Views of Christ's Passion«, i u: K. F. Tröger, *Die Passion Jesu Christi in der Gnosis nach den Schriften von Nag Hammadi* (Berlin, 1978).
[23] Suetonije, *Neronov život* 6.16.
[24] Tacit, *Anali* 15.44—2—8.
[25] Videti diskusiju u: R. MacMullen, *Enemies of the Roman Order: Treason, Unrest, and Alienation in the Empire* (Cambridge, 1966).
[26] M. Smith, *Jesus the Magician* (San Francisco, 1978).
[27] Ibid., naročito 81—139.
[28] Za opširniju diskusiju videti: W. H. C. Frend, *Martyrdom and Persecution in the Early Church* (Oxford, 1965; New York, 1967); Frend »The Gnostic Sects and the Roman Empire«, u: *Journal of Ecclesiastical* History, Vol. V (1954), 25—37.
[29] Plinije, *Pisma* 10.96. Podvukao autor.
[30] Ibid., 10.97. Podvukao autor.
[31] Justin Martir, I *Apologija* 1.
[32] Justin, II *Apologija* 2.
[33] Ibid., *Apologija* 3.

[34] »Mučeništvo svetaca Justina, Haritona, Harito, Euelpistida, Hieraksa, Peona, Liberiana i njihove zajednice«, Verzija A, 3 u: *The Acts of the Christian Martyrs,* ed. H. Mursurillo (Oxford, 1972), 47—53. U daljim beleškama citirano kao CHRISTIAN MARTYRS.
[35] Ibid., Verzija B, 5, u: CHRISTIAN MARTYS, 53.
[36] Loc. cit.
[37] »Mučeništvo svetog Polikarpa« 9—10, u: CHRISTIAN MARTYRS, 9—11. Podvukao autor.
[38] »Dela skilitskih mučenika« 1—3, u: CHRISTIAN MARTYRS, 86—87.
[39] Ibid., 14, u: CHRISTIAN MARTYRS, 88—89.
[40] Tertulijan prezrivo citira njihove argumente u *Scorpiace* 1.
[41] Ignatius, *Poslanica Rimljanima* 6.3.
[42] Ibid., 4.1—5.3.
[43] Ignatius, *Poslanica Tralijcima,* 9.1.
[44] Ibid., 10.1. Podvukao autor.
[45] Ignatius, Poslanica Smirnjanima 5.1—2.
[46] Justin, II *Apologija* 12.
[47] Justin, *Dijalog sa Trifonom* 110.4.
[48] Justin, I *Apologija* 13.
[49] Justin, II *Apologija* 15.
[50] Frend, *Martyrdom and Persecution in the Early Church,* 5—6.
[51] »Mučenici Liona« 9, u: CHRISTIAN MARTYES, 64—65.
[52] Ibid., 15, u: CHRISTIAN MARTYRS, 66—67.
[53] Ibid., 18—56, u: CHRISTIAN MARTYRS, 67—81.
[54] Irenaeus, AH 3.18.5.
[55] Ibid., 3.16.9—3.18.4. Podvukao autor.
[56] Ibid., 3.18.5. Podvukao autor.
[57] Tertullian, *Apologia* 15.
[58] Tertullan, *De Anima* 55.
[59] Tertullian, *Scorpiace* 1. Podvukao autor.
[60] Ibid., 1,5,7. Podvukao autor.
[61] Hippolytus, REF 10.33. Podvukao autor.
[62] Irenaeus, AH 4.33.9. Podvukao autor.
[63] *Jakovljev apokrif* 4.37—6.18, u: NHL 31—32. Podvukao autor. O liku Jakova videti: S. K. Brown, *James: A Religio-Historical Study of the Relations between Jewish, Gnostic, and Catholic Christianity in the Early Period through an Investigation of the Traditions about James the Lord's Brother* (Providence, 1972).
[64] *Jakovljev apokrif,* 6.19—20, u: NHL 32.
[65] *2 Jakovljeva apokalipsa* 47.24—25, u: NHL 250.

[66] Ibid., 48.8—9, u: NHL 250.
[67] Ibid., 61.9—62.12, u: NHL 254—255.
[68] *Svedočanstvo istine* 31.22—32.8, u: NHL 407.
[69] Ibid., 33.25—34.26, u: NHL 408.
[70] »Polikarpovo mučeništvo« 2, u: CHRISTIAN MARTYRS, 4—5.
[71] Tertullian, *Apologia* 50.
[72] »Mučeništvo svetoga Justina« (Verzija C) 4, u: CHRISTIAN MARTYRS, 58—59.
[73] *Svedočanstvo istine* 30.18—20; 32.22—33.11, u: NHL 408.
[74] *Petrova apokalipsa* 72.5—9, u NHL 340.
[75] Ibid., 73.23—24, u: NHL 341.
[76] Ibid., 74.1—3, u: NHL 341.
[77] Ibid., 74.5—15, u: NHL 341.
[78] Ibid., 79.11—21, u: NHL 343.
[79] Ibid., 78.1—2, u: NHL 342.
[80] Ibid., 80.5—6, u: NHL 343.
[81] Ibid., 78.31—79.2, u: NHL 343.
[82] Ibid., 81.15—24, u: NHL 344.
[83] Ibid., 83.12—15, u: NHL 344.
[84] *Jevanđelje istine* 18.24—20.6, u: NHL 38—39.
[85] Ibid., 18.24—31, u: NHL 38.
[86] Ibid., 20.10—32, u: NHL 39.
[87] *Trodelni traktat* 113.32—34, u: NHL 86—87.
[88] Ibid., 114.33—115.11, u: NHL 87.
[89] Ibid., 113.35—38, u: NHL 87.
[90] *Jevanđelje istine* 23.33—24.9, u: NHL 41.
[91] *Tumačenje znanja* 10.27—30, u: NHL 430.
[92] Irenaeus, AH 3.18.5.
[93] Jevanđelje po Luki 12:8—12.
[94] Clemens Alexandrinus, *Stromata* 4.71 i dalje.
[95] Ibid., 4.33.7.
[96] Loc. cit.
[97] Tacit, *Anali* 15.44.2—8.
[98] »Mučenici Liona« 57—60, u: CHRISTIAN MARTYRS, 80—81.
[99] Justin, *Dijalog sa Trifonom* 110.
[100] Tertullian, *Ad Scapulam* 5.
[101] Tertullian, *Apologia* 50.

Glava peta

[1] Videti izvrsne radove o polemici gnostika sa pravovernim hrišćanstvom: K. Koschorke, *Die Polemik der Gnostiker gegen das kirchliche Christentum* (Leiden, 1978); P. Perkins, »The Gnostic Revelation: Dialogue as Religious Polemic«, u: W. Haase, *Aufstieg und Niedergang der römischer Welt* II. 22 (Berlin/New York, 1980); takođe P. Perkins, *The Gnostic Dialogue* (New York, 1980).

[2] *Druga rasprava velikog Seta* 59.22—29, u: NHL 333—334. Videti analizu u J. A. Gibbons, *A Commentary on »The Second Logos of the Great Seth«* (New Haven, 1972).

[3] Ibid., 60.21—25, u: NHL 334.

[4] Ibid., 53.27—33, u: NHL 331.

[5] Ibid., 61.20, u: NHL 334.

[6] *Petrova apokalipsa* 74.16—22, u: NHL 341.

[7] Ibid., 74.24.—77.28, u: NHL 341—342.

[8] Ibid., 76.27—34, u: NHL 342.

[9] Ibid., 79.28—29, u: NHL 343.

[10] *Svedočanstvo istine* 31.24—32.2, u: NHL 407.

[11] *Autoritativno učenje* 26.20—21, u: NHL 280.

[12] Ibid., 32.18—19, u: NHL 282.

[13] *Jevanđelje po Filipu* 64.23—24, u: NHL 139.

[14] Ignatius, *Poslanica Smirnjanima* 8.1—2.

[15] Ibid., 8.2.

[16] *Poslanica Tralijcima* 3.1.

[17] Irenaeus, AH 4.33.8.

[18] Loc. cit.

[19] Ibid., 3.4.1.

[20] Ibid., 3.15.2.

[21] Ibid., 2, *Praefatio*.

[22] *Petrova apokalipsa* 70.24—71.4, u: NHL 340.

[23] Ibid., Ibid., 71.20—21, u: NHL 340.

[24] Ibid., 79.1—4, u: NHL 343.

[25] *Druga rasprava velikog Seta* 67.32—68.9, u: NHL 337.

[26] Ibid., 67.2—5, u: NHL 336.

[27] Ibid., 70.9, u: NHL 338.

[28] C. Andersen, *Die Kirche der alten Christenheit* (Stuttgart, 1971), 100 i dalje; videti takođe Jonas, *Gnosis und spätantiker Geist* (Göttingen, 1964), »Solipcasmus und Brüderethik«, I. 171—172.

[29] Hippolytus, REF 9.7.

[30] Ibid., 9.12.

[31] Tertullian, *Adversus Valentinianos* 4.

³² Tertullian, DE PRAESCR. 13.
³³ Ibid., 38.
³⁴ Ibid., 44.
³⁵ Tertullian, *De Pudicitia* 21.
³⁶ *Svedočanstvo istine* 73.18—22, u: NHL 415.
³⁷ Ibid., 69.9—10, u: NHL 414.
³⁸ Ibid., 69.18, u: NHL 414.
³⁹ Ibid., 44.30—45.4, u: NHL 411. Podvukao autor.
⁴⁰ Ibid., 69.22—24, u: NHL 414.
⁴¹ Ibid., 68.8—12, u: NHL 414.
⁴² *Autoritativno učenje 22.19 (passim)*, u: NHL 278 i dalje.
⁴³ Ibid., 23.13—14, u NHL 279.
⁴⁴ Ibid., 34.19, u: NHL 283.
⁴⁵ Ibid., 34.4, u: NHL 282.
⁴⁶ Ibid., 34.12—13, u: NHL 282.
⁴⁷ Ibid., 33.4—5, u: NHL 282.
⁴⁸ Ibid., 34.20—23, u: NHL 283.
⁴⁹ Ibid., 22.28—34, u: NHL 278.
⁵⁰ Ibid., 34.32—35.16, u: NHL 283.
⁵¹ Ibid., 33.4—34.9, u: NHL 282.
⁵² Ibid., 33.16—17, u NHL 282.
⁵³ Ibid., 32.30—33.3, u: NHL 282.
⁵⁴ Ibid., 32.30—32, u: NHL 282.
⁵⁵ Ibid., 27.6—15, u: NHL 280.
⁵⁶ Tertullian, DE PRAESCR. 7.
⁵⁷ Ibid., 41.
⁵⁸ Ibid., 8—11.
⁵⁹ Ibid., 11.
⁶⁰ Irenaeus, AH 2.27.2.
⁶¹ Clemens Alexandrinus, EXCERPTA 4.1.
⁶² Ibid., 41.2.
⁶³ Ibid., 24.1—2.
⁶⁴ Heracleon, Frag. 37—38, u: Origen, COMM. JO. 13.51—13.53.
⁶⁵ Irenaeus, AH 1.8.3—4.
⁶⁶ Heracleon, Frag. 13, u: Origen, COMM. JO. 10.33. Videti diskusiju u: E. Pagels, *The Johannine Gospel in Gnostic Exegesis* (Nashville, 1973), 66—74.
⁶⁷ *Tumačenje znanja* 5.33, u: NHL 429.
⁶⁸ Ibid., 6.33—38, u: NHL 429.
⁶⁹ Videti diskusiju u: Koschorke, op cit., 69—71; Koschorke, »Eine neugefundene gnostische Gemeindeordnung«, u: *Zeitschrift*

für Theologie und Kirche 76.1 (Feb. 1979), 30—60; J. Turner and E. Pagels, uvod *Interpretation of Knowledge* (CG XI, 1) u: *Nag Hammadi Studies* (Leiden 1980).
[70] I Poslanica Korinćanima 12 :14—21.
[71] *Tumačenje znanja* 18.28—34, u: NHL 433.
[72] Ibid., 15.35—17.27, u: NHL 432—433.
[73] Ibid., 18.24—25, u: NHL 433.

Glava šesta

[1] Jevanđelje po Jovanu 14 :5—6.
[2] Irenaeus, AH 3.11.7. Videti diskusiju u: E. Pagels, *The Johannine Gospel in Gnostic Exegesis* (Nashville, 1973).
[3] *Dijalog Spasiteljev* 142.16—19, u: NHL 237.
[4] *Jevanđelje po Tomi* 38.4—10, u: NHL 121.
[5] F. Wisse, »Gnosticism and Early Monasticism in Egypt«, u: *Gnosis Festschrift für Hans Jonas* (Göttingen, 1978), 431—440.
[6] B. Layton, ed., *The Rediscovery of Gnosticism* (u pripremi).
[7] Irenaeus, AH 1.11.1.
[8] Ibid., 4.11.2.
[9] Justin Martir, *Dijalog sa Trifonom* 4.
[10] *Jevanđelje po Filipu* 71.35—71.4, u: NHL 143.
[11] Irenaeus, AH 1.11.1.
[12] Ibid., 1.12.3.
[13] Ibid., 1.12.3.
[14] Ibid., 1.12.4.
[15] Ibid., 1.30.6.
[16] Poslanica Rimljanima 3:23.
[17] Jevanđelje po Marku 1:15.
[18] Jevanđelje po Jovanu, 3:17—19.
[19] Irenaeus, AH 1.5.4.
[20] *Jevanđelje istine* 17.10—16, u: NHL 38.
[21] Ibid., 28.16—17, u: NHL 42.
[22] Ibid., 29.2—6, u: NHL 43.
[23] Ibid., 29.8—30.12, u: NHL 43.
[24] Ibid., 21.35—36, u: NHL 40.
[25] Ibid., 24.32—25.3, u: NHL 41.
[26] *Dijalog Spasiteljev* 134.1—22, u: NHL 234.
[27] *Jevanđelje po Tomi* 45.30—33, u: NHL 126.
[28] Ibid., 33.11—13, u: NHL 118.
[29] *Knjiga Tome Polemičara* 134.1—22, u: NHL 234.

[30] *Jevanđelje po Tomi* 38.23—29, u: NHL 121. Za diskusiju o ovim metaforama videti: H. Jonas, *The Gnostic Religion* (Boston, 1963), 48—96, i G. MacRae, »Sleep and Awakening in Gnostic Texts«, u: *Le Origini dello Gnosticismo*, 496—507.

[31] Profesori Pil (M. L. Peel) i Zande (J. Zandee) su izjavili da su *Silvanova učenja* očigledno »negnostička« (NHL 346). Međutim, ono što Pil i Zande opisuju kao karakteristike gnostičkog učenja (dualistična teologija, doketska hristologija, doktrina da su »samo neke osobe spasene 'po prirodi'«) ne karakteriše takva učenja kao što je Valentinovo — koje bez sumnje *jeste* gnostičko. *Silvanova učenja* su jedinstvena u celoj Nag Hamadi zbirci po tome što ne osporavaju pravovernu doktrinu. Bilo da jesu ili nisu gnostička, mislim da *Silvanova učenja* treba uključiti u gnostičke spise zbog njihove premise da se božanski um i, po svoj prilici, božanska priroda, otkriva *u* samom čoveku.

[32] *Silvanova učenja* 88.24—92.12, u: NHL 349—350.
[33] *Jevanđelje po Tomi* 32.14—19, u: NHL 118.
[34] *Dijalog Spasiteljev* 125.18—19, u: NHL 231.
[35] *Silvanova učenja* 85.24—106.14, u: NHL 347—356.
[36] Ibid., 106.30—117.20, u: NHL 356—361.
[37] *Jevanđelje istine* 21.11—22.15, u: NHL 40.
[38] Ibid., 32.38—39, u: NHL 44.
[39] Ibid., 32.31—33.14, u: NHL 44.
[40] *Jevanđelje po Tomi* 32.19—33.5, u: NHL 118. Pod vukao autor.
[41] Ibid., 42.7—51.18, u: NHL 123—130.
[42] Ibid., Ibid., 37.20—35, u: NHL 121.
[43] Jevanđelje po Marku 9:1; videti 14 :62.
[44] Ibid., 13 : 5—7.
[45] Jevanđelje po Luki 17 :21.
[46] Jevanđelje po Marku 8 :27—29.
[47] Jevanđelje po Mateju 16 :17—18.
[48] *Jevanđelje po Tomi* 34.30—35.7, u. NHL 119.
[49] Ibid., 50.28—30, u: NHL 129.
[50] *Knjiga Tome Polemičara* 138.13, u: NHL 189.
[51] *Jevanđelje po Tomi* 48.20—25, u: NHL 128.
[52] Ibid., 40.20—23, u: NHL 122.
[53] *Dijalog Spasiteljev* 132.15—16, u: NHL 233.
[54] Ibid., 126.5—8, u: NHL 231.
[55] Ibid., 140.3—4, u: NHL 236.
[56] *Svedočanstvo istine* 44.2, u: NHL 410—411.
[57] Ibid., 43.26, u: NHL 410.

[58] Ibid., 44.13—16, u: NHL 411.
[59] *Silvanova učenja* 97.18—98.10, u: NHL 352.
[60] Jevanđelje po Mateju 2 :15, passim.
[61] Justin, I *Apologija* 31.
[62] *Jevanđelje po Tomi* 42.13—18, u: NHL 124.
[63] Irenaeus, AH 1.11.1.
[64] Ibid., 1.2.2.
[65] *Jevanđelje po Filipu* 54.13—15, u: NHL 124.
[66] Ibid., 67.9—12, u: NHL 140.
[67] Ibid., 61.24—26, u: NHL 137.
[68] Ibid., 61.29—35, u: NHL 138.
[69] Ibid., 67.26—27, u: NHL 140.
[70] *Knjiga Tome Polemičara* 138.16—18, u: NHL 189.
[71] Hippolytus, REF 6.9.
[72] Ibid., 6.17.
[73] *Jevanđelje po Tomi* 33.14—19, u: NHL 118.
[74] Plotin, »Protiv gnostika«, *Eneade* 2.9.
[75] *Zostrianos* 1.12, u: NHL 369.
[76] Ibid., 2.8—9 u: NHL 369.
[77] Ibid., 3.14—21, u: NHL 370.
[78] Ibid., 3.29—30, u: NHL 370.
[79] Ibid., 131.16—132.5, u: NHL 393.
[80] *Razgovor o osmom i devetom* 52.1—7, u: NHL 292.
[81] Ibid., 53.7—10, u: NHL 293.
[82] Ibid., 52.15—Č.8, u: NHL 293.
[83] Ibid., 54.23—25, u: NHL 293.
[84] Ibid., 56.10—12, u: NHL 294.
[85] Ibid., 56.17—22, u: NHL 294.
[86] Ibid., 57.3—11, u: NHL 294.
[87] Ibid., 57.31—58.22, u: NHL 295.
[88] Ibid., 58.31—61.2, u: NHL 295—296.
[89] Ibid., 63.9—14, u: NHL 297.
[90] *Allogenes* 52.8—12, u: NHL 446.
[91] Ibid., 50.19, u: NHL 445.
[92] Ibid., 52.15—21, u: NHL 446.
[93] Ibid., 53.36—37, u: NHL 447.
[94] Ibid., 55.31—57.34, u: NHL 447—448.
[95] Ibid., 59.9—37, u: NHL 449.
[96] Ibid., 60.13—18, u: NHL 449.
[97] Ibid., 60.37—61.8, u: NHL 449.
[98] Ibid., 61.14—16, u: NHL 449—450.
[99] Ibid., 61.29—31, u: NHL 450.

[100] Ibid., 64.16—23, u NHL 451.
[101] Ibid., 67.23—35, u: NHL 451—452.
[102] Ibid., 68.18—19.
[103] Tertullian, *Adversus Valentinianos* 1.

Zaključak

[1] Tertullian, DE PRAESCR. 13.
[2] *Jevanđelje istine* 17.10—11, u: NHL 38.
[3] Irenaeus, AH 1.5.4.
[4] *Jevanđelje istine* 16.1—18.34, u: NHL 37—38.
[5] Plotin, »Protiv gnostika«, *Eneade* 2.9.
[6] A. D. Nock, »Gnosticism«, u: *Arthur Darby Nock: Essays on Religion and the Andent World,* ed. Z. Stewart (Cambridge, 1972), Vol. 2, 943.
[7] Nock, »Gnosticism«, 942.
[8] *Jevanđelje po Tomi* 41.27—30, u: NHL 123.
[9] Heracleon, Frag. 39, u: Origen, COMM. JO. 13.53.
[10] *Jevanđelje po Tomi* 42.16—18, u: NHL 124.
[11] *Svedočanstvo istine* 68.8.—12, u: NHL 414.
[12] Irenaeus, AH 2.22.4.
[13] Ibid., 2.22.5—6.
[14] *Jevanđelje po Tomi* 38.1—3, u: NHL 121.
[15] H. Koester, »The Structure of Early Christian Beliefs«, u: *Trajectories Through Early Christianity* (Philadelphia, 1971), 231.
[16] Irenaeus, AH 1.10.2.
[17] Jevanđelje po Luki 14 : 26.
[18] Jevanđelje po Marku 4 :10—12. pasus.
[19] Jevanđelje po Mateju 19 :4—6, pasus.
[20] Ibid., 19 :13—15, pasus.
[21] Jevanđelje po Marku i :41, 3 : 3—5, pasus.
[22] Jevanđelje po Luki 19 :41—44.
[23] W. Blake, »The Everlasting Gospel,« 2a and g.
[24] F. Niče, *Antihrist.*
[25] F. Dostojevski, *Braća Karamazovi,* »Veliki inkvizitor«.
[26] *Druga rasprava velikoga Seta* 61.20, u: NHL 334.
[27] A. D. Nock, »The Study of the History of Religion«, u: *Arthur Darby Nock,* Vol. I, 339.

Elejn Pejgels GNOSTIČKA JEVANĐELJA • Izdavačko preduzeće RAD Beograd, Dečanska 12 • Glavni urednik NOVICA TADIĆ • Lektor i korektor MIROSLAVA STOJKOVIĆ • Za izdavača SIMON SIMONOVIĆ • Štampa Elvod-print, Lazarevac

CIP – Каталогизација у публикацији
Народна библиотека Србије, Београд

27-252.2-277

ПЕЈГЕЛС, Елен
 Gnostička jevanđelja / Elen Pejgels ; s engleskog preveo Zoran Minderović. – Beograd : Rad, 2006 (Lazarevac : Elvod-print). – 196 str. ; 21 cm. – (Kolekcija Pečat)

Prevod dela: The gnostic gospels / Elaine Pagels. – Str. 7–13: Gnosticizam: drevna misao o novom čoveku. – Napomene: str. 173–196.

ISBN 86-09-00908-4

а) гностицизам

COBISS.SR-ID 127745036

www.ingramcontent.com/pod-product-compliance
Lightning Source LLC
Chambersburg PA
CBHW062214080426
42734CB00010B/1887